Michael Schneider

Das neue Leben

Geistliche Erfahrungen
und Wegweisung

W0234327

Herder

Freiburg · Basel · Wien

*Einem guten Freund
in Dankbarkeit*

Umschlagbild: Georg Meistermann,
Pfingsten (Detail), 1959/60
Foto: Derix

Dritte Auflage

© Verlag Herder Freiburg im Breisgau 1987
Imprimi potest. – Coloniae, 15 augusti 1986
Alfons Höfer S. J., Praep. Prov. Germ. Sept.
Herstellung: Freiburger Graphische Betriebe 1989
ISBN 3-451-20927-6

Inhalt

Eine Wegweisung

Wegweiser – als Zeichen am Weg ist er eine wichtige Hilfe beim Wandern.

Er wird hingestellt von einem anderen – nach dessen Wunsch und Absicht. Zur Errichtung des Wegweisers wird etwas Vorhandenes genommen, das jedoch eine neue Gestalt erhält, eine Bestimmung, die ihm von Natur aus nicht zukommt.

Man muß die Aufschrift des Wegweisers lesen können, sonst hilft er nicht.

Er zieht den Wanderer an, ohne ihn an sich zu binden.

Man ist froh, wenn man das Wegzeichen sieht, doch keiner wird bei ihm bleiben, denn es weist von sich fort.

Keiner bedauert den Wegweiser wegen seines Dienstes und sagt: „Laß diesen deinen Dienst fallen!"

Ein Wegweiser ist standhaft, er dreht sich nicht nach dem Wind. Er ist er selbst und überdauert die Zeit, ohne zu schwanken; er verharrt an seinem Ort so lange Zeit, wie er bestellt ist.

Er sagt immer dasselbe, nämlich den Weg zum Ziel.

Der Wegweiser bleibt schließlich allein, wenn er für die anderen da ist, die noch kommen und denen er Weisung geben will.

Wegweisung im geistlichen Leben – sie versteht sich als Dienst eines solchen Wegweisers: für die, die auf dem Weg sind. Sie gibt Unterscheidungs- und Entscheidungshilfen für ein Leben im Geist Jesu und zeigt, wie Gottes

Wille „in allen Dingen" erfüllt wird. Ihre Kraft empfängt sie von dem, auf den sie hinweist und der von sich sagt: „Ich bin der Weg und die Wahrheit und das Leben" (Joh 14,6). Aber wenn M. Scheler skeptisch fragt: „Haben Sie schon einmal einen Wegweiser gesehen, der den Weg, den er gewiesen hat, auch selbst gegangen ist?", muß sich eine geistliche Wegweisung gerade hier vom oben beschriebenen Bild des Wegweisers unterscheiden: Wie Jesus den Weg, den er gewiesen hat, selber gegangen ist, so wird auch eine Wegweisung im geistlichen Leben den Weg nur weisen können, indem sie ihn mitgeht und nicht allein bleibt. Sie kommt aus dem Leben der Nachfolge und führt tiefer in das Leben ein – nicht als theoretisches Handbuch, sondern als Begleiter auf dem Weg, der gemeinsam zu gehen ist.

So ist dieses Buch im Leben entstanden – im Zusammenleben mit Jugendlichen, Studenten und Seminaristen: bei Exerzitien, Kursen und Einkehrtagen. Aus der Praxis gewachsen, sollen diese Zeilen tiefer in die Praxis geistlichen Lebens einführen. Deshalb ist die Lektüre dieses Buches kein bloßes Lesen und Informieren, sondern will selbst ein Gehen auf dem gewiesenen Weg sein.

Erstes Kapitel

Das neue Leben

I. Leben in Fülle

Auf dem Zweiten Vatikanischen Konzil kam es zu einer
größeren Auseinandersetzung unter den Konzilsvätern,
die bisher nur wenig Beachtung gefunden hat, obwohl
sie von größter Bedeutung ist. Bei der Ausarbeitung der
Konstitution über die Kirche machte Kardinal Lercaro
geltend, in die Konstitution müsse auch ein Kapitel über
die Armut der Kirche eingefügt werden, denn die Armut
gehöre zum Mysterium Jesu und der Erlösung, darum
ebenso zum Wesen der Kirche.

Acht Tage lang diskutierte man über die Armut der
Kirche und/oder die Kirche der Armen, doch in wesentlichen Fragen wurde keine Übereinstimmung erzielt. Da
sagte Msgr. Mercier, der Bischof der Sahara, etwa folgendes:

„Der Heilige Geist, der uns bei unseren bisherigen Be-
ratungen nicht im Stich ließ, erteilt uns eine wichtige
Lektion: Eine Wahrheit, die man nicht gelebt hat, kann
man nicht genügend klar erkennen, um sie vollmächtig
und verbindlich auszusagen. Die Kirche hat jahrhun-
dertelang die Armut nicht gelebt, darum finden wir jetzt
den Text nicht, der sie enthielte. Was ist zu tun? Wir Bi-
schöfe werden von diesem Konzil ab die Armut in der
Nachfolge Jesu erst einmal wieder leben müssen, dann

werden wir auf dem nächsten Konzil das entsprechende Kapitel in die ‚Konstitution über die Kirche' nachtragen können."

Es ist erstaunlich, daß diese Begebenheit auf dem letzten Konzil in Vergessenheit geraten konnte ... Sie ist von entscheidender Bedeutung, denn sie weist auf eine Grundwahrheit christlichen Glaubens und Lebens hin: Nur was von der christlichen Botschaft verwirklicht und gelebt wird, kann genügend klar erkannt wie auch verbindlich und vollmächtig ausgesagt werden. Deshalb entscheidet das Leben der Glaubenden, in seinen alltäglichen, erdhaften, nicht selten banalen Gegebenheiten, ob das christliche Zeugnis glaubwürdig bleibt und wie die Zukunft der Kirche sein wird.

1. Der Traum vom neuen Leben

Ursprung und Zukunft christlichen Lebens beschreibt Papst Johannes Paul II. in seinem Apostolischen Rundschreiben zur Eröffnung des Heiligen Jahres 1983 sowie in der vorausgegangenen Weihnachtsansprache an das Kardinalskollegium, wenn er auf die alltäglichste und selbstverständlichste Wahrheit christlichen Lebens mit den Worten hinweist: „Wenn die Kirche sogar ständig der Erlösung gedenkt, nicht nur in jedem Jahr, sondern an jedem Sonntag, an jedem Tag, in jedem Augenblick ihres Lebens ..., dann ist das kommende Jubiläum ein gewöhnliches Jahr, das in außergewöhnlicher Weise gefeiert wird."

„Gewöhnlich" am Leben des Christen ist das Geschenk der Erlösung. Christliches Leben ist „neues Leben". Wiedergeburt, Erneuerung, Leben in Fülle – all das beschreibt das neue Leben, das in Christus geschenkt ist. Der Wiedergeborene ist gleichsam sich selbst voraus; er lebt aus dem, was auf ihn zukommt, nicht aus dem, was sich in ihm vorfindet (O. Weber). Der Wiedergeborene kann sich nicht skrupelhaft und ängstlich mit sich beschäftigen, vielmehr ist sein Leben neu geworden, weil er, auf die Neuschöpfung hin ausgerichtet, in der Gegenwart und unter dem Einfluß des Geistes lebt.

So ist das Leben des Glaubenden geschichtlich und zukunftsorientiert, und die Erinnerungsarbeit an der Vergangenheit verbindet sich mit der Hoffnungsarbeit an der Zukunft. Durch die lebendig gelebte Hoffnung werden die unvollendbaren Fragmente menschlichen Lebens selber zu Fragmenten der Wiedergeburt der neuen Schöpfung: Nicht der Tod vollendet das Leben, sondern das Reich Gottes! Wer das Leben des Glaubenden verstehen und entziffern will, muß die Chiffren und Zeichen der Wiedergeburt und des neuen Lebens verstehen und deuten können.

Doch die Realität, mit der wir tagtäglich konfrontiert sind, vermittelt uns alles andere als das Bild von Erlösung und Freiheit. Die Welt erscheint uns nicht als eine erlöste, und die Christen müßten erlöster aussehen, wie ein bekanntes Wort Friedrich Nietzsches betont. Noch immer sind die Glaubenden nicht die, die sie in den Augen vieler zumindest sein sollten: die gütigeren, von Hoffnung erfüllteren, zur größeren Liebe berufenen Menschen. Zu viele haben aus dem Evangelium ein „Glaubensbekenntnis" gemacht, nicht aber ein „Programm" für ihr Leben, weswegen Hermann Broch bemerkt: „Europa ist für die Kirche doch schon ein recht dubioser Posten geworden ... Ein getaufter Neger ist ein besserer Christ als zwanzig Europäer ... Dort liegt die Zukunft unseres Glaubens."

Auch die Betrachtung der Glaubensgeschichte der Kirche bietet für den Christen keinen Grund, stolz zu sein.

Nur unter Mühen ist die Geschichte der Kirche zu erkennen als eine Geschichte erlösten Lebens. Friedrich
Dürrenmatt bemerkt lakonisch: „Die Christenheit hat
gute Krankenschwestern hervorgebracht und ebenso
tüchtige Mörder."

Gerade weil Kirche und Welt alles andere als „erlöst"
erscheinen, stellt sich die Frage nach dem Wahrheitsge-
halt christlicher Botschaft. Dieser Frage begegnen wir
auch in einer kleinen Novelle von Stefan Andres. Sie
erzählt von einem jungen Mann, der träumend immer
wieder auf den braunen Fleck an der Decke seines
Zimmers schaut. Dieser braune Fleck wird für ihn zur
Insel der Seligkeit, sein Utopia. So träumt er von einer
guten und vollkommenen Welt, wo alles in Ordnung
ist, wo die Menschen das Leben in Freiheit und Gerechtigkeit haben, wo sie „ein Herz und eine Seele"
sind und wo nichts Böses und Ungerechtes geschieht.
An diesem Traum von einer besseren Welt zerbrechen
die Hoffnungen des jungen Mannes. Er bekennt dies einem Freund, und dieser öffnet ihm die Augen für die
Welt, wie sie wirklich ist, wenn er sagt: „Gott geht
nicht nach Utopia! Aber auf diese tränenfeuchte Erde
kommt er – immer wieder! Denn hier ist unendliche
Armut, unendlicher Hunger, unendliches Leid! Gott
liebt diese leidende Welt. Gott liebt diese Welt, weil sie
unvollkommen ist. – Gott geht nicht nach Utopia,
denn wir selbst sind Gottes Utopia – aber eines im
Werden."

Daß wir selbst Gottes Utopia sind – aber eines im Werden, wird vom Glaubenden oft schmerzlich erfahren,
denn Gottes vollendetes Meisterwerk erscheint im
menschlichen Fragment. Gottes Kraft liegt „in unserer
menschlichen Gebrechlichkeit" (vgl. 2 Kor 12, 9), und
seine sieghafte Dynamis bleibt inmitten unserer

menschlichen „Asthenie", in unserem oft auch geistlichen „Asthma" – wie es im Griechischen heißt.

Diese Wahrheit hat Dietrich Bonhoeffer bitter erfahren müssen, als er 39jährig vor dem Abbruch seines eigenen Lebens stand. Aber für ihn erhält das Fragment seines Lebens einen positiven Sinn, wie er in seinen Tagebuchaufzeichnungen bekennt: „Es kommt wohl nur darauf an, ob man dem Fragment unseres Lebens noch ansieht, wie das Ganze eigentlich angelegt und gedacht war, und aus welchem Material es besteht." Denn, so fährt er fort, „es gibt schließlich Fragmente, die nur noch auf den Kehrichthaufen gehören, und solche, die bedeutsam sind auf Jahrhunderte hinaus, weil ihre Vollendung nur eine göttliche Sache sein kann."

Hoffnung und Zuversicht des Glaubenden entspringen nicht einer Lebenserfahrung, denn „aus Erfahrung wird man klug, nennt das Sprichwort diese Lebensweisheit, und es meint eine skeptische Klugheit; aber aus Erfahrung wird man nicht jung wie ein Adler. Sie läßt eher älter werden" (B. Schellenberger). Erst wenn Hoffnung in die Erfahrung dringt, befreit sie den Menschen von der normativen Kraft des Faktischen. Hoffnung höhlt den Götzen der Faktizität aus und öffnet den Blick für die Wirklichkeit, die in Christus und seiner Auferstehung angebrochen ist.

Doch der Glaubende ist nicht erlöst von der Not des Glaubens, die heute viele erfahren; für sie wird die Frage des eigenen Lebens sogar größer als die Verheißung der Erlösungsbotschaft. Sie suchen rastlos nach Antworten, gehen von Tür zu Tür, von Buch zu Buch und von einem „Meister" zum anderen. Wer einem solchen Suchenden und Zweifelnden begegnet, wird ihm nicht gleich die Sicherheit und Heilsgewißheit christlicher Erlösung vorhalten, sondern muß selber die Anfechtung im Glauben durchstehen. Mosche Löb von Sasov gibt hier den Rat: „Wenn dieser Suchende zu dir kommt und von dir Hilfe fordert, dann ist es nicht an dir, ihm mit frommem Mund zu empfehlen: ,Habe Vertrauen und wirf deine Not auf Gott', sondern dann sollst du handeln, als wäre da kein Gott, sondern auf der ganzen Welt nur einer, der diesem Menschen helfen kann, du allein."

Viele traditionelle Formen christlicher Verkündigung sind in der Botschaft von der Erlösung eher kopflastig: Der Gläubige hört von der Erlösungstat Jesu und von der absoluten Notwendigkeit dieser Erlösungstat für die Menschen, aber er „spürt" nichts davon. Dies wird nicht anders, wenn die Größe des Leidens und Sterbens Jesu am Kreuz betont und betrachtet wird: Gerade die Engführung auf den Kreuzestod als entscheidende Erlösungstat ist problematisch, weil die Heilsbedeutung des ganzen Lebens Jesu nicht mehr in den Blick genommen wird oder eine bloße Vorläuferfunktion bekommt.

Wo erfährt der Glaubende die neue Wirklichkeit der Auferstehung und wo spürt er, daß er „neues Leben" empfangen hat? Angesichts dieser Frage und der Lebensnot des heutigen Menschen hält J. Ratzinger es für eine Flucht, „Erlösung schlicht mit dem herkömmlichen Vokabular der Theologie erklären zu wollen, das sicher einmal sprachlicher und gedanklicher Ausdruck religiöser Erfahrung war, aber heute diese Erfahrung nicht mehr freigibt, so daß seine Worte zunächst zu *Leerformeln* geworden sind, die vorab wieder auf ihren Erfahrungsgehalt geprüft werden müssen".

Bei der Suche nach dem Erfahrungsgehalt der Erlösung geht es um die Fragen: Wie wird durch die Botschaft göttlicher Befreiung das Leben des Menschen heller, das Los des Leidens leichter, die Erkenntnis tiefer und das eigene Menschsein reicher? „Konkret gefragt: was ist von dem

Zusammensprechen von Heil und Jesus Christus her einem verstrittenen Ehepaar, einem Hungernden, einem Gefolterten, einem Sterbenden, einer unterdrückten Gruppe von Menschen zu sagen? Was ist für sie und mit ihnen zu tun, wenn man Heil als Leben von Jesus Christus her wahrzunehmen sich bemüht?" (H. Dembowski).

Alle diese Fragen scheinen in der „offiziellen" Glaubenssprache nicht thematisiert zu werden, sie ist viel zu trocken, zu unanschaulich, so „hoffnungslos korrekt", daß sie zur Fachsprache geworden ist. Keiner der Gläubigen gebraucht sie, deshalb bleibt ihnen die Glaubensaussage letztlich äußerlich, ein Stück „Wahrheit" Jesu vielleicht, aber ohne Bedeutung für das konkrete Dasein und innerste Sehnen des Menschen.

Doch in einer tieferen Schicht geht es nicht um Sprachbarrieren. Es gibt vielmehr eine Absättigung gegenüber der christlichen Botschaft: Alles schon bekannt, alles schon einmal gehört, wir wissen Bescheid ... Entsprechend wird gehandelt: „Vielleicht ist es gut, daß es Gott gibt – aber hoffentlich brauchen wir ihn nicht irgendwann einmal!"

So stellt sich die Frage, auf welche Weise die Botschaft von der Erlösung für den Menschen von heute von Bedeutung ist und ihm hilft, die Not seines Lebens und Glaubens zu bestehen. Die Antwort ergibt sich im Blick auf die Heilige Schrift und ihre Vorstellung von der Erlösungsbedürftigkeit des Menschen.

2. Das Bild vom neuen Menschen

Im Neuen Testament wird der Zustand des Menschen als „krank" gekennzeichnet. Man braucht dem nur das griechische Menschenideal gegenüberzustellen, den Menschen des Agon, um zu spüren, daß in der neutestamentlichen Botschaft die Krankheit als etwas zum Menschen Gehöriges angesehen wird. Vom Anfang des Lebens Jesu bis gegen Ende seiner Wirksamkeit treten Menschen mit allen nur denkbaren Krankheiten vor ihm auf. Vom Fieber bis zur Blindheit, von Lähmung bis zum Aussatz. Darin spricht sich eine ganz bestimmte Sicht des Menschen aus. Der Mensch wird nicht in den Blick genommen, soweit er normal und gesund ist, sondern soweit er physisch krank und defekt ist.

Es gehört zur Bestimmung des Menschen, daß er krank ist, und zwar nicht nur physisch, sondern auch psychisch: in seinem Herzen. Er wird von Dämonen geplagt (Lk 4, 34 f) und lehnt sich in seinem Stolz Gott gegenüber auf. Wo aber Pharisäer die eigene Korrektheit vor Gott im Blick haben, wendet sich Jesus als „Freund der Zöllner und Sünder" gerade denen zu, die wissen, wie sehr sie in der Tiefe ihres Herzens der Vergebung und Barmherzigkeit bedürfen. Provozierend sagt Jesus den Hütern der Frömmigkeit: Diese Zolleintreiber und Prostituierten (die glauben) kommen eher in das Reich Gottes als ihr (Mt 21, 31), weil „ihr euch nicht bekehrt habt" (Mt 21, 32).

Den Weg des Kranken zur Heilung des Lebens und die Heimkehr des verlorenen Menschen in das verheißene Leben der Versöhnung mit sich und seinem Gott beschreibt Jesus im Gleichnis vom barmherzigen Vater und seinem verlorenen Sohn. Das neue Leben wird geschenkt, ohne Verdienst und ohne Bedingung: „Die Umkehr und das Schuldbekenntnis des verlorenen Sohnes sind weder Beweggrund noch Vorbedingung für das alle Erwartung übersteigende Verhalten des Vaters. Grund für sein Verhalten ist allein die Liebe zu seinem Sohn, die nie aufgehört hat und die den Sohn auch in die Fremde begleitet hat" (G. Lohfink). So erbarmt sich Gott des Sünders nicht erst, wenn dieser vorher umgekehrt ist und seine Schuld bekannt hat. Umkehr steht bei Jesus erst *an zweiter Stelle*. An erster und entscheidender Stelle steht die nicht ableitbare und nicht zu erwartende Liebe und Güte Gottes, die umsonst geschenkt wird, bedingungslos, ohne Vorleistung und Zutun des Menschen.

In der Botschaft von der Versöhnung und Erlösung des Menschen kommen also nicht Rechts-, sondern *Liebes*kategorien zur Sprache. Nicht ein verletztes Gottesrecht muß wiederhergestellt werden, es braucht nicht vollwertige Sühne für verletztes Recht geleistet zu werden, ehe Gott zur Versöhnung bereit ist. Vielmehr eilt der barmherzige Vater im Gleichnis – *ohne Zorn, aber mit großer Freude* – dem Heimkehrenden entgegen.

Im Neuen Testament wird immer wieder deutlich, daß die Initiative der Versöhnung und Erlösung bei Gott liegt: „Gott war es, der in Christus die Welt mit sich versöhnte" (2 Kor 5, 19). Versöhnung ist Stiftung Gottes aus seiner absolut freien Initiative. Gott versöhnt die Menschen (bzw. die Welt) mit sich (2 Kor 5, 19; Eph 2, 16; Kol 1, 20.22); er wird nicht versöhnt, sondern ist versöhnt, und die Menschen empfangen die Versöhnung aus Gottes großer Liebe (Röm 5, 5–8; Eph 2, 4).

Als Stiftung Gottes geschieht die Versöhnung unabhängig von der Disposition des Menschen (dieser ist „Feind" und „Sünder"), denn Gott allein kann in der Situation der Entfremdung handeln. Versöhnung geschieht vorgängig dazu, daß sie vom Menschen ergriffen wird (2 Kor 5, 18–20).

Wer aber glaubt und auf Gottes Liebe und Erlösungstat vertraut, begegnet seinem eigenen Leben und sich selber in Ruhe und Gelassenheit; er braucht sich nicht zu produzieren, sondern hofft und vertraut, wo er sich und sein Leben als krank und erlösungsbedürftig erfährt.

Was von Blaise Pascal in das prägnante und provozierende Wort gefaßt wurde: „Keiner ist so glücklich wie ein wahrer Christ", läßt Paul Tillich, einen der großen evangelischen Theologen unserer Tage, zu der Aussage kommen: Glaube ist der „Mut, sich zu bejahen als (von Gott) bejaht".

Menschen, die diesen Mut des Glaubens aufbrachten, fanden durch Gottes bedingungsloses Ja zum Frieden mit sich und mit dem eigenen Leben. Als Frère Roger Schutz, der Prior von Taizé, gefragt wurde, was sein Leben zu einem „unaufhörlichen Fest" machen würde, antwortete er: „Vor allem die ungebrochene Annahme durch Gott." Dieses Wissen, von Gott in allem angenommen zu sein, kann im Alltag seine eigenen Formen annehmen: Franz von Sales, der zu seinem Bedauern eine große Glatze hatte, resümiert: „Dann muß ich meinen Schöpfer halt mit meiner großen Glatze loben!", und Charles de Foucauld, dessen Zähne kreuz und quer gewachsen waren, sagt vom Stil seiner Bekehrungsarbeit unter den Tuaregs: „Meine Missionsarbeit besteht darin, daß ich die Menschen anlache und ihnen meine schrecklichen Hauer zeige!", und Sören Kierkegaard schreibt nicht ohne ein Schmunzeln: „Ein vollkommener Mensch zu sein, das ist das Höchste im Leben. Nun habe ich aber Hühneraugen, das bringt mich meinem Gott schon näher …"

3. Das Bild von der neuen Schöpfung

Nach Aussage der Heiligen Schrift ist der Mensch „krank" und empfängt die Gesundheit des Lebens durch die Erlösungstat Jesu Christi. Aber Kontrastbestimmungen von Wirklichkeit brauchen Kontrast-Gesellschaften. Auf jeder Seite der Bibel ist gesagt, daß der Glaube die Wirklichkeit im Kontrast zu allen übrigen Welt- und Geschichtsentwürfen auslegt, und die gesellschaftliche Konsequenz dessen ist den Verfassern der biblischen Schriften ebenfalls klar: „Ihr aber seid ein auserwähltes Geschlecht, eine königliche Priesterschaft, ein heiliger Stamm, ein Volk, das (Gottes) besonderes Eigentum wurde, damit ihr die Taten dessen verkündet, der euch aus der Finsternis in sein wunderbares Licht gerufen hat" (1 Petr 2, 9).

Die Gemeinschaft der Glaubenden ist somit die Kontrastgesellschaft, die aus der Kontrastbestimmung von Wirklichkeit im Glauben lebt. Nicht für sich selbst findet die Kirche ihre Identität und Einheit in Christus, sondern sie ist „Zeichen und Werkzeug für die innigste Vereinigung mit Gott wie für die Einheit der ganzen Menschheit".

Diese Aussage des Zweiten Vatikanischen Konzils deckt sich mit dem Satz D. Bonhoeffers: „Die Kirche ist nur Kirche, wenn sie *für andere* da ist."

Als Sakrament des Heiles in der Welt rechnet die Kirche ihren Einsatz für die anderen nicht nach einer Erfolgsbilanz, nach Dank, Anerkennung oder Beifall, sondern sie gleicht dem Sämann, der mit vollen Händen auswirft und keine Verlustrechnung macht (vgl. Mk 4, 1–9). Die Erfolgsbilanz der Kirche ergibt sich nicht aus Leistung und Erfolg, sondern aus der „Fruchtbarkeit" (Joh 15, 16). Fruchtbar wirkt die Kirche in der Welt, wenn Verkündigung und Praxis in der dialektischen Einheit von „Kampf und Kontemplation" stehen. Nur eine gegenstandslose Meditation führt zur Flucht aus der Praxis, hingegen die Meditation der Passion Christi und die Kontemplation seiner Gegenwart „in allen Dingen" verändern die Praxis gründlicher als alle Alternativen, die der Handelnde vor sich hat.

Die Kirche ist dort gegenwärtig, wo Christus sie in den

Erniedrigten, Kranken und Gefangenen erwartet: Die Sendung sagt, *was* die Kirche ist, die Geringsten hingegen sagen, *wohin* die Kirche gehört. Armut ist somit keine Tugend, wenn sie nicht in die Gemeinschaft der wirklich Armen führt, und Demut keine Haltung des Glaubenden, wenn sie nicht in die Gemeinschaft der Gedemütigten führt. Die Gemeinde der Glaubenden versteht sich nicht als eine „Kirche für die Armen", sondern als „Kirche der Armen", wenn sich nämlich die Armen in der Gemeinde entdecken und in ihr ihre Hoffnung finden. Je schwieriger das Wort „Gott" heute deutbar und lesbar wird, desto dringender bedarf es des „Dolmetschers" und des Künders. Aber, so fragt das Synodendokument „Unsere Hoffnung", „sind wir, was wir im Zeugnis unserer Hoffnung bekennen? Ist unser kirchliches Leben geprägt vom Geist und der Kraft dieser Hoffnung? Eine Kirche, die sich dieser Hoffnung anpaßt, ist schließlich auch dem Heute angepaßt, und ohne Anpassung an diese Hoffnung hilft ihr kein noch so brisantes Aggiornamento. Die Welt braucht keine Verdoppelung ihrer Hoffnungslosigkeit durch Religion; sie braucht und sucht (wenn überhaupt) das Gegengewicht, die Sprengkraft gelebter Hoffnung."

Es ist richtig, daß eine moderne, weltoffene Kirche besser ist als eine im Feudalismus oder im Bürgertum veraltete Kirche. Eine fortschrittliche Kirche ist besser als eine konservative, und eine befreiende Kirche, eine revolutionäre Kirche ist an vielen Orten besser als eine unterdrückende und apathische Kirche. Wäre das aber alles, so hätte die Kirche heute nur Anpassungsschwierigkeiten. Das berührt noch nicht den Nerv der Kirche. Auch eine moderne, fortschrittliche und revolutionäre Kirche würde der Gesellschaft noch die Schleppe des religiösen Segens nachtragen, nicht aber die Fackel der Hoffnung vorantragen. Sie wäre nur Diener, nicht Prophet der Gesellschaft.

Auf dem Zweiten Vatikanischen Konzil wurde von den Konzilsvätern gespürt, wie sehr die Kirche heute nicht nur Anpassungsschwierigkeiten hat, sondern daß es viel wesentlicher um ihre *Erneuerung* geht. Als Papst Johannes XXIII. das Konzil einberief, sagte er am Eröffnungstag beim abendlichen Fackelzug, die Hauptarbeit des Konzils wäre vermutlich „schon vor Weihnachten" zu Ende, es ginge ja um ein „aggiornamento", um ein Heutigwerden; doch Papst Paul VI. sprach nicht mehr als Befürworter eines Aggiornamento, sondern gebrauchte als erster das Wort „renovatio": Die Aufgabe der Kirche bestehe nicht in ihrer „Anpassung" an die Welt von heute, sondern in ihrer „Erneuerung".

Aber welcher Art ist das neue Leben, das die Kirche zu verkünden hat und aus dem sie selber immer wieder neu geboren wird? In dem neuen Leben geht es nicht allein um die Botschaft von der Heilung des kranken Menschen, sondern über die Heilung des Kranken hinaus führt sie in die Gesundheit eines neuen Daseins. Die neue Schöpfung, die der Erlösung entspringt, ist nicht die wiederhergestellte oder bloß reparierte alte Schöpfung, sondern ein Neues, das auch gegenüber der ersten Schöpfung neu ist (wie im Ostergesang des „Exsultet" gesungen wird).

4. Das Bild vom neuen Weg

Das neue Leben in der erlösten Schöpfung ist ein Leben in der Freundschaft Jesu. Er, der „Urheber ewigen Heiles" (Hebr 5, 9), ist „der Weg und die Wahrheit und das Leben" (Joh 14, 6). In der Freundschaft mit ihm geht es nicht um den Stufenweg oder die Stufenleiter eines

„geistlichen Fortschritts" oder gar um mystische Aufstiege, vielmehr ist alles, was Glaubende in ihrem Leben mit Jesus „erreichen" und erzielen, nicht sicherer als das „Bleiben": Wer in Ihm bleibt, der hat das ewige Leben (vgl. Joh 15,1–9).

Das von Jesus gesuchte Bleiben ist kein Verharren, es drängt vielmehr zum Aufbruch, denn Gott ist „je größer" als alles, was wir von ihm denken, erahnen und leben. Wer mit Gott lebt und in ihm bleibt, erfährt in sich eine ständige Unzufriedenheit mit allem schon Erreichten und Erlangten, so daß jedes Haben und Festhalten sinnlos wird.

Gott bringt den Menschen „auf den Weg", so sehr, daß der Mensch sich fragen kann, ob der Weg überhaupt zum Ziele führt und nicht vor Hunger nach Gott zugrunde gehen läßt. Diese Frage muß Franz Kafka bewegt haben, denn sie scheint indirekt in seiner Erzählung „Der Aufbruch" wider. Geschildert wird, wie ein/der Mensch sich auf den Weg des Lebens begibt und alles Haben aufgibt. Er schreibt: Ich befehle, mein Pferd aus dem Stall zu holen. Der Diener versteht – doch er fragt: „Wohin reitest du, Herr?"

„Ich weiß es nicht", sage ich, „nur weg von hier, nur weg von hier. Immerfort weg von hier, nur so kann ich mein Ziel erreichen."

„Du kennst also dein Ziel?", fragt er.

„Ja", antworte ich, „ich sagte es doch: ,Weg-von-hier': das ist mein Ziel!"

„Aber du hast keinen Eßvorrat mit", erwidert er.

„Ich brauche keinen Vorrat. Die Reise ist so lang, daß ich verhungern muß, wenn ich auf dem Weg nichts bekomme. Kein Eßvorrat kann mich retten. Es ist ja zum Glück eine wahrhaft ungeheure Reise." –

Auch der Weg in das neue Leben ist „zum Glück eine wahrhaft ungeheure Reise". Denn die Freundschaft mit Jesus gleicht dem Manna, das sich nicht auffrischen läßt: es ist heute frisch und morgen faul. Deshalb rät Jesus seinen Jüngern: „Nehmt nichts mit auf den Weg, kein Brot, keine Vorratstasche, kein Geld im Gürtel und keinen zweiten Rock" (Mk 6, 8–9). Das leichte Gepäck ist nicht um seiner selbst willen gefordert (aus Gründen der Kräfteersparnis), vielmehr läßt es offen und empfänglich bleiben für das Brot, das unterwegs geschenkt wird.

Diese Offenheit kann vom Glaubenden auch als Not erfahren werden, besonders wenn das Leben dunkel und undurchschaubar wird. Rainer Maria Rilke schreibt an einen jungen Dichter: „Ich möchte Sie, so gut ich es kann, bitten, ... Geduld zu haben gegen alles Ungelöste in Ihrem Herzen und zu versuchen, die Fragen selbst liebzuhaben ... Forschen Sie jetzt nicht nach den Antworten, die Ihnen nicht gegeben werden können, weil Sie sie nicht leben könnten. Und es handelt sich darum, alles zu leben. Leben Sie jetzt die Fragen. Vielleicht leben Sie sich dann allmählich, ohne es zu merken, eines fernen Tages in die Antwort hinein."

Die Frage des eigentlichen Lebens wurde für Jesus zur tödlichen Wunde, die Menschen ihm zugefügt haben. Das neue Leben steht unter den Zeichen von Krippe und Kreuz, von Heimatlosigkeit und Mord: „Er entäußerte sich, nahm die Daseinsweise eines Sklaven an und wurde den Menschen gleich. Er war ganz ein Mensch wie wir, erniedrigte sich und wurde gehorsam bis zum Tod, ja bis zum Tod am Kreuz" (Phil 2, 7–8). Durch seine Wunden, nicht durch seine glückliche Lebensführung, sind wir geheilt. Jesus soll geweint haben, von einem lachenden Jesus ist da nicht die Rede (die dogmatische Tradition bringt das „risu abstinuit – er lachte nicht" ganz humor-

los nur in Zusammenhang mit der Sündlosigkeit Jesu).
Der Todesschrei des Gekreuzigten paßt trotz der „Matthäuspassion" Johann Sebastian Bachs nicht in Gesangskategorien, und wer unter dem Kreuz noch spielt, das sind nur die ahnungslosen Soldaten mit ihrem Possenspiel und Würfelspiel.

Was das Leben Jesu bestimmt hat, prägt das neue Leben des Glaubenden. So sind für Paulus nicht die Entrückungen bis in den dritten Himmel – die ohnehin unaussprechlich bleiben (2 Kor 12, 4) – die letzte göttliche Beglaubigung für die Verkündigung und Vollmacht des Apostels, sondern der „Stachel im Fleisch", damit die „überragend große Macht" nicht von ihm, sondern von Gott stammt: „Deshalb bejahe ich meine Ohnmacht, alle Mißhandlungen und Nöte, Verfolgungen und Ängste, die ich für Christus ertrage; denn wenn ich schwach bin, dann bin ich stark" (2 Kor 12, 10).

Das neue Leben ist fern von jeder Absicherung durch Erfolge und Krafterweise, das gibt ihm aber auch eine letzte und unüberwindliche Freiheit und macht die radikalsten Hoffnungen des Herzens lebendig, wie das Lebensbeispiel von Mutter Teresa deutlich zeigt: Als Mutter Teresa mit einem Journalisten einen Tag lang ihren oft ekelerregenden Dienst an den Ärmsten der Armen verrichtete, meinte dieser am Abend: „Das könnte ich nicht für eine Million Dollar tun!" Worauf Mutter Teresa nur antwortete: „Ich auch nicht."

5. Die Vollzüge neuen Lebens

Von der Souveränität und Freiheit des neuen Lebens ist zu reden, wenn im folgenden eine Wegweisung für geistliche Erfahrungen und Grundvollzüge geistlichen Lebens gegeben wird. Es wird deutlich werden, daß der Glaubende auch in den Vollzügen geistlichen Lebens erlöst ist von jedem ängstlichen und zwanghaften „Gottesdienst". Gott will keine „Opfer". Starres Festhalten an geistlichen Übungen und mechanisches Ableisten eines Gebetspensums: all das hindert am freien Umgang mit dem lebendigen Gott und ist unerlöstes Leben. Johannes Tauler schreibt von Menschen, die „bloß" ihre religiöse Pflichten erfüllen, ihre täglichen Gebete verrichten und regelmäßig zum Sonntagsgottesdienst gehen: „Sie halten sich an ihre Zisternen, die sie sich selbst gemacht haben, und Gott schmeckt ihnen nicht. Auch trinken sie vom lebendigen Wasser nicht, das lassen sie sein", deshalb kommen sie innerlich nicht weiter, werden hart und lieblos, kleinlich und selbstgerecht.

Ähnliches ist auch im Blick auf die Sakramentenpraxis zu sagen, die bei manchen recht erlösungsbedürftig ist. Dies hat zunächst seinen Grund in einem falschen und äußerlichen Verständnis von den christlichen Sakramenten. Sie werden als Gefäße gesehen, in denen die Gnade enthalten ist. Ein Gefäß aber, in dem die Gnade aufbewahrt ist, läßt den Empfänger in seinen individuellen und persönlichen Lebensvollzügen wie auch in den sozial verflochtenen Lebenssituationen ganz außer acht. Der einzelne „empfängt" äußerlich die Gnadengaben, kommt aber innerlich im Leben aus dem Sakrament nicht weiter. Wer die Gnaden-„mittel" als unpersönliche „Medizin" zu sich nimmt, läßt diese von Gott ebensoweit entfernt sein wie den Hustensaft von der Persönlichkeit des Arztes, was den Schweizer Reformator Zwingli zu der Aussage verleitete, daß die Sakramente leere Zeichen seien, die so weit von der Gnade entfernt sind, wie das Wirtshausschild vor einer Herberge vom Weinfaß im Keller dieser Herberge entfernt ist.

Auch die andere Verständnisweise von den Sakramenten als Instrumente in der Hand Gottes entspricht weder dem christlichen Gottesbild noch dem heutigen Menschenbild. Wer will schon von Gott mit Instrumenten geliebt sein? Zudem rückt eine solche Vorstellung Gott selber in eine unerträgliche Ferne, wird er doch zu einem Mechaniker und sein Handeln zu einer mystischen Akupunktur. Deshalb muß sich das Leben mit und aus den Sakramenten wie christliches Leben überhaupt befreien und erlösen lassen von dem Gott, der größer ist als alles, was von ihm erfaßt und ertastet werden kann.

So stellt sich die Frage, wie ein Leben im Geist und in der Wahrheit Jesu zu gestalten ist. Da geistliches Leben als befreites Leben mit dem Ruf des Herrn zur Umkehr beginnt, sind zunächst die Wege der Umkehr und der Bekehrung des Herzens zu begehen.

II. Umkehr in das Sakrament

Der bekannte Psychiater Hans Bürger-Prinz behauptet in seinen Lebenserinnerungen: „Nur Christen, nur Menschen aus christlich ‚infiziertem' Milieu, leiden an Schulddepressionen. Ein konfuzianischer Chinese nie. Auch kein Mohammedaner."

Nicht bekannt ist, wie viele konfuzianische Chinesen oder Mohammedaner Bürger-Prinz in seiner psychiatrischen Praxis behandelt hat oder worauf sich seine Aussage sonst gründet. Doch seine Behauptung spiegelt wider, was heute ein *verbreitetes Vorurteil* ist, das man – stark vergröbert – so formulieren könnte: Der gesunde, natürliche Mensch handelt immer richtig, auch dort, wo er sich und seine Interessen mit Gewalt, List, Lug und

Trug anderen gegenüber durchsetzt; erst das Christentum hat mit seiner Rede von Sünde und Schuld dem Menschen die natürliche Unschuld und seelische Gesundheit genommen, ihn krank gemacht und den Grund zu Neurosen wie Depressionen gelegt.

Wer heute über Sünde und Bekehrung reden will, begegnet den zahlreichen Schwierigkeiten des heutigen Menschen mit der Glaubenssprache der Umkehr. Bekehrung als Grundentscheidung für Gott scheint heute kaum möglich, wenn Gott selber fraglich geworden ist. Die Erfahrung von Paulus, den es bei der Bekehrung „vom Pferd gerissen" hat, ist nicht die unsrige; diese manifestiert sich eher in den säkularisierten Formen des Umkehrdenkens, z. B. im alternativen Denken und Leben. Das Interesse an alternativem Lebensstil, an notwendigen Alternativen in Umwelt- und Friedenspolitik signalisiert eine neue Idee von Umkehr, allerdings außerhalb der Kirche und ihrer Verkündigung.

Noch problematischer als die Rede von der christlichen Bekehrung scheint die Botschaft von Schuld und Sünde geworden zu sein. Wir leben in einer Welt, „für deren Aufbau und Lebensrhythmus die Vorstellung der Sünde keine Rolle mehr spielt. Es ist eine Welt, die weder die Sprache besitzt, Sünde auszusprechen, noch Orte der Vollmacht, von Sünde loszusprechen, und die darüber hinaus beides nicht zu vermissen scheint" (G. Ebeling). Wir sprechen von „Parksündern" oder „Bußgeldstrafen", aber der theologische Hintergrund der Erfahrungen von Sünde und Schuld ist heute verlorengegangen.

Wird nach *Gründen* gefragt, die zur heutigen Krise im Verständnis von Sünde und Schuld geführt haben, so ist neben den Einflüssen aus der Aufklärungszeit und heutiger Humanwissenschaften auch die frühere kirchliche Verkündigung und Bußpraxis zu nennen. Gerade sie hatte ihre negativen Auswirkungen: ein verengtes moralisierendes und legalistisches Sündenverständnis verdeckte die heilende Kraft der Sündenvergebung, und das Wort des Evangeliums wurde zuweilen eine Drohbotschaft, die nicht in Freude und Hoffnung aufrichtete, sondern Angst und Furcht eingab, wie das autobiographische Beispiel des großen Politikers Carlo Schmid bezeugt:

„Früh erwachte in mir die Vorstellung, daß ich immer wieder Dinge tat, die schlimm waren, und ich hielt mir vor Augen, wie der kleine Jesus in meinem Fall gehandelt haben würde. In diese Zeit des erwachenden Schuldbewußtseins ... fiel der Katechismus-Unterricht und damit die Konfrontation mit der Sünde. Von unserem Religionslehrer erfuhren wir, das Leben bestehe aus dem dauernden Wechsel von Sünde und Gehorsam gegen das Gesetz, also zwischen Selbstliebe und Liebe zu Gott und zu seinen Geschöpfen. Es komme nun darauf an, so zu leben, daß die guten Taten die bösen überwiegen. Die Folge war, daß ich jeden Abend vor dem Schlafengehen das Sündenregister des Tages zusammenstellte und sodann ein Verzeichnis meiner vermeintlichen guten Taten aufzustellen versuchte. Das war qualvoll, denn die Bilanz wies selten einen Saldo zu meinen Gunsten auf. Schließlich eröffnete ich mich meinem Religionslehrer, der mein Tun für unsinnig und unfromm erklärte, denn mit meiner Buchführung mische ich mich in das Geschäft Gottes ein, dem allein das Urteil über das Tun der Menschen zustehe. Der Sünde sei mit Aufrechnungskünsten nicht beizukommen. Das hat mich erleichtert. Aber das Skrupulantentum meiner Kindheit habe ich nie ganz verloren."

In der traditionellen Beichtpraxis richtete sich das Hauptaugenmerk vielleicht zu sehr auf die „fleischlichen" Sünden, die Fragen der Triebhaftigkeit und Sexualität, und was für Thomas von Aquin von Bedeutung war, trat eher in den Hintergrund, daß nämlich die geistigen Sünden von größerer Schuld seien als die fleischlichen. Was mit „geistiger Sünde" gemeint ist, kann in folgenden Überlegungen deutlich werden.

1. Hinkehr zu Gott

Jesus spricht in seinem Umkehrruf die Freiheit des Menschen an: „Kehrt um und glaubt an das Evangelium" (Mk 1, 15). Doch Gott wird nicht durch die Umkehr des Menschen umgestimmt, sondern ist schon umgestimmt. Bevor der Mensch handelt, hat Gott schon gehandelt. Gott ist es, der zuerst die Initiative ergriffen hat. Auf sein Versöhntsein hin soll der Mensch sich bekehren und im Ruf der Umkehr einen neuen Lebensanfang ergreifen.

Auch wenn es seltsam klingt: Es bedarf der Umkehr, einer *Metanoia* im Glauben, ehe der Mensch die Vergebungsbereitschaft Gottes annimmt und sich von Gott auf neue Weise lieben läßt. Es ist eines der größten Paradoxe des Menschseins, daß es eines entscheidenden Sinneswandels bedarf, ehe ein Mensch wirklich Gottes Liebe in das eigene Leben einströmen läßt, obwohl sich jeder nach einer letzten, umfassenden und bedingungslosen Liebe sehnt. Etwas schreckt davor zurück, von Grund auf Empfangender zu sein.

In den Worten: „... und *glaubt* an das Evangelium" wird deutlich: ohne Glauben an Gott keine Umkehr und Buße. So ist es nicht verwunderlich, daß Krisen des Glaubens immer auch Krisen der Buße mit sich bringen, und

daß kein Sakrament von der innerkirchlichen Glaubens-
krise der vergangenen Jahre so sehr erfaßt wurde wie das
Bußsakrament. Die Hinführung zu Buße und Beichte
muß deshalb mit einer Hinführung zum Glauben beginnen – und nicht umgekehrt.

Die not-wendige Hinführung zum Glauben beginnt
damit, Gott wieder Gott sein zu lassen und sich zu ihm
zu bekehren. Wie wird dieser Glaube neu geweckt werden?

Eine erste Hilfe kann ein Wort von Paul Tillich sein,
der den Glauben bestimmt als *„Mut, sich zu bejahen als
bejaht"*. Gemeint ist die Bejahung des Menschen durch
Gott, die im Glauben angenommen wird. Jesus deutet
die Liebe seines Vaters als Ja zum Menschen; er verkündet das Reich seines Vaters als Gottes Sorge um das
Glück des Menschen, und er lebt selbst, was er lehrt: die
Güte und Menschenfreundlichkeit Gottes, unseres Ret-
ters (Tit 3, 4). Er sucht das Verlorene, heilt das Kranke,
weint über die Verbohrtheit menschlicher Enge, er
bringt Leben in Fülle und wirbt liebend und zärtlich um
den Menschen, nicht um ihn zu zerbrechen, sondern
um ihm das Leben in Freude und Frieden zu schenken.

Was heute mit dem abgegriffenen Wort „Gnade" ausgedrückt wird, meint eigentlich und ursprünglich Gottes
Feingefühl und *„Charme"*dem Menschen gegenüber (vgl.
das griechische Wort „charis"). Gottes ganzes Wohlgefallen ruht auf dem Menschen, er ist für ihn keine Last,
sondern eine „Lust", wie Origenes sagt: Gott erleidet eine
Passion der Liebe zum Menschen; und Bernhard von
Clairvaux spricht vom „Deus desiderans", der sich voll
Sehnsucht verzehrt – für den Menschen.

Gottes Sorge geht also um das Glück, die Freude und
die Fülle des Menschseins, um die Verwirklichung vollkommenen, nur in der Entfaltung des ganzen menschli-

chen Wesens möglichen Friedens. So verpflichtet sich Gott gegenüber dem Menschen durch einen Bund – ähnlich wie sich in der Ehe beide Partner versprechen, einander zur menschlichen Erfüllung zu führen.

Die Treue des Vaters ist die Gewähr dafür, daß der Mensch wirklich er selbst sein darf, denn von den Seinen kann Jesus zum Vater sagen, „daß du die Meinen ebenso geliebt hast wie mich" (Joh 17, 23). Das Bewußtsein, von Gott unendlich geliebt zu sein, gibt dem christlichen Leben „maß-gebend" seine Kraft, auch dort, wo der Mensch erfährt, daß er nicht in allem liebenswert ist. Stellvertretend für jeden Glaubenden bezeugt Paulus, wie er gerade in der Erfahrung der eigenen Schwachheit die Zusage Gottes empfangen hat: „Es genügt dir meine Gnade; denn sie erweist ihre Kraft in der Schwachheit. Daher will ich mich nun meiner Schwachheit rühmen, damit die Kraft Gottes auf mich herabkommt" (2 Kor 12, 9). Das Wort des Apostels ist nicht so zu verstehen, daß Gott den Menschen „schwach machen" will, vielmehr geht er einen anderen Weg der Liebe: Vor Gott ist letztlich nicht entscheidend, ob wir gerade „unseren Mann stehen", ob wir aufrecht stehen oder am Boden zerstört liegen, ob wir es „geschafft" haben oder gerade stolpern und fallen. Vor Gott ist vielmehr entscheidend, daß er in jeder Lebenslage – auch in der Schwachheit – seine Liebe schenken will. Hier handelt Gott mit „charis", mit Charme, hier ist er kein Buchhalter und kein Richter, der im Gesetzbuch nachsieht, er ist auch kein Kassierer, der gute Taten verrechnet. Vielmehr schenkt er sich in unberechenbarer Großzügigkeit, mit uneingeschränktem Ja.

Gott schenkt ein Ja, in dem es kein Nein gibt, wie Paulus verkündet: „Gottes Sohn, Jesus Christus, der unter euch verkündet wird ..., war nicht Ja und Nein zugleich;

in ihm ist Gottes Ja Wirklichkeit geworden" (2 Kor 1, 19). Es ist *ein Ja – ohne Wenn und Aber;* ein Ja, das keinen aus-, sondern jeden einschließt. „Was sich kein Politiker, kein Staat, keine Gesellschaft leisten kann und leisten soll, was nicht einmal Eheleute untereinander sich leisten können – Gott leistet sich das. Er sagt uneingeschränktes ‚Ja‘, ohne jedes ‚Nein‘" (E. Jüngel), und ist bereit, jeden Preis dafür zu bezahlen – bis hin zum Kreuz.

Weil der Sünder nicht zu Gott gehen will, geht Gott zum Sünder, denn er liebt die „Undankbaren und Bösen" (Lk 6, 35), er sucht das „verlorene Schaf" (Lk 15, 1–7) und freut sich mehr über einen Sünder, der umkehrt, als über 99 Gerechte, die glauben, der Umkehr nicht zu bedürfen (Lk 15, 7). Gott zwingt sein Ja keinem auf, es kann überhört werden, da es nicht mit dem Machtgebaren der Mächtigen dieser Welt, sondern in der Wehrlosigkeit eines Kindes und Gekreuzigten kommt. Doch wer in seiner Verlorenheit umkehrt, dem läuft Gott in seiner Barmherzigkeit entgegen, fällt ihm um den Hals und küßt ihn, er feiert mit ihm das Fest der Versöhnung (Lk 15, 11–32).

In der Umkehr und in dem von Jesus geforderten Glauben wird der Mensch Gottes uneingeschränktes Ja „annehmen lernen" und im eigenen Leben verwirklichen. So ist der Ruf zur Umkehr nicht ein Befehl, sondern ein Angeredet-Werden von einem, der es gut mit dem Menschen meint: „Kehrt um und wendet euch ab von all dem, was euch versklavt. Warum wollt ihr denn sterben? Ich habe kein Wohlgefallen am Tod des Menschen. Kehrt also um, damit ihr endlich lebt!" (Ez 18, 30–32).

Diese Einladung Gottes fordert den ganzen Menschen heraus. Gewiß ist es bequemer, Gottes Ruf bloß in Form eines Gebotekataloges an sich herankommen zu lassen. Es ist einfacher, nur einzelne Gebote und Pflichten zu erfüllen, als sich ganz auf Gott, auf die Liebe einzustellen. *Es ist bequemer, etwas zu ändern, als sich selbst zu ändern* (und man darf vielleicht sagen: Es ist bequemer, in den Beichtstuhl zu gehen, als sich wirklich in Gottes Liebe hineinzuleben ...).

2. Abkehr von den Götzen

Geht es im Ruf der Umkehr nicht darum, etwas zu ändern, sondern sich selbst zu ändern, ist damit auch ein tieferes Verständnis von dem mitgegeben, was mit dem Wort „Sünde" ausgedrückt wird. Dies läßt sich auf zwei Ebenen betrachten.

Die erste fällt am meisten ins Auge. Hier finden sich die *konkreten* sündigen Taten wie Verleumdung, Betrug, Diebstahl, Mord, Haß und Neid. Diese konkreten Sünden sind Frucht einer viel tiefer liegenden Ebene, nämlich der Sünde, die ein *Abschirmen* gegen Gottes schöpferische Liebe ist.

Es ist gut, die Sünde nicht nur als moralisches Problem zu betrachten (das wären die konkreten Taten), sondern als eine tiefere Fehlhaltung, nämlich nicht mehr für Gottes Liebe empfänglich sein. Wer für die Liebe nicht offen ist, bei dem wird alles, was nicht Liebe ist, ungemein wichtig (Besitz, Erfolg, Anerkennung), und wenn die Liebe nicht den tiefsten Kern des Lebens erreicht, wird die Außenwelt zur Bedrohung, wie Mauriac andeutet mit seinen Worten: „Wenn ich nicht mehr vor Liebe brenne, werden andere vor Kälte sterben."

Die Schrift kennt viele treffende und inhaltsreiche Beispiele über die verheerenden Wirkungen, die sich zeigen, wenn im Leben Gott nicht mehr Gott ist. Sünde ist hier Selbstzerstörung, von der Paulus schreibt: „Ich begreife mein Handeln nicht: Ich tue nicht das, was ich will, sondern das, was ich hasse ... Denn ich tue nicht das Gute, das ich will, sondern das Böse, das ich nicht will" (Röm 7, 15–19). Sich selbst entfremdet, wird der Mensch auch anderen fremd. Der Turm von Babel ist ein beredtes Zeichen: Menschen verstehen sich nicht mehr! Ein anderes Bild der Schrift ist das der „Herzensverhärtung": in sich selbst verstrickt, kann der Mensch nicht aus sich herausgehen noch auf den anderen zugehen. So war das Herz des Pharao verhärtet und widerspenstig (Ex 10, 20), weil er sich gegen Jahwe gestellt hatte: „Wer ist Jahwe, daß ich auf ihn höre und Israel ziehen lassen sollte? Ich kenne Jahwe nicht" (Ex 5, 2). Wer Gott nicht kennt, der errichtet Mauern, und alles wird bitter und unfruchtbar: „Was könnte ich für meinen Weinberg tun, das ich nicht für ihn tat?" fragte Jahwe sein Volk; „wie sehr hoffte ich auf köstliche Trauben. Doch es gibt nur saure Trauben" (Jes 5, 4). Hier wird das Bild vom Menschen gezeichnet, der sich der unermüdlichen Sorge seines Gottes nicht aufschließt: die Früchte seines Lebens sind bitter.

Die Sünde ist ein Weggehen von Gott. Ursprünglich – von der Wortbedeutung her – meint Sünde den *Vorgang des Sonderns,* des Sich-Absonderns von Gott und dem Nächsten. Biblisch läßt sich diese doppelte Verweigerung verdeutlichen an der Weigerung, mit den anvertrauten und geschenkten Talenten zu wuchern (Mt 25, 14–29), oder an der Weigerung, sich zum Nächsten dessen zu machen, der unter die Räuber gefallen ist (Lk 10, 31), oder an der Verweigerung der Barmherzigkeit gegenüber den Hungernden, Nackten, Durstigen, Gefangenen, Kranken, Fremden und Obdachlosen (Mt 25, 45).

Wer hinter der geschuldeten Liebe zurückbleibt (Röm

13, 8), bleibt hinter sich selbst zurück und geht nicht mehr die Wege der von Gott geliebten und zur Liebe befreiten Kreatur.

In der „Göttlichen Komödie" schildert Dante seinen Gang durch die höllische Unterwelt, und im Dritten Gesang heißt es: „Da sah und erkannte ich den Schatten dessen, der feig die *große Weigerung* begangen hat." Kein bestimmter Mensch wird genannt, vielleicht ist hier derjenige gemeint und angesprochen, der sich der Wahrheit seines Lebens nicht gestellt hat und ihr ausgewichen ist. Verliebtheit in sich selber, Stolz, Feigheit und Angst treiben dazu, dem auszuweichen, was zur Begegnung mit der Wahrheit des eigenen Lebens führt. Wo die Maske der Selbstsicherheit und Selbstgerechtigkeit für einen Augenblick gelüftet wird, wohnt dem Menschen der Drang inne, dieser Stunde zu entgehen, sie als „schwache Stunde" abzutun und sich wieder rasch (von dem Schrekken) zu erholen. Wer nie erschrocken ist über sich selbst, über die eigenen menschlichen Möglichkeiten und über die im eigenen Leben sich offenbarende Lage menschlichen Daseins, der wird nie der Frohbotschaft des Herrn begegnen: „Die Wahrheit wird euch frei machen!" (Joh 8, 32). Denn Gottes Wahrheit demaskiert den Menschen nicht so, daß er sich „weigert", sondern sie führt ihn zur Beschämung.

Über die Angst vor der Begegnung mit sich selber, die *Angst vor einer Beschämung* ist, schreibt H. Spaemann: „Wenn die Angst heute auch viele Christen ergreift und ihren furchtbaren Ausdruck darin findet, daß sie mit den Gottlosen wetteifern im Ersinnen immer schrecklicherer Todeswaffen, so hat das seinen tiefsten Grund in dem verborgenen Zwiespalt ihrer Existenz. Alle letzte Angst des Menschen kommt aus der Lüge und noch aus Resten der Lüge, in denen er lebt; ist Angst davor, daß etwas aufgedeckt wird. Die Lüge des Christen ist die, daß er sich Christ nennt und dennoch der Liebe nicht glaubt. Nur wer arm ist in dieser Welt, wer es wagt, ganz angewiesen zu sein auf die Liebe des Vaters, ganz ihr ausgeliefert, ihr allein, der fürchtet sich nicht, der vertraut."

Die Angst vor der Beschämung treibt den Menschen dazu, sich der Liebe Gottes nicht auszuliefern. Doch diese Angst äußert sich meist nicht in den großen Fehlhaltungen des Menschen, sondern die Versuchungsgeschichte des Menschen beginnt *im kleinen* und zeigt sich zum Beispiel als „die Tendenz, vor der eigenen Verantwortung fliehen zu wollen, die Angst vor einer Entscheidung, die Angst vor einer Situation, die eine persönliche Entscheidung verlangt; Versuchung meint die Angst vor den Problemen des Lebens, der Gemeinschaft, unserer Gesellschaft. Es ist die Neigung, der Wirklichkeit zu entfliehen, die Augen zu verschließen, sich zu verbergen, so zu tun, als ob man nichts sähe und nichts fühle, um nicht mit hineingezogen zu werden. Es ist die Neigung zur Trägheit, die Angst, etwas zu unternehmen; die Versuchung möchte uns daran hindern, eine Antwort zu geben auf die Aufgabe, zu der uns Gott, die Kirche und die Welt rufen", schreibt Kardinal Carlo M. Martini.

Manchen verleitet die Angst vor der Beschämung zu verschiedenen Weisen des Taktierens, in denen versucht wird, das Schuldbekenntnis des eigenen Lebens zu umgehen:

Am Anfang steht meist die Versuchung zum *Beschönigen* und Verharmlosen: „Das eine Mal! Sonst geht es viel besser! Es war halt kein gutes Wetter! Morgen wird alles besser!"

Eine andere Weise des Taktierens ist das *Ablenken:* Es wird rasch eine Lösung bzw. Erklärung für das eigene

Verhalten gesucht, im Oberflächlichen und Anonymen; an den eigentlichen Krisenherd geht man nicht heran: „Man flickt mit Hingabe die undichte Wasserleitung in der Kajüte, während das Schiff mit einem Leck untergeht" (W. Lambert).

Die dritte Versuchung, die den Weg der Umkehr nicht gehen läßt, ist die der *Mutlosigkeit* und des Verzagens: „So oft habe ich es versucht! Ich werde es nie schaffen! Es hat keinen Zweck, überhaupt noch weiterzumachen! Was bin ich für ein komischer Mensch!"

Eine andere Versuchung ist, daß man glaubt, *Vorleistungen* erbringen zu müssen: „Erst wenn ich diesen Fehler abgelegt habe, wird Gott mit mir zufrieden sein!" – Aber Gott befreit gerade ohne Vorleistung; er pfropft ein neues Reis auf.

Eine letzte Versuchung kann die zur *Verzweiflung* und Angst sein: Hier sucht der einzelne nicht mehr Vorleistungen zu erbringen, vielmehr weiß er, daß nur Gottes Erbarmen ihn retten kann; doch er glaubt, daß dieses Erbarmen begrenzt ist ... – obwohl Jahwe sein Volk fragt: „Ist denn meine Hand zum Erlösen zu kurz, oder fehlt mir zum Befreien die Kraft?" (Jes 50, 2).

„Abkehr von den Götzen", das meint also eine dreifache Abkehr: die Abkehr vom „Sondern", die Abkehr von der Unwahrhaftigkeit des Lebens und die Abkehr von allen Formen des Taktierens und Sich-Entschuldigens. Wer sich der „Stunde der Wahrheit" stellt, ist in Gottes Liebe frei geworden.

3. Umkehr in das Sakrament

Die befreiende Botschaft der Vergebung wird dem einzelnen im Sakrament der Versöhnung zugesprochen und verkündigt. So gilt es nun zu überlegen, welche „frohe Botschaft" in dem Sakrament der Buße enthalten ist.

Die Botschaft der Freude ist für den Christen nicht immer mit dem Weg der Versöhnung verbunden. Vertrauter als vergangenen Jahrhunderten ist heute der Gedanke der Stoa, daß der Weise im Unterschied zum Toren es für verächtlich halten muß, Metanoia und Buße zu üben; es sei ein Zeichen der *Nichtidentität* des Menschen mit sich selbst, wenn er seinen Sinn ändern sollte und sich auf den Weg zurück begeben müßte.

Ein Zeitgenosse, Jean-Paul Sartre, meint, der erbärmlichste Verbrecher sei der, der sein Verbrechen bereue und der in Buße und Sündenschmerz verharre.

Provokanter noch wird der Gedanke bei André Gide aufgegriffen. Er interpretiert das patriarchalische Gleichnis vom Verlorenen Sohn so, daß der verlorene Sohn bei ihm nicht nur einen älteren Bruder hat, der im Haus des Vaters alles nach den vorgegebenen Gesetzen beurteilt, sondern es ist noch ein jüngerer Bruder da, den der Evangelist verschwiegen hat. Er spricht zum zurückgekehrten Bruder: „Hör zu. Weißt du, warum ich heute abend auf dich gewartet habe? ... Bevor diese Nacht zu Ende geht, breche ich auf." „Was ich nicht vermochte: du willst es vollbringen?" „Ja, du hast mir den Weg geöffnet; an dich zu denken, wird mir Kraft geben." Worauf der verlorene Sohn abschließend sagt: „Mein Teil ist's, dich zu bewundern, der deinige jedoch, mich zu vergessen. Umarme mich, mein junger Bruder: du nimmst all meine Hoffnungen mit. Sei mutig, vergiß uns, vergiß mich. Und mögest du nie zurückkommen!"

„Mögest du nie zurückkommen", dieses Wort bewahrheitet sich ironischerweise im kirchlichen Alltag von heute wortwörtlich: Die Beichtstühle werden immer leerer, die Menschen kommen kaum noch zum Empfang des Bußsakramentes.

Hat dieser Rückgang der Beichtpraxis vielleicht darin seinen Grund, daß die kirchliche Heilsvermittlung selber unwirksam geworden ist und deshalb heute nicht mehr gesucht wird? Denn trotz der vielen Beichten kann nicht gesagt werden, daß in der Kirche aufs ganze gesehen mehr Heil sichtbar wird oder daß die Mehrzahl der Gläubigen als „geheilt" und erlöst erscheint.

Die Unwirksamkeit vieler Beichten hängt teilweise mit der falschen, weil oberflächlichen Vorstellung zusammen: Sünde ist etwas, das ich tue oder unterlasse; ich bekenne meine Schuld und erhalte die Vergebung. – Eine solche Sichtweise reicht nicht tief genug in die eigene Schuldgeschichte hinein.

Ein Beispiel aus der Literatur verdeutlicht dies: In dem bekannten Roman „Der Leopard" von Tomasi di Lampedusa ist folgendes berichtet: Der sizilianische Fürst Fabrizio besucht regelmäßig eine Lebedame. In seiner Kutsche nimmt er den Hausgeistlichen mit, der während des Ehebruchs in einem benachbarten Kloster absteigen muß. Denn der Fürst liebt es, nach getaner Arbeit gleich zu beichten ...

Man amüsiert sich über diese Schilderung, aber gleichzeitig macht sie betroffen, denn eine solche Einstellung zur Beichte trifft in ihren verschiedenen Ausdrucksformen heute noch für weite Kreise katholischer Christen und vielleicht sogar für uns selbst zu. Die Beichte stellt hier eine Art *magisches Wundermittel* dar, das man regelmäßig gebraucht und durch das alles wieder in Ordnung kommt. Bei solchem Beichten geschieht keine

Erneuerung im Sinn der biblischen Umkehr. Im Gegenteil, hier wird die Beichte sogar eine Institution zur Umgehung der wirklichen Umkehr – und damit wirkungslos, ja sogar schädlich. In der Beichte geht es nicht darum, möglichst schnell etwas „los"werden zu wollen, mit etwas „fertig" zu werden, sondern wir lassen uns ermutigen zu einem Weg, der ein tieferes Heilwerden ermöglicht. Dies kann an einer Begebenheit im Leben des heiligen Hieronymus deutlich werden:

Als dieser ein Leben der Einsamkeit und Buße begann, erschienen ihm die Unterlassungen und Fehler seines früheren Lebens so groß, daß er ein Leben lang dafür büßen wollte. Er, der sein ganzes Leben Gott übergeben hatte, kam am Vorabend vor Weihnachten an die Krippe von Betlehem, wo er als Einsiedler lebte, und sprach im Gebet: „Herr, mit leeren Händen komme ich heute vor dich, was kann ich dir schon geben?" – Da bat ihn Jesus um etwas, woran der Heilige nie gedacht hätte: *„Gib mir deine Sünden!"*

Die Geschichte aus dem Leben des Heiligen zeigt, daß Jesus mehr das Vertrauen liebt als die Buße, mehr den Glauben an seine Liebe als die Verzweiflung über das, was falsch gemacht wurde. Buße, Schmerz, Wiedergutmachung sind wichtige Elemente auf dem Weg der Umkehr, aber noch größer sind Liebe und Vertrauen auf Gottes Erbarmen: *Buße allein genügt nicht.*

„Gib mir deine Sünden!", diese Aufforderung des Herrn an den heiligen Hieronymus nimmt manchmal kuriose Formen in der Beichtpraxis an, gemeint sind die *„Vorzeigesünden"*! Beim Empfang des Bußsakramentes werden zuweilen Sünden bloß aus Anstand bzw. „pro forma" bekannt. Mancher beichtet Sünden, die er nie begangen hat und von denen er weiß, daß er sie nicht begeht oder daß sie in seinem Leben nur eine periphere

Rolle spielen; er beichtet Sünden, in die er gleichsam verliebt ist: Sünden, die ihn gar nicht nervös und unruhig machen, mit denen es sich ganz gut leben läßt, die man sich auch „warm halten" muß, nämlich solche Sünden, die im Grunde ablenken von den eigentlichen und wirklichen Problemen, mit denen man lebt. Durch den Mangel an Ehrlichkeit sich selbst gegenüber verliert die Beichte jeglichen Kontakt mit dem Leben und hat mit ihm gar nichts mehr zu tun.

Weiterhin ist mancher vielleicht angeleitet worden, dort mit Schuld und Vergebung umzugehen, wo die eigentliche Schulderfahrung gar nicht gemacht ist, sondern wo das, was einen wirklich beschäftigt, nicht Schuld ist, sondern Angst, Leid, Kränkung, Konflikte. Weil als Mittel die Beichte angeboten wird, wo man eben seine Sünden bekennt, wird die Auseinandersetzung mit den eigenen Problemen einfach in Schuldbekenntnisse umfunktioniert. Eine solche *fromme Lüge* hilft nicht wirksam weiter, denn sie führt nicht in die Tiefe und ermöglicht kein Heilwerden durch die aufrichtige Begegnung mit dem Herrn.

Nach den bisherigen Überlegungen, die eher die Gefahren und Fragwürdigkeiten beim Empfang des Bußsakramentes im Blick hatten, ist nun zu fragen, worin trotz aller Bedenken und Unzulänglichkeiten heute die Bedeutung des Bußsakramentes zu sehen ist. Eine Antwort ergibt sich aus dem Wert des Sakramentes selber, denn „in den Sakramenten gibt Gott mir etwas, was ich nicht geben kann" (K. Hemmerle). In der Beichte besteht dieses Geschenk Gottes darin, daß der einzelne Mut zur aufrichtigen Begegnung mit sich selbst erhält, im Blick auf Gottes Liebe sein Leben in Liebe annimmt und ein Verkündiger der Menschenfreundlichkeit Gottes wird. Auf diesem Weg der Versöhnung mit sich und mit Gott können folgende Hinweise von besonderer Bedeutung sein, denn sie führen zu einer vertieften Sicht der eigenen Schuld und Sünde vor Gott:

a) Nie aus heiterem Himmel

Das Schuldbekenntnis steht nicht isoliert, sondern im Kontext des ganzen Lebens. Denn die einzelne Schuldentscheidung läßt die hinter ihr verborgene Lebensentscheidung deutlich werden und ist ein Signal, ein Anzeiger dafür, daß an der Basis oder im Hintergrund des eigenen Lebens etwas nicht in Ordnung ist. Wie sich eine gute Intention von selbst die äußeren günstigen Umstände für ihr Wirksamwerden schafft, so wird auch die schlechte Intention sich die ihr eigenen Umstände des Wirksamwerdens schaffen. Es gibt so etwas wie eine negative Vorsehung über das eigene Leben: Keine Sünde fällt wie ein Blitz aus heiterem Himmel!

Wie Sünde und Schuld ihre untergründige Vorgeschichte haben, so auch eine ihnen eigene Nachgeschichte, in der sie ausgelitten werden müssen. Nicht durch Anstrengung und Anspannung des Willens wird Schuld ausgelitten, sondern durch Ausleiden ihrer Konsequenzen und Auswirkungen. Diese bewußte Übernahme des Leidens und der Läuterung, die mit der eigenen Vergangenheit als einer Schuldgeschichte verbunden ist, geschieht in der Zeit nach der Beichte.

b) „... daß ich Gutes unterlassen und Böses getan habe"

Im Schuldbekenntnis am Anfang der Heiligen Messe lautet der entscheidende Bekenntnissatz: „Ich bekenne, daß ich Gutes unterlassen und Böses getan habe." Was durch die Liturgiereform neu eingefügt wurde und in der Bekenntnisformel gleich an erster Stelle steht, ist eine wichtige Glaubenserfahrung: Wir versündigen uns schon dadurch, daß wir Gutes unterlassen. Denn vor Gott gilt nicht allein die korrekte Erfüllung und Befolgung seiner Gebote, sondern er schaut auf das Herz und das gelebte Leben. Hier kann einer sündigen, indem er das Gute unterläßt, es einfach nicht tut – aus Lieblosigkeit, Bequemlichkeit, Unaufmerksamkeit, Hartherzigkeit und mangelndem Engagement. Der nicht beantwortete Brief, die verschwiegene Aufmunterung, das unterdrückte Lob und die mangelnde Anerkennung des anderen, die erkaltete und in Alltäglichkeiten sich verlierende Liebe zwischen Ehepartnern und das gefühllose Vergessen der Not in der Dritten Welt – all das ist in Gottes Augen Bosheit, auch wenn keine direkte Sünde begangen ist. Wer nichts tut, wird schuldig, und wer in der Liebe nicht wächst, kann dadurch sich vor Gott verfehlen. Teresa von Avila betont: „Wer nicht wächst, schrumpft ein. Ich halte es für unmöglich, daß die Liebe sich damit begnügt, ständig auf der Stelle zu treten."

c) Aufrichtigkeit und Skrupulosität

Der Blick auf das, was an Gutem unterlassen worden ist, soll nicht zu Skrupulosität führen, wohl aber zur Aufrichtigkeit uns selbst gegenüber. Davon spricht ein überliefertes Jesus-Wort, das heißt, es müsse ein jeder darauf achten, daß er nicht „Mücken siebt und Kamele schluckt".

Bruce Marshal gibt ein Beispiel für die Frage von zu weitem und zu engem Gewissen. Er sagt, wenn man beichte, daß man ein Seil gestohlen habe, dann solle man gegebenenfalls auch sagen, ob an dem Seil eine Kuh angebunden gewesen sei. „Umgekehrt wird man dem Men-

45

schen mit einem zu skrupulösen Gewissen sagen dürfen:
Wenn du gebeichtet hast, daß du eine Kuh gestohlen
hast, dann brauchst du nicht ängstlich sein, wenn du
von dem Strick, mit dem du sie weggeführt hast, nichts
erwähnt hast" (W. Lambert).

d) Beschämung und Recht auf Intimität

Die Aufrichtigkeit des Bekenntnisses in der Beichte erfordert die Bereitschaft, eine Beschämung zu riskieren,
um sich dem Beichtvater als der anvertrauen zu können,
der man wirklich ist: ohne Schminke und Maske. Hier
gibt es jedoch eine Einschränkung! Gewiß, in dem Bekenntnis der eigenen Schuld und Sünde bedarf es einer
deutlichen Integrität, aber es gibt auch eine *Unmöglichkeit zur Integrität:* im physischen Sinn (Mangel an Zeit,
Kraft etc.) wie im moralischen Sinn (Fehlen eines Beichtvaters des eigenen Vertrauens etc.). Zudem sind Situationen denkbar, in denen der einzelne noch gar nicht den
entsprechenden emotionalen, gefühlshaften Abstand zu
seiner Vergangenheit hat, bedarf es doch eines gewissen
Abstandes zur eigenen Vergangenheit, um über sie überhaupt sprechen zu können. So gibt es in der Beichte das
Recht auf die persönliche Intimsphäre (Recht auf die Intimsphäre richtig verstanden, d. h. Inhalt des Beichtbe-
kenntnisses ist das, worüber man wirklich ohne allzu-
große Anstrengungen frei sprechen kann!).
   Die Integrität des Bekenntnisses ist also eine doppelte:
zum einen müssen die entscheidenden Schwachpunkte
konkret herausgestellt werden und zum anderen darf der
einzelne psychisch und emotional nicht überfordert
sein.

e) Reue und Bekenntnis

Die letzten Gedanken zur Beichtpraxis erwecken den Eindruck, daß das Bekenntnis das wichtigste auf dem Weg der Umkehr ist. Doch dieser Eindruck trügt.

Die Bezeichnung „Beichte" ist unglücklich. Beichten, d. h. Bekennen ist zwar Bestandteil des Sakramentes, aber ausgerechnet der am wenigsten angenehme und der Rangordnung nach nicht der wichtigste. Die Reue macht vielmehr den Kern der Beichte aus. Dies zeigt sich allein darin, daß ein Mensch, der nicht fähig ist zu reden, losgesprochen werden kann, sofern er eben im Herzen Schmerz über seine Sünden verspürt.

Der erste Eindruck des Bußsakramentes ist meist der einer Bestandsaufnahme der eigenen Fehler. Wieviel von der Vorbereitungszeit bei einer Beichte wird auf das Einordnen der Sünden verwendet (meist ⁹⁄₁₀ der zur Verfügung stehenden Zeit), wie wenig aber dafür, die mit der Sünde verbundene Untreue und Undankbarkeit gegen Gott abzuwägen! Es müßte gerade umgekehrt sein ...

Wichtiger als das Bekenntnis und Aufsagen der Sünden und Fehltritte und entscheidender als die Wahl des rechten Beichtvaters ist der in Reue und Buße vollzogene Schritt des einzelnen über sich hinaus auf einen anderen Menschen zu. Wem er sich anvertraut, wird verschieden sein (Freund, Mitbruder, Priester). Letztlich vertraut er sich Gott an, von dem er schon vor der Beichte und dem Sündenbekenntnis weiß, daß er ihn liebt und angenommen hat. Aber erst wenn er sich konkret als der anvertraut, der er jetzt ist, mit dem, was ihn jetzt belastet und bedrückt, wird er Gottes Liebe auch in seiner konkreten und einmaligen Situation erfahren. Um Gottes Liebe in der persönlichen Situation des Lebens umfassend erfahren zu können, muß die leichteste Form der Beichte – die des Beichtstuhls – nicht die hilfreichste sein. Die Anonymität des Beichtstuhls ist ein Angebot, aber die Beichte vollzieht sich vielleicht echter in einem Beichtgespräch, mit einem gekannten Gegenüber, wo das Sich-Anvertrauen in Austausch und Begegnung vollzogen wird. Hier sollte keiner sich überfordern, aber auch nicht unterfordern.

Wer sich konkret als der anvertraut, der er ist – mit seinen konkreten Sünden und Fehlern (mit *allgemeinen* Sündenbekenntnissen pflegt man sich zu entschuldigen), riskiert eine Beschämung, doch indem er das Gesicht zu verlieren meint, merkt er, daß dies nur eine Maske war und daß sein wahres Antlitz zum Leuchten kommt. Wer beschämt ist wie die Sünderin im Evangelium, verliert die Angst vor Beschämung, weil er sich nackt und bloß geborgen weiß bei dem Liebenden. Sein Gebet ist das Wort, das die Kleine Therese zum Herrn gesprochen hat: „Herr, laß mich die Dinge sehen, wie sie sind."

f) Die Beichte – ein Gericht?

J. Wittig stellte sich als Kind die Frage: „Warum hat uns Jesus Christus nicht auch von der Beichte erlöst, wenn er uns schon erlöst hat?" – Was ist es also, das um den Akt der sakramentalen Lossprechung bitten läßt?

Tertullian, ein großer Theologe der frühen Kirche, sagte einmal von der sakramentalen Lossprechung, sie sei das „regulicium futuri iudicii", die Vorausnahme des endgültigen Urteils Gottes am Ende des persönlichen Lebens. Aber diese Vorausnahme ist eine aus Gnade. Die Gotteserfahrung des Neuen Testamentes ist die des barmherzigen Vaters, der seinem verlorenen Sohn entgegeneilt! Somit ist der Empfang der sakramentalen Lossprechung die höchste Dichte dieser neutestamentlichen Gottesbegegnung. In der Lossprechung begegnet der Glaubende dem verzeihenden Gott – auf eine Weise innigster persönlicher Nähe.

Ignatius von Loyola läßt den Exerzitanten gegen Ende seiner Übungen betrachten, wie der Auferstandene ihn *„tröstet"*. Das Vertrauen auf den tröstenden Zuspruch des Herrn (und nicht seinen richtenden Urteilsspruch der Gerechtigkeit) läßt in einem neuen Licht erscheinen, was die Alten früher mit „Buße" bezeichnet haben. Buße – das ist die Hauptbeschäftigung des Erlösten: das Sich-Einüben in das neue Leben, das freie Leben! Buße schenkt Freude und Zuversicht. Denn sie ist alles andere als eine seelische Rückkehr in die böse oder gar verdrängte Vergangenheit. Vielmehr richtet sie in die Zukunft aus, macht durch die Freude am Neuen den Erlösten frei und hebt ihn über sich selbst hinaus. Buße will Umkehr in die Zukunft sein, in ein neues Selbstvertrauen – im Bewußtsein der tröstenden Gegenwart des Herrn.

g) Aufgetragene oder vorgeschlagene Buße?

Der Aspekt der Zukunft kommt im Vollzug der Beichte darin zum Ausdruck, daß diese nicht mit der Lossprechung abgeschlossen ist, sondern zu einem ersten Schritt in das neue Leben anleitet.

Dies zeigt sich in der sogenannten Bußauflage. Im neuen Rituale wird nicht von einer aufgegebenen, sondern einer vorgeschlagenen Buße gesprochen. Der Beichtvater soll dem Pönitenten eine Buße vorschlagen und ihn fragen, ob diese Buße seiner Situation entspricht und eine Hilfe darstellt, um den neuen Weg zu betreten. Deshalb ist

die Buße weniger eine Strafe als eine positive Hilfe für das
Gelingen des ersten Schrittes in die neue Zukunft.

h) Felix culpa – etiam peccata

Der Weg der Umkehr ist nicht ein Weg der
Zerknirschung und Trauer, sondern ein Sich-Ausstrek-
ken nach Wahrheit und Freiheit. Der Fortschritt durch
häufigeres oder regelmäßigeres Beichten besteht darin,
daß die eigene Tadellosigkeit oder Tadelwürdigkeit immer weniger bekümmert und dafür deutlicher und intensiver das Staunen wächst über den Gott, der in Jesus
als Güte und Menschenfreundlichkeit dem Menschen
entgegenkommt.

Es ist das Lied von der „glückseligen Schuld" (felix
culpa), die „würdig war, einen so großen Erlöser zu empfangen" (Exsultet). Vor Gott braucht sich keiner ins gute
Licht zu rücken, sich vorzumachen, daß er ohne Sünde
ist. Vor Gott heißt es vielmehr: „Du darfst ein Sünder
sein. Danke Gott dafür, daß du ein Sünder sein darfst.
Denn Gott liebt die Sünder, aber er haßt die Sünde"
(D. Bonhoeffer). Und wo Paulus schreibt, daß „denen,
die Gott lieben, alles zum Guten gereicht" (Röm 8, 28),
fügt ein Kirchenvater erläuternd gleich hinzu: „etiam
peccata", auch die Sünden.

Somit kann gerade der Weg der Umkehr, der Buße
und Beichte die Rettung der Freude und des Friedens im
eigenen Leben sein.

i) Und wenn sich nichts ändert?

Ein Einwand lautet: Entweder die Beichte nützt, dann
braucht man nicht mehr zu beichten, oder sie nützt

nichts, was schon deshalb möglich ist, weil meist dieselben Sünden im Bekenntnis aufgesagt werden.

Dies erinnert an jene Karmelnovizin, die eines Tages zur heiligen Teresa von Avila ging, um ihr mitzuteilen, sie habe eine neue Art von Sünde entdeckt, von der die Bücher nicht sprächen. Worauf die Heilige antwortet: „Meine Tochter, haben wir nicht schon allzuviele Sünden?"

Leicht ist man geneigt, in der Beichte und der Erwartung an sie die *Wende* mit der Umkehr zu verwechseln. Wer seine Sünden und Fehler in der Beichte bekannt hat, ist bereit, sie nicht mehr wiederzutun und sie entschieden abzulegen („Umkehr"), doch ob dies dem einzelnen gelingt – restlos und endgültig („Wende"), das steht nicht in seiner Macht, es ist reines Geschenk göttlicher Gnade, auf das nur gehofft werden kann. Unser Bestreben richtet sich auf die Umkehr, Gott allein hingegen kann bewirken, daß mit der Umkehr auch eine Wende in unserem Leben eintritt.

Als Jesus dem Gelähmten die Sünden vergibt, schenkt er ihm den Anfang des Wunders, doch der Mensch muß es im Weitergehen zu Ende wirken: „Nimm deine Bahre und geh!" (Joh 5, 8) – aber mit deiner Bahre, mit deiner Vergangenheit! Die „Bahre" kann für einen Menschen eine recht vielseitige Gestalt annehmen, darin er sich vielleicht ganz entstellt vorfindet; er erfährt sich wie „gelähmt".

Doch zerbrechen wird es ihn nicht, auch wenn schwere Schuld in sein Leben getreten ist und er darüber noch gar nicht hinweggekommen ist: er kann trotzdem in seiner ganzen Haltung ein Mensch der Liebe, der Selbstlosigkeit, der inneren Neigung zu Gott geblieben sein – vielleicht mehr als manch anderer, der sich gleichsam ängstlich hütet, die verrechenbare Bilanz seines Lebens in Unordnung zu bringen. Karl Rahner schreibt hierzu fragend:

„Wenn jener Mann, der unter den Martyrern des Boxeraufstandes seliggesprochen wurde und der vom Opiumrauchen nicht loskam und der immer sagte, meine einzige Chance ist das Martyrium, der aber sonst ein frommer Christ war, dem aber sein Pfarrer – offenbar mit Recht – die Absolution jahrelang verweigerte, wenn dieser Mann sich nach dem Martyrium sehnte, eigentlich wußte und vor Gott zugab, wie armselig er war und danach verlangte, daß Gott ihn aus seiner eigenen Gefangenschaft befreite – kann man da nicht fragen, ob der Lebensgrund dieses Menschen in Wirklichkeit schon vor seinem Martyrium in Gottes Liebe war, mehr als vielleicht der des Pfarrers, der ihm mit Recht die Absolution verweigerte?"

j) „... wie auch wir vergeben"

Ein letzter Schritt in die Zukunft vollzieht sich in der Beichte durch die Bereitschaft, dem anderen zu vergeben, weil einem selber vergeben worden ist. Die Kunst des Verzeihens ist nicht leicht, sie fordert manches Geschick – und reiche Tugend.

Paulus mahnt: „Laßt die Sonne nicht über eurem Zorn untergehen" (Eph 4, 26), doch er fordert damit nicht auf, bis zum Abend alles verziehen zu haben. Ein vorschnelles Verzeihen verhindert die notwendige innere Verarbeitung des Konflikts, so daß keine wirkliche Versöhnung stattfindet. Keiner kann über seinen Schatten springen! Deshalb gilt: *Nicht vorschnell verzeihen!*

Zeit und Geduld sind vonnöten, wenn erfahren wird: der Kopf sagt ja, das Herz aber nein. In einem solchen Fall hat ein vorschnelles Verzeihen wenig Wert, auch wenn der Verstand die notwendigen Plausibilitäten gibt. Keiner kann beim Verzeihen das Herz außer acht lassen. So gilt: *Das Herz nicht übergehen!*

Verzeihen muß aufrichtig sein. Kalte Überlegenheit, demütigende Herablassung, getarnte Machtausübung und subtile Erpressung machen jedes Verzeihen zur Farce. Wer dem anderen aufrichtig vergeben will, darf *keine falschen Spiele* dabei anwenden, sondern muß *ohne „Wenn"* und ohne Bedingungen verzeihen, nicht erst, wenn der andere sich „bessert" oder gar „ändert".

Wird der Akt des Verzeihens als schwierig empfunden, kann es unter Umständen hilfreich sein, einfach *wortlos* zu verzeihen: durch ein kleines Geschenk, eine Aufmerksamkeit, ein liebes Zeichen der Anerkennung. Bei schwierigen Beziehungsproblemen gehen wortlose Vorverständigungen voraus und bahnen dem vergebenden Wort den Weg.

Was christliches Verzeihen sein kann, haben die Mönchsväter in eine kleine Geschichte gebracht, die eine Mahnung wie auch Ermutigung für jeden sein kann: Man meldete einem Abt, ein Mönch hätte eine Frau in seiner Zelle. Der Abt zieht mit seinem Gesinde und Gefolge zur Zelle, und der Mönch hat noch gerade Zeit, die Frau in der Tonne zu verbergen. Der Abt überblickt die Lage, springt auf die Tonne und befiehlt seinem Gefolge, die Zelle zu durchsuchen. Man findet nichts. Der Abt rügt die Leute und schickt sie fort. Er nimmt die Hand des Mönches und sagt: „Paß auf dich auf!" und geht seines Weges ...

Umkehr und Versöhnung sind wichtige Vollzüge geistlichen Lebens, doch sie beschränken sich nicht auf das Bußsakrament, sondern wirken sich in vielen anderen Übungen und Wegen des Alltags aus und suchen hier ihre Bestätigung und Fortführung. Deshalb soll nun gefragt werden, in welchen geistlichen Übungen der Weg der Umkehr im Alltag beschritten wird.

III. Einübung in Gnade

Die Vorstellungen von Umkehr und Bekehrung sind oft verbunden mit dem Gedanken an einzelne Akte, Übungen und Tätigkeiten: Gebet, Meditation und Askese. Ohne regelmäßiges Gebet, ohne Sakramente, Gewissenserforschung, ohne Zeiten des Fastens und andere Verzichte versandet jedes innere Leben. Deshalb ist ein Minimum an geistlicher Einübung unersetzbar. Hier reflektieren wir jedoch Gott gegenüber oft sehr theologisch: Könnte dies oder jenes nicht auch anders gemacht werden, ist das wirklich notwendig? Und weil es abstrakt natürlich nicht notwendig ist, tun wir lieber gar nichts oder belassen alles beim alten.

Gewiß, alle Konkretheit ist Unterbietung des Notwendigen, aber nur im Mut zum Konkreten, Armseligen, Vorläufigen sind Beziehungen und Liebe möglich. Die Zeit, die einem Freund geschenkt wird, ist Ausdruck dessen, daß einer sich im ganzen zu ihm gekehrt hat und „alle" Zeit für ihn hat. Das wenige, das einer für seinen Freund tut, ist nicht von großer Bedeutung, gemessen an der Liebe, die Freunde füreinander empfinden, aber es ist als konkretes, wenn auch kleines Zeichen dennoch notwendig, weil es Ausdruck freundschaftlicher Liebe und Zuneigung sein will.

Ähnliches muß von dem Mindestmaß an geistlicher Einübung gesagt werden. Sicherlich ist die Summe von geistlichen Übungen nicht schon Umkehr und Bekehrung, so wenig die Summe gemeinsam verbrachter Zeit und gemeinsamer Aktivität schon Liebe zwischen Menschen wäre. Die Vielzahl und Häufigkeit der geistlichen Übungen ist Zeichen dafür, daß der einzelne sein ganzes Leben zu Gott hingekehrt hat; auch wenn es sich dabei um bescheidene und kleine Zeichen handelt, können diese nicht als „zu gering" und zu unbedeutend heruntergespielt werden, sondern sind für das Leben mit Gott als Ausdruck der Liebe von entscheidender Bedeutung.

Dennoch behält die Einübung in das geistliche Leben bloß einen relativen Wert. Geistliches Leben ist nicht diese oder jene Einübung, sondern jene „Struktur", in die hinein das eigene Leben immer wieder umkehren muß: aus der von mir entworfenen Perspektive meines Lebens und meiner Zukunft in die Perspektive Gottes. Es ist die Struktur eines Lebens nicht nur aus mir, nicht aus meinen Wünschen, Plänen und Kräften, sondern aus dem, was Gottes Geist in mir wünscht, vermag, kann und will.

Daß mit äußeren Zeichen und geistlichen Übungen kein Ausdruck der Umkehr und Bekehrung zu Gott gegeben ist, zeigt sich auf besondere Weise im Empfang der Sakramente. Im katholischen Raum gibt es zuweilen einen magischen Mißbrauch der Sakramente: Sie werden nicht gebraucht, um dem Empfangenden das zu vermitteln, was sie ihm vermitteln wollen, sondern um es zu *ersetzen*! Man empfängt dann das Bußsakrament anstelle einer Sinnesänderung und läuft täglich zur Heiligen Messe, anstatt aus dem Geschenk der Erlösung zu leben. Das heißt dann: Man ißt nur „Bilder" vom Essen!

Somit sollen einige Überlegungen folgen, wie die geistlichen Übungen Ausdruck der persönlichen Umkehr und Hinkehr zu Gott werden und das ganze Leben gestalten und befruchten können.

1. Askese der Schwachheit

Die Einübung in das Leben der Umkehr geschieht in unermüdlicher Suche und Sehnsucht nach Gott und seiner heilenden Liebe. Doch was anfangs als Bereitwilligkeit zur Bekehrung des Herzens beginnt, kann sich schnell in einen geistlichen Hochleistungssport verkehren, wenn der Mensch auf sich selbst gerichtet, ichbezogen bleibt.

Das hier Gemeinte verdeutlicht A. Louf am Umgang mit geistlichen Idealen. Zu Beginn des Nachfolgeweges ist mancher schnell bereit, hochherzig auf den Ruf des Herrn zu antworten und die geforderten Opfer zu bringen, um ein guter, vollkommener Jünger zu werden. Geistliche Literatur und Übungen sind dabei willkommene Helfershelfer: sie appellieren an das Vollkommenheitsstreben und an das Ideal von sich selber und seinem geistlichen Fortschritt. Selbstverleugnung, Hintansetzen eigener Wünsche und Vorstellungen, Demut und gehorsame Unterwürfigkeit, selbstlose Liebe und radikaler Einsatz werden vom einzelnen eingeübt und über alle persönlichen Nöte und Hindernisse hinweg verwirklicht. Das Zusammenleben mit den Mitmenschen, vielleicht in einer Kommunität, tut das übrige hinzu; denn Brüderlichkeit, Hingabe, Engagement, Hilfsbereitschaft werden verlangt, alles Haltungen, die, zumindest unbewußt, das geistliche Ideal und das Vollkommenheitsstreben des einzelnen wecken und wachrufen. Wer sich in geistlicher Begleitung befindet oder mit einem Abt und Regens im Gespräch ist, wird vielleicht als „demütiger" Novize und Seminarist erscheinen wollen, um den es gut steht, der keine Fragen und Probleme hat, über dessen Erfolge sich jeder freuen kann und der ansonsten keine weiteren Schwierigkeiten bereitet, was beruhigend und befriedigend sein wird für beide Seiten.

Doch das geistliche Ideal dieses Vollkommenheitsstrebens steht meist in keinem Verhältnis zu den wirklichen Bedürfnissen und Erfahrungen eines Menschen. Nöte, Schwächen, Ungereimtheiten, Ängste und Fragen werden beiseite geschoben und können nicht mehr an die Oberfläche des Bewußtseins kommen. Weil dabei unendlich viel Energie verlorengeht, ist ein solcher Mensch zwar brav und nett, aber es blüht in ihm nichts auf, er erscheint matt und blaß und eher antriebsgehemmt, was sich meist auch im körperlichen Befinden zeigen wird: Kopfschmerzen, Magen und Rücken machen zu schaffen, der Kreislauf ist labil, und es kommt zu häufigen Erkältungskrankheiten u.a.m. Ein solcher Mensch lebt zwar von wohlgemeinten Idealen und Vorstellungen, kann jedoch seinen eigenen Wünschen, Sehnsüchten und Vorlieben keinen Platz im Leben mit Gott geben: er ist fromm, aber nicht menschlich.

Askese würde hier heißen, daß der einzelne lernt, sich auf die eigenen Möglichkeiten und auf das Maß der eigenen Kraft einzuüben. Weil die Gnade nicht bei unserem Ideal, sondern bei unserer Schwachheit einsetzt, ist Askese ein Sich-Einüben auf die Gnade und auf das Geheimnis von Schwachheit und Gnade. Im Erkennen unserer Schwachheit und im Achten auf unser Maß, das uns von Gott geschenkt ist, bedarf es der Treue und Geduld; doch Franz von Sales macht hier die Beobachtung, daß unmittelbar nach der Sünde das schlimmere Übel und Unheil den Eifrigen trifft, daß er nämlich ungeduldig mit sich und seinem Weg wird. Deshalb rät Augustinus für den Weg der Einübung in Gnade: „Tue, was du kannst; bete um das, was du nicht kannst; und Gott wird dir geben, daß du es kannst."

2. Die Flucht des Frommen vor Gott

Selbstgerechtigkeit, Verliebtheit in sich selbst und versteckter Stolz lassen den Frommen eher in Ungeduld mit sich und dem eigenen Leben in Gott sein. Es werden Erfolge und Leistungen vor Gott gesucht und Erfahrungen von Schwachheit und mangelnder Reife möglichst rasch beiseite gelegt.

Johannes Tauler meint, daß Gott einen solchen Frommen in die Krise, in das Gedränge führen muß, damit er nicht in die Irre geht. Erst so kann er erfahren, wie es wirklich um ihn steht und wie sehr seine Schwachheit der göttlichen Gnade bedarf. Oft jedoch erkennt der Mensch nicht, daß Gott in der Krise etwas an ihm tut und daß es darauf ankäme, Gott an sich handeln zu lassen, und er möchte aus seiner Krise fliehen. Für Tauler gibt es drei Weisen einer solchen Flucht vor Gott:

a) Fehlende Selbsterkenntnis

Der Mensch weigert sich, in sich selber hinein zu sehen. Die Unruhe im eigenen Herzen verlagert er nach außen, indem er bei den anderen, an den Strukturen und Institutionen ständig kritisiert und sie verbessern will. Dieser stellt „das Kloster auf den Kopf und will fortlaufen gegen Trier oder Gott weiß wohin und nimmt das Zeugnis (des Geistes in ihm) nicht an". Weil er sich selbst nicht reformieren will, möchte er das Kloster reformieren und projiziert die Unzufriedenheit mit sich selbst nach außen. Mit äußeren Reformplänen verhindert er die Begegnung mit sich und seinem eigenen Grund. Der Kampf nach außen enthebt ihn der Aufgabe, mit sich selbst zu kämpfen.

b) Festhalten an äußeren Frömmigkeitsübungen

Der einzelne meidet die Auseinandersetzung mit sich selber nicht dadurch, daß er nach draußen flüchtet, sondern indem er in äußere Praktiken und Gebetsweisen flieht. Statt nach innen zu horchen und auf die verborgenen „Pfade nach innen" zu achten, will er auf den „gemeinen, breiten Straßen" bleiben (meist mit dem Vorwand z. B.: „Ich habe immer schon so gebetet!").

c) Ständig neue Lebensformen

Von äußeren Formen erwartet man sich eine Lösung der inneren Krise, hält aber keine Form auf längere Zeit hin durch.

Die Prinzipien, an denen solche Menschen festhalten, nennt Tauler Götzen, und er meint, viele Leute säßen auf ihren Götzen, wie einst Rachel auf ihren Abgöttern saß. Sie halten sich an ihre Götzen, um der Begegnung mit dem wahren Gott auszuweichen: „Manchem Menschen gefallen seine Weisen (seine Art zu leben und fromm zu sein) so wohl, daß er sich niemandem überlassen will, weder Gott noch den Menschen, und er hütet sich wie seinen Augapfel, daß er sich ja nicht Gott überlasse." Er hält an seinen Übungen fest und hält sie zwischen sich und Gott. Seine Sicherheit und Überzeugung ist ihm wichtiger als seine persönliche Begegnung mit Gott, und er hält sich damit Gott vom Leib. So verschanzt er sich hinter frommem Tun, anstatt fromm zu sein. „Er tut Frommes, um von Gott nicht erfahren zu müssen, daß er letztlich gar nicht fromm ist, sondern in seinem Tun nur sich selbst sucht, seine Sicherheit, seine Selbstrechtfertigung, seinen geistlichen Reichtum. Er versteift sich auf fromme Übungen, ohne zu merken, daß sie ihn nicht von allein fromm machen" (A. Grün). So will er Gott in die eigene religiöse Praxis hineinzwingen, ohne sich dem lebendigen Gott und seinen Ansprüchen auszuliefern.

3. Die Gnade des Nullpunkts

Im geistlichen Leben als Einübung in Gnade sucht der Glaubende nicht die eigene Korrektheit als Rettungsanker, sondern die Barmherzigkeit Gottes. Als Abba Moses, ein geistlicher Vater, gefragt wurde: „Was sind Fasten und Nachtwachen wert?", gab er zur Antwort: „ut se dimittat": auf daß der Mönch sich aufgebe und in Demut Gottes Hilfe und Beistand suche.

Jede Askese wird den Menschen an einen Nullpunkt führen, wo seine Kräfte zusammenbrechen, wo er seiner eigenen Schwachheit begegnet und ihr nicht mehr gewachsen ist. Doch die Erfahrung der eigenen Ohnmacht und des Scheiterns an sich und den eigenen Kräften ist eine Stunde der Gnade, wenn sie den Menschen für Gott öffnet, „denn wie nützlich ist folglich ein Kranksein, das nach der Hand eines Arztes rufen läßt".

Die „Gnade des Nullpunkts" läßt sich in folgenden Erfahrungen beschreiben:

a) Wer seiner Schwachheit begegnet, wird allen Stolz und jede Selbstverliebtheit ablegen und erfahren, daß das Ja zu den eigenen Grenzen und Schwächen vor Gott *reicher* macht. So kann auch das Einhalten einer Ordensregel eine Schule der Demut werden, denn die Regel, so bemerkt Bernhard von Clairvaux, existiert nicht deswegen, damit der Mönch schwierigere Werke vollbringt und außergewöhnliche Tugenden erwirbt, sondern damit er lernt, aus seinen Fehlern Nutzen zu ziehen und vor Gott in wahrer Demut zu leben. So erfährt der Mensch zur Stunde der Schwachheit, wie es wirklich um ihn steht und wie sehr er der Hilfe Gottes bedarf. Doch dies macht ihn nicht traurig oder bedrückt, vielmehr wird er es in Dankbarkeit und Demut annehmen.

b) Die Erkenntnis der eigenen Schwachheit ist kostbar und unersetzbar. Isaak von Ninive, ein anderer geistlicher Vater, sagt hierzu: Wer seine Schwachheit und „seine Sünden kennt, ist viel größer als einer, der einen Toten auferweckt. Wer eine Stunde lang wirklich über sich selbst weinen kann, ist größer als einer, der die ganze Welt unterrichtet; wer seine eigene Schwachheit kennt, ist größer als einer, der die Engel schaut." Denn die Gnade knüpft an keines unserer Ideale an, sondern an unsere Schwäche, aber wer vor Gott erkennt, wie er wirklich ist, erfährt sich „erhoben" und bekennt mit dem Gesang des „Magnifikat": „Auf die Niedrigkeit seiner Magd hat er geschaut, siehe, von nun an preisen mich selig alle Geschlechter ..."

c) Wenn Gott *keinen anderen Ausweg* kennt, sagt Isaak von Ninive, dann läßt er die Sünde zu; eben, um den Menschen in seine tiefste Schwachheit zu führen. Und Bernhard von Clairvaux führt aus: „Man muß viel leiden, um die Liebe zur Welt zu opfern. Man muß noch mehr leiden, um die Selbstliebe zu opfern. Man muß unendlich viel leiden, um sich völlig der Gottesliebe zu opfern." Gott läßt nicht zu, daß sich jemand als Pharisäer vor ihm aufstellt. Zuweilen muß sogar die verwundbarste Stelle in diesem Menschen nach oben kommen, damit er dort der Gnade Gottes begegnet; meist ist es die Stelle, die dem einzelnen am peinlichsten ist. Gottes Liebe mag in solchen Augenblicken als unbarmherzig erscheinen, sagt doch der Engel zu Hermas: „Sei guten Mutes, Hermas, Gott wird dich nicht verlassen, ehe er dir nicht das Herz oder die Knochen gebrochen hat!" Doch was auf den ersten Blick als unbarmherzig und ungöttlich aussieht, wird ein Weg des Heiles sein, denn:

d) Der Weg des Neuen Bundes ist ein Weg der Gnade, oder wie Therese von Lisieux sagt: ein *„kleiner Weg"*. Weil Gott auf die Liebe und das Vertrauen schaut, fordert er den ganzen Einsatz, aber nicht als Leistung und Erfolg, sondern als Bereitschaft, nicht als Tat, wohl aber als Gesinnung, wie Therese von sich sagt: „Treu bin ich nicht immer, aber mutlos werde ich nie."

Was Therese mit diesen Worten meint, beschreibt sie selbst am Bild des Kindes, das vergeblich versucht, die erste Stufe der Treppe zu erklimmen. „Seien Sie dieses Kind, erheben Sie immerzu Ihren kleinen Fuß, um die Stufen der Heiligkeit zu erklimmen ... Aber bilden Sie sich nicht ein, jemals auch nur die allererste Stufe erreichen zu können." Doch dies wird nicht gesagt in Resignation und Verzagtheit: „Wenn ich geneigt wäre, mich wegen einer Dummheit zu beunruhigen, die ich gesagt oder getan habe, so gehe ich in mich und sage mir: Ach, so steh ich also immer noch am ersten Punkt, wie ehedem! Aber ich sage mir das in großem Frieden, ohne Traurigkeit. Es ist so gut, sich schwach und klein zu fühlen."

e) Der Verzicht auf den Fortschritt ist eng verbunden mit der *Annahme des Fallens*. Der Mensch will steigen – oder mindestens stehen. Jesus aber war bereit zu fallen, wie die Kleine Therese bemerkt: „Du fürchtest, dieses Kreuz nicht tragen zu können, ohne zu fallen. Warum? Warum? Auf dem Weg nach Kalvaria ist Jesus dreimal gefallen ... Sie wollen einen Berg erklettern, und der liebe Gott will, daß Sie hinuntersteigen. Er erwartet Sie ganz zuunterst, im fruchtbaren Tale der Demut." Auch auf die Großartigkeit des Fallens verzichtet die Demut des Jüngers.

Für die Kleine Therese endet der Weg der Liebe und Schwachheit mit der Forderung, die eigene Unvollkommenheit zu lieben und nicht aus ihr herauszubegehren. Es ist die Freude, als schwach und unvollkommen angesehen zu werden:

„Daß man Sie immer unvollkommen findet, das ist es gerade, was Ihnen not tut und Ihnen Gewinn bringt. Sich selbst für unvollkommen, die anderen für vollkommen zu halten: das ist das Glück ... Was mich betrifft, so empfinde ich Freude nicht nur, wenn ich für unvollkommen gehalten werde, sondern besonders wenn ich fühle, daß ich es bin." Der erste Gedanke war traditionell. Die Schlußwendung bringt das Neue: „Jetzt habe ich mich darein ergeben, mich stets unvollkommen zu sehen, und finde darin sogar meine Freude", und diese Erkenntnis steht in Zusammenhang mit einer anderen, die sie aufhellt: „Zu Beginn meines geistlichen Lebens, als ich etwa 13–14 Jahre alt war, fragte ich mich, was ich wohl später dazu erwerben könnte, denn ich hielt es für unmöglich, daß ich die Vollkommenheit noch besser zu erfassen vermöchte; aber ich erkannte recht bald, daß man, je mehr man auf diesem Weg fortschreitet, sich für um so weiter vom Ziel entfernt hält."

f) Jeder Krise entspricht eine neue Seite und eine tiefere Erfahrung der *Freundschaft mit Christus*. Hier gibt es keinen Mittelweg; entweder geht unsere Liebe aus diesen Krisen stärker hervor oder unsere Großmut wird geschwächt und erträgt nur mit Mühe die Erfahrung der eigenen Schwachheit oder des Verzichtes.

Martin Buber berichtet in den „Erzählungen der Chassidim" die Geschichte eines Mannes, der einen Rabbi fragte, wie er sich von müßigen Gedanken befreien könne. „Versuche es nicht", riet der Rabbi, *„du hast keine anderen Gedanken,* und du würdest leer zurückbleiben; versuche, allmählich einige nützliche Gedanken zu gewinnen, und sie werden an die Stelle der müßigen treten." Stimmt dies nicht mit dem Gleichnis von den sieben Teufeln überein (Mt 12, 45)?

Die oft zerstreuten und nur müde vor Gott gebrachten Gebete, die Zweifel im Glauben, die Schwachheit der eigenen Gottesliebe und die nur kleinen Erfolge auf dem Weg zu Gott sind für manchen demütigend, doch „du hast keine anderen". Wer sich über sie erhebt, sucht nicht mehr den wahren Gott, sondern einen Abgott (nach dem Bild und Gleichnis der eigenen Wünsche, Vorstellungen und Ideale). Auf den Weg zum wahren Gott findet, wer von sich und den eigenen Vollkommenheitsbestrebungen absieht und sich vor Gott so stellt, wie er ist.

Was das z. B. für das Beten bedeutet, zeigt ein Apophthegma von Abt Antonius: „Solange wir uns bewußt sind, daß wir beten, beten wir nicht wirklich ..." Beten ist kein Sich-abstimmen auf das eigene Spiegelbild (und sei es auch das frömmste), vielmehr setzt Gottes Pädagogik alles ins Werk, um dieses Spiegelbild zu zertrümmern, ähnlich wie Paulus vom Pferd geworfen und bis ins Mark erschüttert wurde.

4. Die Versuchung des guten Vorsatzes

Wer sich im geistlichen Leben einübt auf die eigene Schwachheit und das Geschenk der Gnade Gottes annimmt, muß dennoch alles tun, um auf dem Weg der Gebote und des geistlichen Wachstums voranzukommen, er wird sich mit Gottes Gnade vervollkommnen müssen. Wie dies nach den vorhergegangenen Überlegungen vollzogen werden kann, soll nun bedacht werden, vor allem im Rahmen des Fassens von Vorsätzen. Zunächst ist ein Wort zu sagen über das, was mit dem Begriff „Die Versuchung des guten Vorsatzes" gemeint ist.

Ein altes Sprichwort sagt: „Der Weg zur Hölle ist mit guten Vorsätzen gepflastert." Diese kommen meist aus dem Idealbild, das der einzelne von seinem Leben entworfen hat. Je mehr er im Leben die Entdeckung und Erfahrung des Dunkels macht und Schuld und Sünde bei sich sieht, bekommt er Zweifel an sich und an seiner Vollkommenheit. In dieser Erfahrungssituation ist er schnell in Gefahr, durch gute Vorsätze sich absichern und das Idealbild von sich selber wiederherstellen zu wollen. Dann verhindern seine guten Vorsätze, daß er sich seiner Schwäche stellt und ihr ins Auge schaut.

In einer Katerstimmung sage ich schnell: Nie mehr werde ich Wein trinken! Aber ich frage mich dann nicht, warum ich überhaupt trinke, warum ich den Alkohol brauche. So werde ich keine realistischen Schritte unternehmen, sondern es bei guten Vorsätzen belassen.

Anschauungsmaterial für die Versuchung des guten Vorsatzes bietet uns die Petrusgeschichte (Lk 22, 31–34). Jesus hatte Petrus vorausgesagt, daß er ihn dreimal verraten werde. Der gute Vorsatz: „Niemals, Herr!" vermochte dennoch Petrus nicht daran zu hindern, den Herrn dreimal zu verraten. In diesem Verrat erkennt Petrus seine eigene Situation: Sein Selbstideal muß fallen, die Maske wird gelüftet, und er muß sich seiner eigenen Wirklichkeit in all ihrer Erbärmlichkeit stellen; nur so wird er der Gnade teilhaftig.

Vorsätze bringen erst weiter, wenn sie begleitet sind von aufrichtiger Selbsterkenntnis und Wahrhaftigkeit sich und dem eigenen Leben gegenüber. Wie dies zu geschehen hat, wird ein Text aus dem ersten Buch der „*Nachfolge Christi*" von Thomas a Kempis († 1471) zeigen. Hier findet sich eine kleine Anleitung für das Fassen von Vorsätzen, aus dem Erfahrungsschatz geistlicher Tradition übermittelt:

„Setzten wir alles daran, wie Helden im Kampfe auszuharren, wir würden wirklich ‚die *Hilfe des Herrn von oben* gewahr werden'. Denn Er ist bereit, denen zu helfen, die da ringen und auf Seine Gnade bauen, Er, der uns auch den Anlaß zum Kampfe gibt, damit wir uns bewähren.

Sehen wir den Fortschritt in unserem geistlichen Leben nur in äußerlichen Formen, dann wird unsere *innere Gottverbundenheit* bald am Ende sein. Wir müssen vielmehr die *Axt an die Wurzel des Übels legen,* auf daß wir, befreit von unseren Leidenschaften, zum Frieden des Herzens gelangen.

Wollten wir jedes Jahr nur *einen einzigen Fehler* mit der Wurzel ausrotten, so würden wir bald vollkommene Menschen werden. So aber will es uns oft im Gegenteil bedünken, daß wir uns am Anfang unserer inneren Umkehr reiner und besser vorkamen als nach vielen Jahren geistlichen Lebens. Täglich sollten unsere innere Glut und unser Fortschritt wachsen; so aber gilt es schon als eine Großtat, wenn man auf der ersten Stufe des Eifers zu verharren vermag. Gebrauchten wir *nur mäßig Gewalt am Anfang* unseres Weges, mit *Leichtigkeit* und in *Freude* könnten wir dann später jede Schwierigkeit bewältigen.

Schwer ist es, von der Gewohnheit zu lassen; aber noch schwerer ist's, gegen seinen eigenen Willen anzukämpfen. Aber wirst du nicht Herr über Kleines und Leichtes, wie solltest du den schwereren Kampf meistern? *Widerstehe im Anfang* deiner Neigung und leg die üble Gewohnheit ab, auf daß sie dich nicht etwa unvermerkt einem größeren Übel zutreibe! Wolltest du doch bedenken, welchen Frieden du deinen *Mitmenschen* bereiten könntest, sofern es gut um dich stünde; ich glaube, noch eifriger würdest du dann alles tun für dein geistiges Wachstum."

Im folgenden sollen diese Ratschläge im einzelnen kurz erläutert werden:

Erste Regel: Die rechte Motivation beim Fassen von Vorsätzen kommt nicht aus äußerlichen Formen, Wünschen und Motiven, sondern aus der „inneren Gottverbundenheit", d. h. aus der *Liebe zu Jesus.*

Mancher will ein anderer werden, weil er sieht, daß in seinem Charakter, an seiner Verhaltensweise etwas schief, falsch und störend ist; er versucht gegen sich selbst anzugehen: „Der Vorlaute will zum Kontemplativen werden, der Introvertierte zum Kommunikationswunder, der spekulativ Verstiegene zum praktischen Organisator, der Pragmatiker zum tiefen Denker. Und das muß ja dann fast notwendig schiefgehen! Anders, nicht ein anderer werden! Ausbauen, was man ist, nicht zerstören! Warum soll der Vorlaute und Geschwätzige nicht zum guten Unterhalter werden, der auch zuhören kann und merkt, wenn ein anderer etwas zu sagen hat?! Warum soll der Introvertierte nicht zum einfühlsamen Zuhörer werden, der auch mal ein offenes Wort sagen kann, ohne innerlich zu zittern?! Warum soll der Spekulant nicht die Kraft seiner geistigen Phantasie voll einsetzen, aber im dankbaren Wissen, daß auch die kühnste Spekulation auf der Dachterrasse von der Küche im Kellergeschoß lebt?! Warum soll der Pragmatiker nicht seine organisatorischen Fähigkeiten zum Wohl der Gemeinschaft einsetzen – und vielleicht auch mal ein ‚nutzloses' Gedicht lesen?!" (W. Lambert).

Es geht also darum: *Nicht ein anderer, sondern anders werden!* Doch dies nicht aus einem psychologischen Programm heraus oder auf dem Fundament eines artfremden Ideals, sondern in Übereinstimmung mit der Rolle, die Gott für einen jeden bestimmt hat. Die Übereinstimmung mit Gottes Willen wird nicht in Büchern gefunden, sondern in der betenden und übenden Begegnung mit dem Herrn. Hier, in der Liebe zu Jesus, geschieht Änderung des eigenen Verhaltens, nicht aber im Abstimmen auf irgendein Ich-Ideal. „Die Liebe Christi drängt uns" (2 Kor 5, 14), nicht andere, sondern anders zu werden!

Zweite Regel: Im Umgang mit den eigenen Fehlern und beim Fassen von Vorsätzen gilt zu Beginn: *Fange an, wo du willst.* Entscheidend ist nicht, wo du ansetzt, wichtig ist der ehrliche und entschlossene Wille, hier oder dort Ordnung zu schaffen. Von diesem einen Punkt aus kann sich das Leben verändern und ordnen.

In seiner sechsten Predigt gibt Johannes Tauler einen Vergleich, der in seiner Anschaulichkeit nicht leicht zu überbieten ist: „Das Pferd macht den Mist in dem Stall, und obgleich der Mist Unsauberkeit und üblen Geruch an sich hat, so zieht doch dasselbe Pferd denselben Mist mit großer Mühe auf das Feld; und daraus wächst der edle schöne Weizen und der edle süße Wein, der niemals so wüchse, wäre der Mist nicht da. Nun, dein Mist, das sind deine eigenen Mängel, die du nicht beseitigen, nicht überwinden noch ablegen kannst, die trage mit Mühe und Fleiß auf den Acker des liebreichen Willens Gottes in rechter Gelassenheit deiner selbst. Streue deinen Mist auf dieses edle Feld, daraus sprießt ohne allen Zweifel in demütiger Gelassenheit edle, wonnigliche Frucht auf."

Keiner wird aus eigener Kraft mit seinen Schwächen fertig – das letzte tut immer Gott; doch Gott verzichtet nicht auf unsere Mitarbeit, wir müssen „mit Mühe und Fleiß" an uns arbeiten.

Wer in einer Sache konsequent vorgeht, dem kann sich von diesem Punkt aus sogar das *ganze Leben* ändern, denn das Leben setzt sich nicht aus Teilen zusammen, die nichts miteinander zu tun hätten, es ist vielmehr ein lebendiges Ganzes und alles hängt miteinander zusammen:

Da kam ein junger Mönch zu einem älteren Mitbruder und fragte ihn: „Was soll ich tun? Mich belästigen viele Gedanken, und ich weiß nicht, wie ich ihnen widerstehen soll." Der Befragte antwortete ihm: „Streite nicht wider alle, sondern bekämpfe nur einen! Hast du diesen überwunden, werden auch die anderen gedemütigt: sie haben ja *alle nur ein Haupt.*"

Wie ein Fehler in diesem oder jenem Lebensbereich sich überall ausbreitet und seinen Schatten über das ganze Leben wirft, es lähmt und undurchsichtig erscheinen läßt, wird ein guter und neuer Ansatz in einem Punkt alles andere durchsichtiger und klarer machen. Jeder Fehler setzt eine neue Maske auf, hingegen wird mit jedem bewältigten Fehler eine Maske beseitigt und die eigene Lebenswahrhaftigkeit gestärkt.

So ist ein kluges Vorgehen notwendig; entscheidend wird sein, daß der entschlossene Wunsch, sich in einem Punkt des Lebens zu ändern, gleich an der *Basis* seinen Anfang nimmt. „Um im Bild zu bleiben: Einen Bau kann man nur auf der Erde errichten. Die schönsten Baupläne, das beste Baumaterial und die größten Architekten nützen nichts, wenn der Bauherr zur Auflage macht, die Fundamente dürfen den Erdboden nicht berühren; man möge doch bitte 5 Zentimeter über dem Erdboden anfangen; 5 Zentimeter, das sei doch nicht zu viel" (W. Lambert).

Nur aus einer an der Basis geänderten Haltung ist neues Verhalten möglich, das nicht bloß eine neue Fassade errichtet, sondern wo der Mensch von der Basis der Wirklichkeit ausgeht.

Dritte Regel: Faß in aller Stille vor Gott einen *bestimmten Fehler* genau und ohne jede Beschönigung ins Auge. Denn ein klar erkanntes Problem ist schon ein halb gelöstes Problem.

Oft sind wir um keine Ausrede verlegen, wenn es gilt, uns einmal ohne Schminke und in aller Klarheit zu sehen. Wo wir aber unseren Fehlern keine Aufmerksamkeit schenken und ihnen davonlaufen, verdrängen wir sie und stoßen sie ins Unterbewußte ab oder suchen die Schuld bei den anderen, wie Augustinus bemerkt:

„Menschen, die keine Hoffnung haben, achten nicht auf ihre eigene Sünde, um so mehr auf die Sünde der anderen. Sie sind nicht auf der Suche nach dem, was sie bessern, sondern nach dem, was sie verwunden können. Weil sie sich nicht entschuldigen können, sind sie bereit, andere zu beschuldigen. Nicht so David: er hat uns ein Beispiel gegeben, wie wir beten und Gott genugtun sollen, da er sagt: ‚Meine bösen Taten bekenne ich, meine Sünde steht mir immer vor Augen!' Er blickte nicht auf die Sünde der andern. Er richtete seine Augen auf das eigene Ich. Er schlug sich nicht, sondern drang in sich ein und stieg tief in sein Selbst hinab."

Im Bekenntnis der Schuld steht der einzelne unvertretbar allein vor Gott und kann die eigene Schuld nicht auf andere abschieben; dazu schreibt der Kartäusermönch und Prior Gigo von Kastel am Beginn des 12. Jahrhunderts in sein Tagebuch:

„Schau: Als du neulich vor den Brüdern aufgefallen warst durch Anstimmen eines falschen Verses, wie suchte da dein Geist nach Gründen, die Schuld auf andre abzuwälzen, auf das Buch oder sonst etwas. Dein Herz wollte nicht sich so sehen, und so redete es sich selber ein, anders zu sein, und verfiel auf Worte der Arglist, um sein Versehen zu entschuldigen. Aber der Herr wird es überführen und vor sein eigenes Antlitz es stellen, und dann wird es nicht weiter sich etwas vorlügen können oder vor sich selber davonlaufen."

Sobald sich jemand genügend Zeit nimmt, um seine Fehlhaltung klar und deutlich zu erkennen, wächst er über dumpfe und verworrene Grübeleien hinaus; er hört auf, die Fehler nur bei den anderen zu entdecken, und mit zunehmender Selbsterkenntnis verflüchtigt sich jede innere Beunruhigung und Angst vor dem eigenen Versagen. Für den Weg zur aufrichtigen Begegnung mit sich selber empfiehlt Johannes Tauler, in Ruhe den Vers zu betrachten: „Offenbare dem Herrn deine Wege und hoffe auf ihn; er wird es schon gut machen." Die Erkenntnis der eigenen Schuld führt nämlich „alle auserwählten Gottesfreunde", wie Tauler betont, nicht zur Verdammnis, sondern zu Hoffnung und Zuversicht. Die eigene Schuld wandelt sich zur „felix culpa", zur glücklichen Schuld, da „Gott größer ist als unser Herz, das uns anklagt" (vgl. 1 Joh 3,20).

Vierte Regel: Die Axt an die *Wurzel des Übels* legen, nicht an die Symptome! Da wir Menschen immer „aus" etwas handeln, also ein Motiv für unser Tun haben, geht es beim Fassen von Vorsätzen darum, zunächst bis auf den Wurzelgrund der eigenen Fehlhaltung vorzustoßen und ihn aufzudecken.

Wer an die Wurzel der eigenen Fehlhaltung kommen will, braucht Zeit, Ruhe und Geduld. Er darf sich selber nicht in Unzufriedenheit, Ärger und Wut begegnen,

sonst verlagert er seine Aggressionen und Unzulänglichkeiten nach außen oder schiebt seinen Mitmenschen
die Schuld zu. Hingegen wirkt das ruhige Betrachten
der eigenen Symptomatik heilend und führt zu dem
entscheidenden Schritt der Änderung: „Wenn es an einer gefährlichen Kurve immer wieder Autos ins Schleu-
dern bringt, dann installiere dort nicht eine ständige
Ambulanz, sondern bau die Kurve aus; d. h. Strukturre-
formen, neue Lösungsversuche sind wichtig" (W. Lambert). Wo es heißt: „Das habe ich schon so und so oft
versucht, aber es hat nichts gebracht, es geht nicht",
dort kann zurückgefragt werden: Ist denn deine bishe-
rige Methode, das Problem zu lösen, auch wirklich richtig? Die entscheidende und weiterführende Frage,
warum etwas nicht geht und sich nicht bessert, wird
gern umgangen. Meist wird ein edleres Motiv vorge-
täuscht, um das eigene Verhalten besser zu rechtfertigen, aber an der Wurzel fast jeden Fehlers und
sittlichen Versagens liegt immer irgendeine Art von
Selbstsucht und die Angst, etwas zu entbehren, zu versäumen oder zu erleiden.

Zur Klarheit des Vorgehens gehört es, jeden Fehler
von Anfang an zu bekämpfen, nicht erst, wenn er zur
Gewohnheit geworden ist. Rechtzeitig muß man sich auf
den Weg machen, denn kleine Dinge können rasch aus-
ufern, wie Papst Johannes XXIII. in seinem „Geistlichen
Tagebuch" vermerkt: „Draußen regnet es, regnet in Strö-
men. Um Gottes willen, hoffentlich sinkt mein Innerstes nicht ab. Mir scheint, daß schon ein wenig Wasser
darin einzudringen beginnt. Ich muß auf gewisse kleine
Risse achten, die kaum zu spüren, aber verräterisch sind.
Das kann ein kleines überflüssiges oder eitles Wort sein.
Wehe, nach dem ersten kommt ein zweites, drittes, vier-
tes usw. Mit den kleinen oder schlecht gebeteten Worten

kommen die großen Sprüche. Widerstehe den Anfängen!"

Fünfte Regel: Beim Fassen der Vorsätze *nie zu hoch* ansetzen, sondern eher zu niedrig, also keine „großen" Vorsätze! Wer zu hoch ansetzt und „mehr" tun will, tut meist weniger und erreicht vielleicht überhaupt nichts. Ist der Vorsatz einmal gefaßt, soll er ohne Abstriche schnell und entschlossen ausgeführt werden.

Zu Beginn eines neuen Jahres, nach intensiven Exerzitien oder einer aufrichtigen Beichte fühlt man sich zur Reform des eigenen Lebens aufgerufen, faßt Vorsätze über Vorsätze, da es an allen Ecken und Enden zu fehlen scheint – doch nach einiger Zeit muß man feststellen, wie wenig aus den vielen Vorsätzen geworden ist. „Wenige Vorsätze, bessere Aussichten", diese Faustregel ist nicht unbedingt richtig, enthält aber das Körnchen Wahrheit angesichts der allzu vielen Vorsätze, die Menschen manchmal fassen. Dies muß Charles de Foucauld im eigenen Leben erfahren haben, wenn er sich nach langem Ringen den Rat gibt: „Mein Fortschritt besteht nicht darin, daß ich immer neue Vorsätze fasse, sondern daß ich die einmal gefaßten Vorsätze *treu* bewahre und einhalte." Wer den einmal gefaßten Vorsätzen, auch wenn sie noch so klein und belanglos erscheinen, nicht treu ist, wird die größeren und entscheidenderen Dinge seines Lebens nicht in Ordnung bringen. Die „Nachfolge Christi" rät, Herr zu werden über Kleines und Leichtes; erst wer sich darin geübt hat, wird den „schweren Kampf" meistern.

Das rechte Maß zeigt sich auch im gelassenen Eifer und in der nötigen Geduld. Man muß sich *Zeit* lassen können, bis die Dinge langsam gereift und ausgewachsen sind. Vinzenz von Paul schreibt: „Oft schadet man den guten Werken dadurch, daß man es zu eilig hat, weil man nach seinen eigenen Neigungen handelt, die den Geist und die Vernunft mitreißen und zu dem Gedanken verleiten, das Gute, das, wie man sieht, getan werden muß, sei ausführbar und angebracht. Dabei ist das nicht der Fall, und man erkennt das dann später angesichts des schlechten Erfolges. Das Gute, das Gott will, geschieht sozusagen von selbst, ohne daß man daran denkt."

Nicht nur die Zeit, auch die *Kraft* kann überschätzt werden, wie ebenfalls Vinzenz von Paul betont: „Der Teufel führt die tapferen Seelen damit gern hinters Licht, daß er sie anspornt, mehr zu tun, als sie zu tun vermögen, damit sie praktisch nichts erreichen können. Guter Geist spornt sacht an, das Gute zu tun, das man vernünftigerweise tun kann, damit man es dann beharrlich und lange tut."

Schließlich ist ein guter Vorsatz dadurch gekennzeichnet, daß er mit *Ausdauer* ausgeführt wird. Nicht die Großartigkeit des Vorsatzes, sondern die Treue zum gefaßten Entschluß entscheidet über das Gelingen. Weil der Entschluß einen ersten Schritt tun läßt in die Lebensrichtung, die man sich vorgenommen hat, muß er anfangs bescheiden und klug in die Tat umgesetzt werden, da man sonst gleich zu Anfang wieder zu zaudern beginnt und vielleicht in die alten Fehlhaltungen zurückfällt.

Wie beim Erlernen eines Lehrstoffes ein planmäßiges Vorgehen ratsam ist, darf auch im geistlichen Leben ein organisches Wachsen und Entfalten nicht fehlen, sonst laden wir uns Bürden auf und erhalten vorschnell den Eindruck, vielleicht gar nichts fertigzubringen und nur rückwärts statt vorwärts zu gehen, wodurch ungesundes Schuldbewußtsein und unbegründetes Minderwertigkeitsgefühl hervorgerufen werden, die eigentlich nicht zu sein brauchten.

Was ich an mir nicht ändern kann, mißfällt Gott auch nicht! Für viele Gefühle und Anlagen in mir kann ich nichts; wenn ich sie in Geduld ertrage, bin ich auf dem rechten Weg. Als Teresa von Avila während einer Krankheit nicht gesammelt in Gott verweilen konnte, sagte sie sich: „Aber wir wollen uns deshalb *nicht bekümmern.*" Hauptsache sei, sich zu fügen und die Krankheit in Geduld zu ertragen, auch wenn einer dabei nicht immerfort an Gott denken und zu ihm beten kann.

Oft kommt es vor, daß wir nach einiger Zeit meinen: „Jetzt bin ich über den Berg; diesen Fehler bin ich endlich los!" Doch kann es dann sein, daß wir über kurz oder lang feststellen müssen: „Es ist wieder alles beim alten!" In einer solchen Situation darf gesagt werden: Es ist traurig, daß wir so oft anfangen müssen, aber es ist tröstlich, daß wir so oft anfangen dürfen!

Wir *müssen* immer wieder anfangen: jeden Morgen, jede Woche, jedes Jahr. Wir *sollen* immer wieder anfangen: nach einer Enttäuschung, nach jedem Schicksalsschlag, wenn man uns verletzt hat. Wir *dürfen* aber auch immer wieder anfangen: nach jedem Versagen, nach jeder Schuld.

Schließlich gibt die „Nachfolge Christi" den Rat, „jedes Jahr einen Fehler" zu bekämpfen. Der Entschluß, alles gleichzeitig besser zu machen, ist wenig erfolgreich. Deshalb schlägt Ignatius von Loyola vor, sich täglich einen einzigen Bereich herauszugreifen und sich hier um seine Besserung zu bemühen (Gewissenserforschung). Dieses „Gebet der liebenden Aufmerksamkeit" hilft dabei, langsam und konkret sich auf dem Weg zu Gott zu bemühen und voranzuschreiten.

Sechste Regel: Nicht morgen, sondern *heute* anfangen!

Der konkrete Vorsatz muß so gefaßt sein, daß er nicht ein frommer Wunsch bleibt, sondern wirksam wird, wie Teresa von Avila betont: „Der Satan erregt manchmal in uns den Wunsch nach gewaltigen Taten, damit wir nicht nach dem Nächstliegenden greifen", und folgert daraus: „So versäumen wir es, Gott mit dem Möglichen zu dienen, und begnügen uns am Ende damit, daß wir das Unmögliche ersehnen" und alles beim alten lassen.

Meistens faßt der Mensch seine Vorsätze abends vor dem Einschlafen, also genau zu dem Zeitpunkt, wo er sicher ist, seine Vorsätze nicht gleich in die Tat umsetzen zu müssen. Gewiß soll manches überschlafen werden, doch es bleibt wenig hilfreich, die eigenen Vorsätze zu verschlafen. Daher empfiehlt Ignatius, während des Aufstehens, nach dem Mittagessen und dem Abendessen, ja eigentlich immer neu sich an das zu erinnern, was einem gerade besonders am Herzen liegt.

Siebte Regel: Auf den *Verlauf der Handlungen* achten, „damit sie dich nicht etwa unvermerkt einem größeren Übel zutreiben", indem man zu sehr auf die eigenen Kräfte vertraut und nicht auf Gottes Gnadenhilfe.

Daß wir Vorsätze fassen, ist gut, doch nicht selten haben wir beim Fassen von Vorsätzen zu sehr uns selbst und nicht Gott im Auge. Lorenzo Scupoli schreibt in seinem „Geistlichen Kampf", daß wir in solchen Situationen zu sehr *„unser eigenes Interesse"* und nicht den Willen Gottes und die Tugend im Auge haben. „Das ist gewöhnlich bei solchen Vorsätzen der Fall, die wir in Zeiten geistlichen Trostes oder schwerer und harter Bedrängnis fassen ..."

Manchmal wird ein Vorsatz deshalb nicht durchgehalten, weil man vorzeitig *nachgelassen* hat – z. B. auf dem eingeschlagenen Weg oder in den geistlichen Übungen. Teresa schreibt: „Es gibt eine sehr gefährliche Versuchung, die uns die Gewißheit einflößt, unmöglich in frühere Schuld fallen zu können. Gestärkt durch eine solche Sicherheit macht man sich nichts daraus, sich wieder in die Gelegenheit zur Sünde zu wagen, und fällt aufs neue."

So gilt es, nicht nur auf Signal*reize* zu achten, die ein bestimmtes Verhalten oder Gefühle auslösen, sondern auch auf Signal*situationen,* wo nämlich verschiedenste Umstände zusammenkommen, die dann das Faß zum Überlaufen bringen. Je genauer wir Signalreize oder Signalsituationen kennen, desto besser können wir die Ursachen verstehen und desto freier mit ihnen umgehen.

Achte Regel: Den Vorsatz *positiv formulieren:* im Blick auf die Freude und den Frieden und im Blick auf die Mitmenschen.

Viele Vorsätze leiden darunter, daß sie negativ formuliert sind. Mit aller Gewalt will man eine Sünde oder Fehlhaltung aus sich herausreißen. Das ist so, wie wenn ein Gärtner sich zum Hauptberuf das Unkrautentfernen machen würde.

Wer seine Kraft nur im Kampf gegen Fehlverhalten und Sünde einsetzt, dem steht sie in der Entfaltung des Guten nicht mehr zur Verfügung. Es ist ein Unterschied, ob ich mir vornehme, gegen die Lüge zu kämpfen, oder ob ich mich positiv um Wahrhaftigkeit und Ehrlichkeit bemühe.

Je stärker beim Ablegen einer Fehlhaltung positive Erfahrungen wie Freude, Friede und Zuversicht gegenwärtig sind, desto mehr werden sie motivieren – so stark, daß die Fehlhaltung „von selber" immer geringer wird.

Viele Fehler sind derart, daß es nicht notwendig ist, das Hauptaugenmerk auf sie zu richten. In einem Garten, der wenigstens einigermaßen in Ordnung ist, richtet der Gärtner sein Augenmerk auf die Pflege der guten Pflanzen. Unkraut sproßt noch auf, aber der Gärtner wird darüber nicht mehr unruhig, beseitigt es und fährt fort in der Pflege des Gartens.

Aus dem folgt der Rat: Formuliere deinen Vorsatz positiv – im Blick auf das Gute! Eine negative Formulierung allein motiviert nicht, denn sie ist zu sehr mit Angst und Befürchtung belegt.

Neunte Regel: Das Vorgenommene muß *gewollt* werden!

Die meisten kennen das Wort: „Das muß anders werden! Morgen fange ich an!" Doch dann schieben wir es mit dem Anderswerden von einem Tag zum anderen hinaus. Von diesem Zögern spricht Augustinus in seinen „Bekenntnissen" des öfteren; und an einer Stelle schreibt er – gewiß mit einem kleinen Schmunzeln:

„Du, o Gott, hattest mir allenthalben gezeigt, daß das wahr ist, was du sagst. Ich war von deiner Wahrheit überwältigt. Aber ich wußte dir nichts zu erwidern als müde, schlaftrunkene Worte: ‚Ich eile, sicherlich, ich eile. Warte nur noch ein wenig!' Aber mit dem ‚Ich eile' hatte es noch gute Weile, und das ‚Warte noch ein wenig' blieb beim ‚Zuwarten'." Und wie Augustinus als junger Mann um die Gabe der Keuschheit Gott bittet, spricht er in aller Aufrichtigkeit: „Herr, verleih mir Keuschheit und Enthaltsamkeit. Doch übereile es nicht. Ich hatte Angst, du könntest mich zu schnell erhören."

Wer sich also etwas Bestimmtes vornimmt, muß sich zunächst fragen: Will ich das Vorgenommene wirklich? Sonst ist es ehrlicher, noch abzuwarten und diesen Vorsatz nicht zu fassen.

Zweites Kapitel

Das neue Gehen

Nicht wer Jesus bewundert, sondern wer auf seinem Weg geht und in der Treue zum Willen des Vaters das Lebensschicksal Jesu teilt, ist ein Jünger des Herrn. Die Überlegungen im ersten Kapitel zeigten, daß der Weg erlösten Lebens zunächst ein Weg der Umkehr ist und die Bereitschaft verlangt, all das von sich zu entfernen, was dem Geschenk des neuen Lebens nicht entspricht. Wird der Weg der Umkehr aufrichtig begangen, wächst der Glaubende in der Liebe und Einfachheit vor Gott und findet in der Kraft der Unterscheidung eine immer größere Entschiedenheit für Christus. Wie dieser Prozeß des geistlichen Fortschritts, der Unterscheidung und der neuen Gemeinschaft im Glauben sich vollzieht, ist im folgenden zu verdeutlichen.

I. Geistlicher Fortschritt

In einer Gesellschaft, die großen Wert auf Entwicklung, Fortschritt und Leistung legt, kann es leicht geschehen, daß sich die Sorge um das geistliche Leben etwa in folgenden Fragen niederschlägt: „Wie weit habe ich es gebracht?" – „Bin ich gereift, seit ich den Weg des geistlichen Lebens eingeschlagen habe?" – „Auf welcher Stufe stehe ich jetzt und wie komme ich auf die näch-

ste?" – „Wann kommt für mich der Augenblick des Eins-
werdens mit Gott und die Erfahrung des inneren Lichtes
oder der Erleuchtung?"

Obgleich keine dieser Fragen an sich belanglos ist,
können sie im geistlichen Leben gefährlich und irrefüh-
rend werden. Viele Heilige haben ihre religiösen Erfahrungen geschildert und viele nicht ganz so große Heilige
haben sie in Systeme mit verschiedenen Phasen, Stufen
oder Stadien gebracht. Diese Klassifizierungen können
äußere Hilfen in Büchern oder in der geistlichen Unter-
weisung sein, werden aber unwichtig, wenn Leben im
Geist eingeübt und in der Gemeinschaft mit Gott vollzogen wird.

„Denn Gott ist einfach"! Dieser beiläufig hingewor-
fene Satz von Johannes Chrysostomus meint: zu Gott
kommen heißt, die ursprüngliche Einfachheit wiederent-
decken. Der Mensch in der Sünde und Gottferne ist
nicht einfach, er ist kompliziert.

Die Kompliziertheit sündigen Lebens zeigt sich besonders in der Erfahrung von Angst und Leere. Hier sind alle
Methoden und Übungen, die dazu dienen, die Erfahrung
von Leere und Angst zu beschwichtigen, Ausflüchte und
Selbsttäuschungen. Wer mit ihnen sein Leben für Gott
gestaltet, vermag vielleicht sein Gesicht zu wahren, doch
schöne Gedanken ersetzen dann alles andere, einschließ-
lich die Liebe und das Leben selber. Falsch angebrachte
Mühe und Angst im geistlichen Leben zeigen sich darin,
daß irgendwelche Übungen hochgehalten werden, nur
weil sie mit kurzsichtigen Vorstellungen übereinstimmen und den Anschein von Sicherheit gewähren.

Wer den Weg der Einfachheit geht, wird frei – frei von
allem Rechnen und Abwägen, denn „Liebe wird nur mit
sich selber bezahlt werden, und die Wunden der Liebe
werden nur durch Liebe geheilt" (Teresa von Avila).

Liebe zu Gott kommt nicht aus Eigenregie, sondern aus Gehorsam gegenüber dem, der für uns arm geworden ist, damit wir durch ihn reich werden. Wer hier gehorcht, wird arm, er weiß, daß er alles geben wird. Als Vinzenz von Paul gegen Ende seines Lebens mit der Königinmutter am Kaminfeuer saß und diese ihm sagte, er könne doch nun zufrieden sein, da er – im Gegensatz zu ihr – ein so gewaltiges Liebeswerk zurücklasse, schüttelte er den Kopf und seine Augen füllten sich mit Tränen: „Es ist nie genug!"

1. Die Liebe drängt uns

Nicht Logik und Methodik führen in das Leben aus dem Geist, sondern die reine Liebe um der Liebe willen, die nicht mehr etwas (erreichen oder erlangen) will, sondern offen bleibt für den Willen Gottes. Die Bereitschaft, Gott über das eigene Leben verfügen zu lassen, kann manchmal recht schmerzlich empfunden werden, ist aber für ein Leben im Geist unersetzbar: „Gib acht, den Purpurmantel Christi umzuhängen, ohne deinen Willen aufgegeben zu haben", mahnt Jakob Boehme. Der eigene Wille verbirgt sich gern hinter geistlichen Zielen und Idealen, die aus einem falschen Ehrgeiz kommen. Hier entfernt geistlicher Ehrgeiz meilenweit von Gott, trotz bester Absichten, Vorstellungen und Wünsche. Deshalb schreibt Johannes vom Kreuz, der große Lehrer auf dem Weg zu Gott, über die „Reinigung":

„Eine Seele behindert ihren Aufstieg zu diesem erhabenen Zustand der Vereinigung mit Gott gar sehr, wenn sie an irgendeinem Verstehen oder Fühlen oder Vorstellen oder Meinen oder Wollen nach ihrer Weise festhält oder an irgendeinem anderen ihr eigenen Werk oder Ding, weil sie sich dessen nicht ganz entledigen oder entblößen kann ... Auf diesem Weg ist demnach das Verlassen des Weges das Betreten des richtigen Weges; oder besser gesagt, der Durchgang zum Ziele. Und das Lassen der eigenen Mittel ist das Eingehen ins Ziel, das keine Maße hat, es ist ja Gott. Die Seele, die diesen Stand erreicht, hat keine eigenen Mittel und Wege mehr zu handeln, sie hängt nicht daran und kann nicht daran hängen ..., und dennoch schließt sie alle in sich, wie jemand, der nichts besitzt und alles besitzt."

Auf dem Lebensweg mit Gott nichts haben und festhalten zu wollen, ist von Bedeutung im Leben des Gebetes; über seinen Vollzug schreibt Theophan der Einsiedler: „Du fragst dich: ‚Habe ich heute gut gebetet?‘ Suche nicht, herauszubekommen, wie tief deine Ergriffenheit war oder wieviel tiefer du heute das Wesen Gottes verstanden hast; frage dich: ‚Erfülle ich Gottes Willen besser als zuvor?‘ Ist es so, dann hat das Gebet seine Früchte getragen, ist es nicht so, dann war es fruchtlos, auch wenn du eine Fülle von Erkenntnissen oder Empfindungen aus der in Gottes Gegenwart verbrachten Zeit gewonnen hast."

Wer darüber nachdenkt, daß und wie er betet, betet noch nicht, er fügt vielmehr seinem Beten zu viel Eigenes bei. Nicht die Angabe auf dem geistlichen „Thermometer" ist entscheidend, sondern die innere Absicht bzw. Absichtslosigkeit. Wer sie hat, erfährt sich eins geworden mit Gott und auch mit sich selber. Zugleich wird sich die anfängliche Vielheit von Wahrheiten und Grundsätzen wie um einen magnetischen Mittelpunkt ordnen, so daß der persönliche Vollzug des Glaubens immer einheitlicher wird. Wenn z. B. eine alte Bäuerin ihren ganzen Glauben vom Rosenkranz her erbetet, ersetzt sie nicht Christozentrik durch Mariozentrik, sondern hat diesen Einheitspunkt gefunden, um den sich der Kosmos des Glaubens organisch anordnet: Angesichts der vielen möglichen Wege hat die Bäuerin das vollzogen, was Jahwe von Abraham als Grundhaltung des Vertrauens eingefordert hat: „Geh und sei ganz!" (Gen 17,1).

Nicht nur im Blick auf das Gebet, sondern auch im Fragen nach dem eigenen Fortschritt im geistlichen Leben ist das Bemühen um Einfachheit von Bedeutung, wie Franz von Sales in einem Brief bemerkt: „Forsche nicht, ob deine Seele Gott gefalle, sondern ob Gott deiner Seele gefalle!" Wer das erste durchforscht, zerbricht sich den Kopf über ein Geheimnis, das er sich nicht erschließen wird; wer über das zweite nachsinnt, kann bei sich nachsehen, und wer hier ein Ja sprechen kann, darf um die Auflösung der ersten Frage durchaus unbekümmert sein. Geistlicher Fortschritt ist dort gegeben, wo die Zufriedenheit mit Gott und der Friede in dem von ihm geschenkten Leben zunehmen und wachsen, gleich, ob Gott in das Gelobte Land oder durch die Wüste und die Dunkle Nacht geführt hat.

Für Teresa von Avila kommt noch ein anderer Aspekt hinzu, der geistliches Wachsen bestimmt. Als ein spanischer Edelmann sie fragte, wie und woran er seinen Fortschritt im geistlichen Leben feststellen könne, gibt sie ihm zur Antwort: „Es kommt nicht darauf an, wieviel Fortschritte wir in unserem geistlichen Leben zu verzeichnen haben. Viel wichtiger ist, daß wir Gott immer wieder und überall loben und ihm danken können und *andere* dazu bringen, daß auch sie Gott preisen."

Die Suche nach dem geistlichen Fortschritt ist also alles andere als ein Kreisen um die eigene Vollkommenheit, vielmehr trägt sie eine apostolische Dimension. Wer näher zu Gott kommen möchte, wird dies nicht ohne seine Mitmenschen tun können; und zugleich ist der Erfolg im apostolischen Leben ein Indiz dafür, daß einer auf dem rechten Weg zu Gott voranschreitet.

Schließlich ist der Weg der Einfachheit ein Wachsen in der Liebe, die das Ihre tut, um der Liebe selbst willen: „Denn die Liebe Christi drängt uns ..." (2 Kor 5, 14). Bernhard von Clairvaux zeigt in einem seiner letzten Werke, wie dieses Drängen der Liebe auf dem Weg mit Gott wächst und dabei immer einfacher und eindeutiger wird:

1. Ich liebe mich um *meinet*willen. Es ist die instinktive Selbstliebe, die das Glück und die Entfaltung der eigenen Persönlichkeit sucht, dabei aber Gott aus dem Auge verlieren kann.

2. Ich liebe Gott um *seinet*halben. Ich beginne jetzt, Gott zu lieben, weil ich mein Glück nur in ihm gesichert sehe und in ihm sichern will. Für Bernhard ist das eine ichbetonte Gottesliebe (amor concupiscentiae, Liebe des Begehrens).

3. Ich liebe *Gott* um seinetwillen. Ich liebe Gott nicht, weil ich von ihm etwas für mich erwarte oder begehre, sondern weil ich ihm selbstlos meine ganze Liebe schenke.

4. Ich liebe *mich* um Gottes willen. Meine Gottesliebe ist so stark geworden, daß sie alle Selbstliebe in sich absorbiert, daß ich mich gar nicht mehr in mir selber, sondern nur noch in Gott lieben kann.

Aus diesen Unterscheidungen wird deutlich, daß es in der Gottesliebe wesentlich um den Weg der Selbstliebe geht: in *Gott* zugleich *sich* selber lieben lernen. Erst wenn der Mensch diese Form christlicher Selbstliebe („Annahme meiner selbst") gefunden hat, ist er einfach geworden.

2. Obgleich's bei Nacht ist

In der geistlichen Tradition (seit Klemens von Alexandrien und Origenes) und in älteren Handbüchern der Aszetik wird der geistliche Weg zuweilen dargestellt als ein Weg der Reinigung, der Erleuchtung und der Einigung. Doch nicht einzelne Stufen und Etappen, sondern die Begegnung mit dem lebendigen Gott bestimmen den Weg christlichen Lebens. Dieser Weg zu Gott ist nie abgeschlossen, denn er kennt keinen Stillstand und kein Ausruhen, „weil alle Vollkommenheit im Gehen selbst besteht, in der Bewegung hin-zu. Paulus sagt es Phil 3, 12 ff deutlich genug. In der Sprache Gregors von Nyssa und Augustins: weil das Geschöpf extensio, Hin-dehnung *ist,* muß seine ‚Vollkommenheit' im Vollzug dieser Dehnung selber bestehen" (H. U. von Balthasar). Die Vollkommenheit des Geschöpfs geschieht nicht nach Maßgabe von Regeln, Stufen und Etappen, sondern einzig und allein in dem Wachsen der Sehnsucht nach Gott. Es ist kaum möglich, Gesetzlichkeiten für dieses Wachsen in der Liebe zu Gott anzugeben; zu leicht könnte der Eindruck entstehen, daß Patentregeln verkauft oder gar „Rezepte" weitergegeben werden.

Trotzdem läßt sich der Weg zu Gott klar umreißen: Er wird immer zu mehr Freiheit und Freimütigkeit führen. Die alten Väter in der geistlichen Tradition stellen diesen Weg als einen Weg von der Knechtschaft zur Freiheit dar, als einen Weg lebenslangen Mühens, da der Geist der Knechtschaft nicht leicht abzulegen ist: ein Sklave hat etwas, wo er sein Haupt hinlegen kann, er darf sicher mit seinem Essen rechnen, er nimmt einen festen Stand in der Gesellschaft ein, wenn auch ganz unten, und er ist sozial gedeckt, weil sein Herr für ihn verantwortlich ist.

Ein freier Mensch zu werden, bedeutet für die

Mönchsväter hingegen einen langwierigen Prozeß, der viel mehr Zeit und Kraft verlangt als die Bewußtmachung der Knechtschaft. Denn die geschenkte Freiheit bringt zugleich ein höchst ungesichertes Leben, das nach Aussage des Buches Samuel nicht gerne ergriffen wird: Die Juden wollen ihre Freiheit austauschen mit der Sicherheit durch einen König, dem sie sich unterstellen möchten. Doch Gottes Wille ist, daß alle Sicherheitsbestrebungen fahrengelassen und durch die Ungesichertheit des freien Menschen ersetzt werden, des Menschen, der im Werden ist. Diesen Werdegang beschreiben die frühchristlichen Schriften als einen Prozeß in drei Stadien:

Der Sklave gehorcht aus Furcht,
der Lohnarbeiter gehorcht um Lohn,
und der Sohn handelt aus Liebe.

Was in den drei Etappen durchlebt wird, zeigt, daß der Glaubende Gott ohne Furcht und ohne Erwartung eines Lohnes dienen möchte. Nachdem er alle Formen der Knechtschaft in sich abgelegt hat, ist er in reiner Liebe offen für das Geschenk der Gegenwart Gottes.

Doch der Übertritt von der Knechtschaft in die Freiheit ist nicht leicht, denn „es genügt nicht, Ägypten zu verlassen, man muß auch in das verheißene Land hineingehen" (J. Chrysostomus). Mancher freut sich über die Befreiung aus der Knechtschaft (alte Sünden sind abgelegt, Haßgefühle beseitigt, das Kreisen um das eigene Ich ist geringer geworden und die Liebe zum Nächsten wächst immer mehr), doch man ist nicht gleich bereit, das Leben im Land der Freiheit aufzunehmen: ein Leben in radikaler Armut erscheint unmöglich, die Angst vor dem eigenen Tod lähmt und kleine Anhänglichkeiten bleiben resistent. Das Leben im Land der Verheißungen Gottes wird auch dadurch erschwert, daß das Land, in dem Milch und Honig fließen, zwar von Gott angekündigt, aber in Wirklichkeit nicht zu sehen ist. Das Leben im Gelobten Land ist meist ganz anderer Art, als es erwartet wurde: Die Begegnung mit dem lebendigen Gott gleicht nicht dem Auflösen eines Kreuzworträtsels, sondern läßt Fragen des Lebens unbeantwortet und bringt keinen Zuwachs an Wissen, ganz gleich ob dieses Wissen die Breite der Materialfülle oder die Tiefe des Glaubensgegenstandes betrifft; die Erfahrung Gottes bedeutet auch keinen Zuwachs an Sicherheit, anders würde das Ringen um den Glauben in die Nähe des Unglaubens gebracht und die „dunkle Nacht" der Mystiker mißverstanden. Gott ist „je größer" und „ganz anders", und das Leben in seiner Gegenwart nimmt zuweilen eine recht unerwartete Gestalt an, so daß der Mensch die ganze Not des Glaubens als letzte Prüfung durchleidet: in Verfolgung und Martyrium, im Verlassensein von Gott (Johannes vom Kreuz, Alfons von Liguori) und im Leerwerden von allem, was nicht Gott ist (Meister Eckhart); auch der Prozeß des eigenen Alterns kann zur Prüfung im Glauben werden, wie Kardinal J. H. Newman gegen Ende seines Lebens bezeugt:

„Der größte Teil unserer Jugendfrömmigkeit, unseres Glaubens, unserer Hoffnung, Freudigkeit, Beharrlichkeit ist natürlich – oder wenn nicht natürlich, dann entspringen sie einer euphia (guten Anlage), die der Gnade nicht widersteht und sehr wenig Gnade zur Erleuchtung braucht. Die gleiche Gnade reicht in der Jugend viel weiter, da sie auf weniger Widerstand stößt, d. h. bei den erwähnten Tugenden ... Alte Menschen sind in der Seele ebenso steif, ausgetrocknet und blutlos wie ihr Körper, soweit nicht die Gnade sie erfüllt und erweicht. Und dazu bedarf es einer Flut von Gnade. Ich bewundere alte Heilige mehr und mehr. Der heilige Aloysius, der heilige

Franz Xaver oder der heilige Karl sind nichts neben dem heiligen Philipp Neri."

Nicht anders lesen wir bei Therese von Lisieux. Als ihre Schwester Céline beklagt, daß sie nach der ersten Bereitschaft und Begeisterung am Anfang ihres Lebens mit Gott nun nicht mehr den gleichen Schwung habe wie früher, antwortet die heilige Therese von Lisieux:

„Das Erkalten der Begeisterung ist nicht von Bedeutung. Das war nur Jugendlichkeit; die wirkliche Tapferkeit ist nicht diese Glut des Augenblicks, in der man danach begehrt, auf die Eroberung der Seelen auszuziehen um den Preis aller Gefahren, die diesem schönen Traum nur einen Reiz mehr verleihen. Wirklich tapfer sein heißt, das Kreuz inmitten der Herzensangst ersehnen, während man sich sozusagen dagegen wehrt, wie unser Herr im Ölgarten." „Leiden wir, wenn es sein muß, mit Bitterkeit, ohne Mut. Jesus hat wohl in Traurigkeit gelitten; würde denn die Seele ohne Traurigkeit überhaupt leiden? Und wir wollen großmütig, großartig leiden, wir möchten niemals dabei fallen – welche Selbsttäuschung!"

Therese von Lisieux hat diese Wahrheit in ihrem Leben erfahren. Gegen Ende ihres Lebensweges wurde ihr Leben mit Gott ganz eingehüllt in eine unsagbare Dunkelheit, die menschlich nicht zu verstehen ist. Sie selbst spricht von einer unaussprechlichen Qual der Seele und hat fast Angst, darüber zu sprechen. Sie schreibt:

„Manchmal habe ich das Gefühl, ich wäre in einem Lande geboren, das beständig von dichten, schweren Nebeln eingehüllt ist, ich hätte noch nie den lachenden Anblick der Natur, ja, nicht einmal einen einzigen Sonnenstrahl genossen. Und nun sind mit einem Male die Nebel, die mich umgaben, in meine Seele eingedrungen und haben sie so eingehüllt, daß es mir nicht mehr möglich ist, das so liebe Bild meiner Heimat in mir wiederzufinden ... Alles ist entschwunden!

Suche ich Ruhe für mein durch all diese Finsternisse ermattetes Herz durch die stärkende Erinnerung an das kommende ewige Leben, so verdoppelt sich meine Qual. Die Schatten und Nebel scheinen alsdann mit der Stimme der Ungläubigen mir spottend zuzurufen: ‚Du träumst vom Lichte, von einer duftenden Heimat, du träumst vom ewigen Besitz des Schöpfers dieser Wunderwelt, du wähnst, eines Tages dem Nebel, in dem du schmachtest, zu entrinnen; nur zu! ... nur zu! ... freue dich auf den Tod, der dir nicht bringen wird, was du hoffst, sondern eine noch dunklere Nacht, die Nacht des Nichts!‘ "

Weiter sagt sie:

„Mag ich auch das Himmelsglück und den ewigen Besitz Gottes besingen, ich empfinde dabei keinerlei Freude; ich besinge ganz einfach das, woran *ich glauben will*. Manchmal erhellt freilich ein ganz schwacher Lichtstrahl meine dunkle Nacht; dann setzt die Prüfung für einen Augenblick aus; aber nachher tröstet mich die Erinnerung an diesen Strahl nicht, sondern läßt das Dunkel nur noch undurchdringlicher erscheinen."

Am 30. September, ihrem Todestag, heißt es: „... es ist der nackte Todeskampf, ohne jede Beimischung von Trost."

Im Seligsprechungsprozeß sagte eine Mitschwester aus, daß sie von Therese das Wort hörte:

„Wenn ihr wüßtet, in welche Dunkelheit ich getaucht bin; ich glaube nicht an ein ewiges Leben; mir scheint, daß es nach diesem sterblichen Leben nichts mehr gibt. Mir ist alles verschwunden, mir bleibt nichts als die Liebe."

Fortschritt im Glauben und Nähe zu Gott bringen

nicht automatisch größere Klarheit und mehr Wissen. Dies wird auf erschütternde Weise im Leben des heiligen *Paul vom Kreuz* deutlich. Während seiner letzten Krankheit vertraut er einem seiner Mitbrüder an:

„Heute fühle ich mich mit aller Kraft getrieben, davonzugehen und flüchtig durch diese Wälder zu streifen; ich fühle mich angeregt, mich aus einem Fenster zu werfen – also Versuchungen zum Selbstmord –, und ich habe ständig schreckliche Versuchungen zur Verzweiflung."

Und später sagt er:

„Eine Seele, die himmlische Liebkosungen verkostet hat, sich dann aber doch in dieser Zeit, beraubt von allem, wiederfindet, kommt dann an einen Punkt, wo sie sich, wie es ihr scheint, verlassen fühlt von Gott. Sie meint, Gott will sie nicht mehr, er kümmert sich nicht mehr um sie, er ist sehr erzürnt, so daß es ihr scheint, daß alles, was sie nun tut, böse ist. Oh, ich kann nicht ausdrücken, was ich wünsche. Es sind Qualen, wie die der Verdammten, Qualen, die alles übersteigen."

Und dann heißt es, er habe den Eindruck, keinen Glauben, keine Hoffnung und keine Liebe mehr zu haben, ein Gefühl, in der Tiefe eines wilden Meeres verloren zu sein, ohne jemanden zu haben, der ein Brett hinhält, um den Schiffbrüchigen zu retten. Er hat kein Licht von Gott und ist unfähig eines einzigen guten Gedankens, unfähig eines einzigen Gedankens über das geistliche Leben, verlassen wie die Berge von Gilboa, begraben in Eiseskälte:

„Selbst in mündlichen Gebeten weiß ich nichts anderes zu tun, als an den Perlen des Rosenkranzes entlang zu gehen."

Ein Mitbruder berichtet:

„Wenn man während seiner Krankheit sein Zimmer

betrat, sprach er mit einer Stimme, die einen Stein hätte erweichen können: ‚Ich bin verlassen!' "

Sicher spielt dabei der Charakter der betreffenden Person eine Rolle. Wer sehr empfindsam ist, wird in gewissen Momenten der Müdigkeit, der Niedergeschlagenheit und der Krankheit leichter dahin kommen, so zu sprechen. Doch ist wahr, daß Gott in seinen Heiligen solche Prüfungen in Einsamkeit und Verlassenheit zugelassen hat. Es sind nicht Leiden rein physischer Art, sondern Leiden, die einen „apostolischen Ursprung" haben. Dies kann ein Blick in den letzten Lebensabschnitt des Apostels *Paulus* verdeutlichen. Auf seinen Reisen mußte er für den Herrn leiden, bis hin zu Geißelungen und Steinigungen. Doch diese physischen Leiden bedeuten wenig gegenüber dem Leiden, das ihn am Ende seines Lebens trifft. Es ist ein Erleiden der Einsamkeit im Verlassensein von Menschen, wie es auch Jesus am Ende seines Weges erlebt hat. Paulus bricht in Worte aus, die seine Müdigkeit nicht mehr verbergen können, und hat den Eindruck, daß er bis an die Grenzen seiner Kraft gelitten hat:

„Beeil dich, komm bald zu mir! Demas hat mich aus Liebe zu dieser Welt verlassen und ist nach Thessalonich gegangen; Kreszenz ging fort nach Galatien, Titus nach Dalmatien. Nur Lukas ist noch bei mir. Bring Markus mit; denn er wird mir ein guter Helfer sein ...". Und er fährt fort: „Alexander, der Schmied, hat mir viel Böses getan; der Herr wird ihm vergelten, wie es seine Taten verdienen. Nimm auch du dich vor ihm in acht, denn er hat unsere Lehre heftig bekämpft. Bei meiner ersten Verteidigung ist niemand für mich eingetreten; alle haben mich im Stich gelassen. Möge es ihnen nicht angerechnet werden!" (2 Tim 4,9–11.14–16). Die letzte Zeile drückt sein Leid am härtesten aus.

Nach den Worten: „Alle haben mich verlassen!" versichert Paulus zugleich: „Der Herr stand mir zur Seite und gab mir Kraft, damit durch mich die Verkündigung vollendet wird und alle Heiden sie hören; und so wurde ich dem Rachen des Löwen entrissen. Der Herr wird mich allem Bösen entreißen, er wird mich in sein Reich des Himmels führen. Ihm sei die Ehre in alle Ewigkeit. Amen" (2 Tim 4, 17–18).

Clemens von Rom schreibt, daß Paulus nicht wegen einer Verfolgung, nicht aus heidnischer Bosheit, sondern durch den Neid einiger christlicher Rivalen getötet wurde; wenn die Christen einmütiger gewesen wären, wären die heidnischen Behörden bei ihrer Verfolgung des Paulus nicht so weit gekommen ... Neid, Spaltung, Zwistigkeiten und Parteiungen – sie haben das Leben des Apostels bestimmt und die Versuchung zur Verzweiflung nahegelegt.

Paulus, Paul vom Kreuz und Therese von Lisieux zeigen auf ihre Weise, daß mit zunehmend geistlichem Fortschritt das Einswerden im Glauben oft ein recht ungewöhnliches Gesicht bekommt und von Nacht, Dunkelheit und seelischer Not begleitet ist. Solche Zeiten lassen sich nicht durch Antworten „lösen", denn Frage und Not der Stunde bleiben bestehen. In Geduld und Gottvertrauen eine solche Zeit zu durchleben, verlangt viel Kraft. Johannes vom Kreuz zeigt in einem Lied, das er im dunklen Kellerloch von Toledo, in seiner eigenen „dunklen Nacht" dichtete, wie zu Zeiten äußerster Verlassenheit und Trockenheit Gott allein im nackten Glauben erfahren wird; ein sich wiederholender Vers lautet, gleichsam als Refrain:

„Wohl kenn' den Urquell ich,
der quillt und fließet,
obgleich's bei Nacht ist."

Es gibt eine Leere, die von Gott entfernen kann, hier ver-
zweifelt der Mensch an Gott und kann nicht mehr an
seine gütige und treue Gegenwart und Nähe glauben.
Ganz anders die Leere und Nacht, die der Mensch in einer inneren Stille und Gelassenheit schweigend annimmt. Da in der Passion der Heiligen – wie H. U. von
Balthasar darlegte – die Passion Jesu für uns heute erfaß-
bar und verstehbar wird, verweist das innere Schweigen
im Glauben der Heiligen auf das Schweigen Jesu in der
Passion: Das Leiden der Heiligen ist kein Verstummen,
sondern lebendiger Hinweis auf den leidenden und auferstandenen Herrn. Wer also auf die Finsternis, die
Trostlosigkeit und Verlassenheit im Leben der Heiligen
schaut, kann begreifen, was Christus in einer viel tieferen Weise erfahren und durchlitten hat. Im Blick auf seinen Weg haben Glaubende auf ihrem Weg Freiheit,
Einfachheit und Liebe zu Gott gewonnen, die nicht
mehr das Geschenk eines errungenen Fortschritts sind,
sondern reines Geschenk der Gnade.

II. Unterscheidung der Geister

Wer auf dem Weg der Liebe zu Gott fortschreiten
möchte, wird fragen, ob es nicht Hilfen und Kriterien
gibt, die anzeigen und verdeutlichen können, daß der
rechte Weg mit Gott eingeschlagen ist: Woran erkenne
ich, daß ich Gottes Willen erfülle? Woher weiß ich, daß
die richtige Wahl auf dem Weg meiner Nachfolge getroffen wurde? Wie komme ich Gott immer näher?

93

Solche Fragen stellen sich im Alltag des öfteren, können aber in Entscheidungsstunden, in denen das ganze Leben auf dem Spiel steht, eine notvolle Eindringlichkeit erhalten. Alfred Delp hat solche Stunden kurz vor seiner Hinrichtung durchstehen müssen und er schreibt: „Diese Woche war in vieler Hinsicht sehr bewegt. Drei von uns sind den Weg gegangen, der als bittere Möglichkeit vor uns allen steht und von dem uns nur Gottes Wunder trennen und bewahren können. Innerlich habe ich viel mit dem Herrgott zu tun und zu fragen und dranzugeben. Das eine ist mir so klar und spürbar wie selten: Die Welt ist Gottes so voll. Aus allen Poren der Dinge quillt uns dies gleichsam entgegen. Wir aber sind oft blind. Wir bleiben in den schönen und in den bösen Stunden hängen. Wir erleben sie nicht durch bis zu dem Punkt, an dem sie aus Gott hervorströmen. Das gilt für das Schöne und auch für das Elend. In allem will Gott Begegnung feiern und fragt und will die anbetende, liebende Antwort."

Wer also Gottes Nähe und seinen Willen erkennen möchte, wird sein Leben durcherleben bis zu dem Punkt, wo alles von Gott hervorströmt. Die geistliche Tradition der Kirche nennt dieses Erkennen „Unterscheidung der Geister". Wer die „Dinge" seines Lebens durcherlebt und sammelt, ist ein „kontemplativer" Mensch („contemplare": sammeln, zusammensehen). Er hat die Gabe der Unterscheidungsfähigkeit, der „Diakrisis", weil er von innen heraus, aus der eigenen Erfahrung den Grund von allem erfaßt. Deshalb hieß in der griechischen Tradition jemand, der die Diakrisis besaß, „dioratikós", einer, der durchblickt, der durch die Maske der Dinge und der Welt schaut; er sieht durch allen falschen Schein hindurch.

Für das Neue Testament ist die Unterscheidung der

Geister ein *Charisma*, eine besondere Gabe des Heiligen Geistes (1 Kor 12, 10). Jeder Christ ist aufgefordert, die Geister zu prüfen und das Gute zu behalten (1 Thess 5, 21); er soll nicht jedem Geist trauen, sondern prüfen, ob die Geister aus Gott sind (1 Joh 4, 1 f), und zu erkennen suchen, „was der Wille Gottes, was gut und wohlgefällig und vollkommen ist" (Röm 12, 2; vgl. Phil 1, 10; Eph 5, 10).

Wer die Gabe der Unterscheidung besitzt, von dem sagten die frühen Mönche, daß er „bewährt im hinhörenden Tun" ist und „die Lebensweise des Herrn" übernommen hat. Ein solcher Mensch kennt nicht nur sich selbst, er besitzt nicht bloß die *„Herzenskenntnis"*, sondern er kann aus seiner Christusnähe für sich und für andere jeweils heraushören, was Gott will und sagen möchte.

1. Grundregel

Es ist nicht immer leicht, im eigenen Leben zu finden, was der Wille Gottes ist. Das Leben fluktuiert ständig zwischen Traurigkeit und Hochgefühl, zwischen Niedergeschlagenheit und Trost. Wir sind ein Kampfplatz von Gedanken, Ideen, Plänen und Wünschen. In diesem Gewirr von Stimmen und Stimmungen zu finden, was das Gottgewollte ist, wird zu einer nicht leichten Aufgabe. Soll man hier einfach dem Lustprinzip folgen? Doch kann es sein, daß einem gerade das keine Freude macht, was wichtig und gut wäre; und umgekehrt, daß man bestimmten Dingen nachläuft, die nicht weiterhelfen oder am Ziel vorbeiführen.

Im Lebensalltag der Nachfolge und beim Suchen nach dem Willen Gottes werden verschiedene Regungen wach, die bei Entscheidungs- und Untersuchungsprozessen nicht leicht zu deuten sind. Wer zum Beispiel das

Wort Jesu an den reichen Jüngling betrachtet: „Eines fehlt dir noch: Geh, verkaufe, was du hast, gib das Geld den Armen, und du wirst einen bleibenden Schatz im Himmel haben; dann komm, folge mir nach" (Mk 10, 21), der wird beim Hören dieser Schriftstelle mit verschiedenen Gefühlen und Stimmungen auf Jesu Wort reagieren. Vielleicht ist es zunächst die *Abweisung:* „Nicht für mich, bloß für Ordensleute gilt das!" Oder die *Verharmlosung:* „Das braucht man nicht so wörtlich zu verstehen!" Es kann zu einem *Zögern* kommen: „Ob ich wohl damit gemeint bin? Ja, später kann ich mir so etwas für mich vorstellen!" *Angst* kann sich einstellen: „Werde ich einem solchen Ruf in die radikale Armut ein Leben lang entsprechen können?" Schließlich kann es zu einer großen tiefen und inneren *Freude* und Zuversicht kommen: „Ja, das möchte ich leben! Genau das ist es, was Jesus von mir, seinem Freund, einfordern darf!"

Im Erfahren dieser vielen Stimmen und Stimmungen gibt es eine Regel, die zu größerer Klarheit und Entschiedenheit führen kann: Ich soll das tun und wählen, was auf Dauer und tiefgreifend (nicht oberflächlich kurz) *froh* macht! Wer bei einer bestimmten Praxis oder Überlegung Freude, Frieden und Trost empfindet und letzthin „Wohlsein" erfährt, der soll dies voll Zuversicht erwählen. Damit besteht der Vorgang der Unterscheidung darin, daß die verschiedenen Gefühle und Emotionen abgeschätzt und bestimmt werden. Man darf sich nicht zu ihrem Sklaven machen: Das freut mich, deshalb tue ich es; das macht mich traurig, folglich tue ich es nicht. Die Bewertung durch Unterscheidung lautet vielmehr: „Das macht mir Freude. Was hat das zu bedeuten? Warum macht mir das Freude? Warum macht mich jenes traurig? Was hat das zu sagen?"

Indem also die einzelnen Regungen und Stimmungen

wahrgenommen und erkannt werden, müssen sie zugleich bewertet werden. Man schaut, welche Gefühle, welche Gemütsbewegungen aufbauend und welche zerstörerisch sind, und nimmt die ersten an und verwirft hingegen die zweiten.

Was damit gemeint ist, läßt sich am Leben des heiligen *Ignatius von Loyola* sehr gut im einzelnen beschreiben. Nach einer Verwundung am Bein mußte er über längere Zeit das Bett hüten. Er las viele Bücher, aus Langeweile studierte er schließlich fromme Schriften. Beim Lesen dieser Bücher „verweilte er dabei, zu denken und bei sich zu reden: Was wäre, wenn ich das täte, was der hl. Franziskus getan hat, und das, was der hl. Dominikus getan hat?" Diese Frage war mit verschiedenen Gefühlen und Stimmungen verbunden: die Gedanken „von der Welt" (Offiziersdienst, Karriere) waren mit Trockenheit und Unzufriedenheit verbunden, doch „wann er daran dachte, barfuß nach Jerusalem zu gehen und nur Kräuter zu essen und alle übrigen Strengheiten auszuführen, von denen er las, daß die Heiligen sie ausgeführt hatten, war er nicht nur *getröstet,* während er bei diesen Gedanken war, sondern blieb auch, nachdem er davon abgelassen hatte, zufrieden und froh".

Aus diesen und ähnlichen Erfahrungen schrieb Ignatius für sein Exerzitienbüchlein 18 *Regeln zur Unterscheidung der Geister.* In ihnen geht es darum, „einigermaßen die verschiedenen Regungen zu erklären und zu erspüren, die in der Seele verursacht werden; die guten, um sie aufzunehmen, die schlechten, um sie zu verwerfen".

Ignatius spricht hier nicht von „Geistern", sondern von *Regungen,* die im Menschen auftreten: Freude, Friede, Angst oder Trauer. Im Erfahren dieser verschiedenen Gefühle und Stimmen, die sich mit dem Hören auf

den Ruf Gottes oder beim Betrachten einer Schriftstelle
(wie der vom reichen Jüngling) einstellen, soll der einzelne im Blick auf Jesus und in Übereinstimmung mit
der Lehre der Kirche darauf achten, welche dieser Gefühle von Freude, Friede und Zuversicht *authentisch*
und von Gott eingegeben sind, und welche eher von
Gott und dem Offensein für seinen Willen wegführen.
Für diesen Vorgang der Unterscheidung nennt Ignatius
Kriterien und Regeln, die es dem einzelnen ermöglichen,
die erfahrenen Regungen auf ihren Inhalt und auf ihr
Woher und Wohin zu prüfen und zu beurteilen.

Der Vorgang der Unterscheidung und die Anwendung
der Unterscheidungsregeln bei diesem Fragen und Suchen nach dem Willen Gottes geben *keine absolute, ma-
thematische Sicherheit,* so daß man wüßte, sich nicht
getäuscht zu haben. Vielmehr ist jede christliche Unterscheidung ein Weg, der Weg einer nie ruhenden „Krisis".
Dies zeigt das Leben des heiligen Ignatius auf anschauli-
che Weise. Er mußte einen langen Weg des Suchens und
Tastens zurücklegen, ehe er den Willen Gottes in seiner
ganzen Gestalt erkannt hat. „Er wird ein Wander- und
Bußprediger werden – um dann die Spontaneität durch
straffe Organisation zu ersetzen. Er wird sich als genialer
Seelenführer betätigen – um dann in die Anonymität zu-
rückzutreten, in der er seine Gefährten und seinen Orden zum Apostolat heranbildet; Ignatius ‚verschwindet
sozusagen hinter seinem Werk', schreibt Hugo Rahner.
Er wird sich der Wissenschaft widmen – mit halbem Herzen, aus apostolischen Gründen und zugleich doch überzeugt von der Bedeutung der Theologie. Er wird
Gefährten um sich sammeln – um sie zu verlieren und
neue zu suchen. Er wird einen lockeren Freundeskreis
gründen – um ihn in die traditionell-christliche Form
des Standes der Räte zu überführen. Er wird mit den

Freunden erneut sein Herzensziel, Jerusalem, anvisieren – um in Rom, beim Papst, dem Mittelpunkt der Kirche, ‚hängenzubleiben'. Man könnte weiter und weiter das Leben des Ignatius auf diese Grunddialektik durchleuchten. Immer dichter und gestalteter wird der Grundwille Gottes in der von Ignatius durchlebten und durchbeteten Konkretheit. Aber immer offener und bereiter wird der Heilige zur neuen Umkehr" (J. Sudbrack).

Entschiedenheit und Offenbleiben gehören im christlichen Alltag zusammen. Ignatius lebt immer beides: das sichere und entschlossene Gehen auf dem für richtig erkannten Weg zu Gott und das restlose Offenstehen für den erneuten Anruf Gottes, so daß das Beten im *Leben* seine Konkretheit erfährt und aus der gelebten Erfahrung erkannt wird, ob der eingeschlagene Weg richtig oder falsch verläuft.

Woran wird aber erkannt, daß der eingeschlagene Weg der rechte ist? Hinreichende Klarheit wird gewonnen im Achten auf die Echowirkung des eigenen Tuns. Wo Friede und Freude sich einstellen, wird die Richtung des Weges gott-gewollt und im Einklang mit seinem Willen sein.

Da aber Gottes Wille meist nicht in allem ganz klar und deutlich erkannt wird, muß das, was vom Willen Gottes schon verstanden ist, gelebt werden und zugleich die Offenheit gewahrt bleiben für den je neuen Anruf Gottes. Hier ist das Leben des Glaubens und Suchens kein Zustand, in dem man sich unveränderlich befindet. Das Glaubensleben ist vielmehr eine Geschichte, die von Bewegung und Dynamik bestimmt wird. Da bei einer Bewegung nicht entscheidend ist, wo einer sich befindet, sondern in welche Richtung er sich bewegt, geht es im Prozeß der Unterscheidung um eine Richtungsänderung („Umkehr"), die nie abgeschlossen ist. Immer neu muß gefragt werden: Hat mein Leben augenblicklich im ganzen ein spürbares Gefälle zum Besseren hin und was hindert daran?

Der „je größere Gott" fordert den Menschen zu einer immer neuen „Krisis" heraus, und jede christliche Unterscheidung führt in ein ständiges Gefragt- und Überfragtwerden durch Christus, dessen Ruf „nur die stets neu unternommene Destruktion eines Götzen" sein kann (K. Rahner).

2. Kriterien

Die Regeln, die Ignatius für den Unterscheidungs- und Entscheidungsprozeß der Exerzitien niedergeschrieben hat, haben nicht nur eine Bedeutung für die dreißig Tage der Geistlichen Übungen. Vielmehr läßt sich das Anliegen der 18 ignatianischen Unterscheidungsregeln leicht übersetzen in einige Grundregeln, die dem einzelnen in seinem Alltagsleben, bei seinen Entscheidungen und Fragen der Nachfolge Hilfe und Wegweisung sein können:

a) *Versuche dich und dein Leben möglichst genau und gut zu verstehen.* Bei Gott ist zwar kein Ding unmöglich, aber nicht jeder kann ohne weiteres alles werden. Deshalb sind Teil- und Vorfragen wichtig: Wer bin ich? Wo liegen meine Stärken und Schwächen? Welche Aufgaben und Verpflichtungen ergeben sich aus meiner Umwelt, meiner Familiensituation und meiner Gesundheit?

Es ist die sittliche Forderung, mich wahr haben zu wollen, der Wirklichkeit meiner selbst nicht auszuweichen, mich anzunehmen und zu mir selbst ja sagen zu lernen. Das Erfüllen dieses Erfordernisses ist nicht leicht, denn keiner betrügt jemanden so gut, wie wir uns selbst. Zudem steht der Forderung zuweilen die Neigung entgegen, in eine selbstgewählte Rolle zu schlüpfen, die die eigenen Illusionen erfüllt.

Gottes Wille ist aufs engste mit dem Sich-Einlassen auf die eigene Lebenslinie verbunden, er will, daß wir auf seinem Weg gerade zu uns selbst kommen, denn er ist nicht unser Rivale, sondern unser Vater, dem alles daran liegt, daß uns unser eigenes Leben gelingt.

b) Verlasse dich auf deine existentielle Empfindung und vertraue dich der Freude und Zuversicht an. Gottes Ruf ergeht immer dahin, wo letztlich Trost, Freude, Zuversicht und Hoffnung möglich werden. Gottes Botschaft ist eine Froh-Botschaft, keine Droh-Botschaft, so daß sein Wort im letzten nie Sorge, Unruhe, Angst und Verzweiflung auslösen kann. Wohl ist es möglich, daß ein Ruf zunächst in Verwirrung bringt, bedrückt oder ratlos macht. Über längere Zeit müssen dennoch Freude und tiefe Zuversicht durchdringen, sonst ist Gottes Ruf nicht in allem erkannt oder falsch verstanden. Wer über längere Zeit diesen Frieden nicht findet, muß sich sagen, daß er sich getäuscht hat.

Angst und Beklommenheit können sich zuweilen im Gebet der Lebenshingabe einstellen. Wer das Gebet des Charles de Foucauld spricht: „Mach mit mir, was du willst", befürchtet vielleicht, daß Gott die Ganzhingabe gegen das eigene Glück ausspielt und das nimmt, was für einen selber am teuersten ist. Wer so denkt, macht aus Gott und seinem Liebesverhältnis zum Menschen eine Karikatur.

Nicht Angst und Furcht, sondern Friede, Freude und Gelassenheit sind die Grunderkennungszeichen für den Willen Gottes. Wer auf längere Zeit hin bei einer Praxis oder Vorstellung von einer bestimmten Lebensform ein „ungutes Gefühl" behält, hat sich wahrscheinlich ge-

täuscht. Die wichtigste Haltung auf dem Weg zur gottge-
wollten Entscheidung ist die Bereitschaft, dem Frieden
des Herzens zu trauen. Die Freude ist „Frucht des Geistes" (Gal 5, 20), sie allein gibt die Kraft, die den Menschen befähigt, allen Anfechtungen zu widerstehen. Wer
sich deshalb für eine auf Gott gerichtete Entscheidung
bereiten will, muß dem Frieden als Maßstab seiner Har-
monie mit Gott trauen; Friede und Freude sind für ihn
der letzte Maßstab seiner Entscheidungen. Der wahrhaft
„Geistliche" nimmt die Aufforderung des hl. Paulus
ernst: „Der Friede Christi herrsche in eurem Herzen"
(Kol 3, 15).

Dauer und Beschaffenheit eines Verlangens sind ein
wichtiges Unterscheidungskriterium: Ob etwas häufig
und in den besten Augenblicken des Lebens zurückkehrt
und ob es, wenn es zurückkehrt, gute Wirkungen er-
zeugt: Großmut, Eifer, Nächstenliebe usw.

Der ungute Geist hat es immer eilig und ist hart; mit
ihm muß alles sofort gemacht werden. Wer hingegen
von einer guten Regung und Erkenntnis getroffen ist,
der kann die Dinge voll Ruhe und Frieden ins Auge fassen, ohne sich zu täuschen. Oft leiden angebliche Beru-
fungen daran, daß sie nicht im *Frieden des Herzens*
gewachsen sind; hier wird die Treue zur göttlichen Ein-
gebung „gierig", hart und verfrüht verwirklicht. Erst
wenn das Herz Ruhe und Frieden gefunden hat, ist der
Nährboden für die Erkenntnis des göttlichen Willens gegeben. Deshalb sind Sanftheit und Milde, die das Verlangen und die Sehnsucht bei jeder Rückkehr zurücklassen,
ein Zeichen guten Geistes, Verwirrung und Unruhe hingegen zeigen an, daß der einzelne Gottes Ruf falsch gedeutet und verstanden hat.

c) Verwirkliche das, was du vom Evangelium begriffen hast – sei es auch noch so wenig; das aber tue ganz (Roger Schutz). Was keinerlei Anhaltspunkte in der Heiligen Schrift hat und nicht mit dem Verhalten Jesu übereinstimmt, ist sicherlich nicht Stimme Gottes. Charles de Foucauld drückt diese Regel so aus: „Die einzige Regel, auf die es ankommt, ist: Frage dich in allen Dingen, was hätte unser Herr getan, und handle so. Dies ist deine einzige Regel, aber es ist eine unbedingte Regel." Natürlich ist nicht leicht in allen Dingen zu wissen, was und wie Jesus gehandelt hätte, aber bestimmte Verhaltensweisen kommen für ihn nicht in Frage. Überall wo die Stimme eine bestimmte Verhaltensweise Jesu in das Hier und Heute des eigenen Lebens übersetzt, dürfte es sich um eine Stimme Gottes handeln.

Solches Ausschauhalten nach der Gegenwart Gottes im eigenen Leben ist so alt wie das Christentum. Beim Abbas Antonios wird in einem Sinnspruch über das Leben in der Gegenwart Gottes gesagt: „Es fragte einer den Altvater Antonios, was er tun müsse, um Gott zu gefallen. Der Greis gab ihm folgende Antwort: ‚Befolge, was ich dir auftrage! Wohin immer du gehst, habe überall Gott vor Augen. Was du auch tust, oder was du auch redest: für alles suche ein Zeugnis in den Heiligen Schriften. Wenn du dich an einem Ort niederläßt, dann entferne dich nicht leicht. Diese drei Dinge beobachte und du wirst Heil finden'."

Das Hineinnehmen Jesu in den Lebensalltag ist Ausdruck der Lebenshingabe an ihn.

Gregor von Nyssa schreibt darüber: „Was soll der tun, der des erhabenen Namens Christi gewürdigt wurde? Was sonst, als daß er jeden seiner Gedanken und jedes seiner Worte und Werke prüft, ob sie mit Christus übereinstimmen oder nicht ... Darin besteht meiner Meinung nach die Vollkommenheit christlichen Lebens: in unserer Seele, unserer Rede und den Taten unseres Lebens in Einklang stehen mit all den Bezeichnungen, die den Namen Christi umschreiben!"

Es kann sein, daß Gottes Wille vom einzelnen erkannt ist, doch er ist angesichts der Forderung des Herrn zutiefst *beunruhigt* und stellt bei sich fest: „Ich müßte dies oder jenes eigentlich tun, aber ich kann nicht!" Dies muß keine gute, vertrauenswürdige Regung sein, denn sie birgt die Versuchung in sich, gleich am Anfang des Nachfolgeweges die ganze Radikalität eines Rufes vorzustellen, so daß der einzelne vorzeitig mutlos wird und schließlich gar nicht nachfolgt. Um dieser Gefahr entgegenzutreten, ist es besser, nicht gleich das Ganze tun zu wollen, sondern einzig das, was augenblicklich schon getan werden kann. Gott läßt einem immer Zeit!

Es können sogar die Schliche eines unguten Geistes sein, daß er am Anfang die ganze Radikalität der Botschaft Jesu oder der evangelischen Räte vorlegt, um schon zu Beginn mutlos zu machen, so daß schließlich die Nachfolge ganz aufgegeben wird. Deshalb ist es besser, am Anfang kleine, bereits mögliche und naheliegende Schritte zu tun und alles weitere in Geduld zu erwarten.

Gewiß wird Gottes Ruf keinen überfordern, wohl aber *herausfordern*! Denn Jesu Leben war ein Weg der Entäußerung und Erniedrigung, er wurde Diener aller. Deshalb wird sein Ruf keinen nur bestätigen. Gott führt weiter, wie Ignatius von Loyola sagt: „Denn das soll ein jeder bedenken, daß er in allen geistlichen Dingen nur insoweit Fortschritte machen wird, als er herausspringt aus seiner Eigenliebe und seinem Eigennutz."

Zu jeder geistlichen Entscheidung gehört die Bereitschaft, Menschenfurcht zu überwinden. Diese gibt es in vielfältiger Form. Sie reicht von der Angst, nicht genügend beachtet zu werden oder sich zu blamieren, bis hin zu der Furcht, im Karussel menschlicher Sehnsucht nach Karriere und Anerkennung den Kürzeren zu ziehen. Hier findet der einzelne, wie das Exerzitienbüchlein sagt, im Blick auf Jesu Leben und Weg neue Kraft, „die gegen diese Versuchungen des Feindes die starke Stirn zeigt, indem sie das gerade Gegenteil tut".

d) Jeder Ruf Gottes ist ein Ruf in die Freiheit und bringt einen Zuwachs an Leben, Liebe und Engagement. Gottes Ruf bewirkt, daß der einzelne mehr er selber wird und daß sich in ihm jene Fruchtbarkeit vertieft, die der hl. Paulus die Frucht des heiligen Geistes nennt: Liebe, Freude, Langmut, Sanftmut, Selbstbeherrschung (Gal 5, 20). So lautet die Unterscheidungsfrage:

Vermehren sich die Früchte des Geistes in mir, werden sie wirksamer? Echtes Wachstum dieser Früchte ist ein Zeichen dafür, daß man auf dem gottgewiesenen Weg geht. Mitunter kann es sein, daß man in der rechten Richtung geht, doch den *falschen Rhythmus* dabei eingeschlagen hat. Vielleicht geht einer zu ungestüm voran; die Folge davon ist Überforderung und Spannung. Umgekehrt, wer zu langsam vorangeht, verfällt in Saumseligkeit, Entschlußlosigkeit und Trägheit. Um beides zu vermeiden, bedarf es des rechten „Maßes" und vor allem der Gelassenheit, Geduld und Indifferenz.

Falscher Eifer ist gepaart mit Ungeduld, Stolz, Unwillen und Übermut, vor allem mit einem Mangel an *Liebe.* Der ungute Geist macht den Menschen hart, verbissen, gehetzt, bewegt von tausend Unruhen. So mahnt Paulus die Gemeinde in Philippi: „Eure Liebe möge mehr und mehr wachsen an Einsicht und jeglichem Feingefühl: daß ihr unterscheiden könnt, was das jeweils Bessere ist"

(Phil 1, 9 f). *Das* Kriterium der Unterscheidung ist die Liebe, weil sie allein alles „beurteilen" kann: „... und wenn ich meinen Leib hingebe zum Verbrennen, habe aber die Liebe nicht, so nutzt es mir nicht" (1 Kor 13, 3).

Neben der Liebe zum Bruder ist es vor allem die Liebe zu Gott, die in der Erkenntnis seines Willens wächst und die Kraft gibt, ihn in allem zu erfüllen. Charles de Foucauld schreibt: „Von dem Augenblick an, wo ich glaubte, daß es einen Gott gibt, war mir auch klar, daß ich nicht anders konnte, als nur ihm zu leben"; und: „Wenn Dein Wille sicher erkannt ist, muß man sich sofort mit geschlossenen Augen hineinstürzen."

Die Konsequenz der Liebe heißt in der Botschaft der Schrift: „Wer Sein Wort bewahrt, wahrlich in dem ist die Liebe vollkommen" (1 Joh 5, 3), und: „Wer meine Gebote hat und wahrt, der ist es, der mich liebt" (Joh 14, 21). Die Liebe drängt zum Handeln: „Erweis der Liebe ist das Tun" (Augustinus), so daß sich jeder Ruf Gottes im Engagement und im *Apostolat* ausweisen wird. Christliche Entscheidung ist apostolisch ausgerichtet, im Blick auf einen größeren Einsatz in Welt und Kirche.

e) Ist die Sehnsucht nach Gott echt, so wächst sie durch den Aufschub. Nimmt sie durch den Aufschub ab, so war es kein Ruf Gottes. Wenn sich ein bestimmter Wunsch nur für eine kurze Zeit einstellt, bei Nicht-Erfüllung bzw. Aufschub wieder verfliegt, dann war er vermutlich nicht gott-gewollt.

Was diese Regel meint, können wir einer Predigt von Papst Gregor dem Großen entnehmen. Er spricht über die Begegnung Maria Magdalenas mit dem Auferstandenen. Als sie zum Grabe kam und dort den Leib nicht fand, meinte sie, man habe ihn weggebracht, und sie meldete es den Jüngern. Als die Jünger nachgesehen hatten und „nach Hause zurückgekehrt waren", heißt es: „Maria aber stand draußen vor dem Grabe und weinte" (Joh 20, 11). Und Papst Gregor sagt nun: „Sie suchte den, den sie nicht gefunden hatte, und weinte beim Suchen. Vom Feuer der Liebe entzündet, glühte sie in Sehnsucht nach ihm, weil sie meinte, man habe ihn weggebracht. So kam es, daß sie allein ihn dort sah, weil sie geblieben war, um ihn zu suchen. Beharrlichkeit ist die Kraft guter Tat, und die Stimme der Wahrheit spricht: ‚Wer bis zum Ende standhaft bleibt, der wird gerettet' (Mt 10, 22). Sie eben begann zu suchen und konnte ihn nicht finden. Sie suchte beharrlich weiter, und sie fand. Durch den Aufschub wuchs die Sehnsucht, und im Wachsen ergriff sie, was sie gefunden hatte: Heilige Sehnsucht wächst durch den Aufschub. Nimmt sie durch den Aufschub ab, so war es keine Sehnsucht. Von dieser Liebe glühte ein jeder, der zur Wahrheit gelangt ist."

Wer nach Gottes Willen sucht, muß eine große Sehnsucht und Liebe zu Gott haben; gleiches gilt auch für den, dem im Laufe seines Lebens Gott fremd geworden ist oder der ihn schon oft anscheinend vergeblich um einen Fingerzeig gebeten hat. Welcher Art diese Sehnsucht ist, veranschaulichte Ramakrishna einem Schüler recht handgreiflich:

Als dieser ihn nach Gott fragte, tauchte ihn der indische Meister so lang unter Wasser, bis er zu ersticken meinte. Als er wieder an die Luft kam, fragte ihn Ramakrishna: „Wie hast du dich gefühlt?" „Ich glaubte, mein letzter Augenblick sei gekommen", war die Antwort. Und der Meister entgegnete: „Wenn dein Verlangen nach Gott so groß und inbrünstig ist wie deine Sehnsucht nach Luft in diesem Augenblick, dann wirst du Gott schauen!"

f) Nicht nur der Glaube kommt vom Hören, sondern auch das Kennen und Deuten des göttlichen Willens. Jede Stimme Gottes, die einer zu hören glaubt, muß sich dem Urteil anderer aussetzen, wenn es sich um wichtige Entscheidungen handelt. Zu gerne und zu schnell werden eigene Stimmen, Strebungen und Wünsche mit dem Willen Gottes gleichgesetzt. Man ahnt zwar, daß hier etwas nicht in Ordnung ist, redet aber mit niemandem darüber, läßt lieber alles im Halbdunkel.

Vielfach findet sich in der geistlichen Tradition die Weisung, daß ein Leben der Nachfolge nicht allein geführt werden kann. Die Gefahr der Selbsttäuschung ist zu groß. So sagt Dietrich Bonhoeffer: „Christus im Bruder erkennt oft mehr als Christus im eigenen Herzen." Deshalb soll in wichtigen Entscheidungen das Urteil eines anderen gehört werden, der aufrichtig die Wahrheit sagt, in Frage stellt und herausfordert, ohne einem nach dem Munde zu reden. Erst in dieser aufrichtigen Begegnung und gegebenenfalls notwendigen Korrektur durch einen anderen wird der Weg der Unterscheidung gegangen, der zur Entschiedenheit drängt.

In dem Unterscheidungsvorgang, der jeder Entscheidung vorausgehen muß, sind Gespräch, Information und gemeinsames Fragen und Suchen nach dem Willen Gottes erforderlich. Das kann ein langer, manchmal sogar ein sehr mühseliger und anscheinend auswegloser Prozeß werden. Ein Beispiel aus der Glaubensgeschichte der Kirche mag dies verdeutlichen. Als im Jahr 1552 Franz Borja von dem damaligen Kaiser Karl V. zum Kardinal vorgeschlagen wurde, war Ignatius von Loyola gar nicht damit einverstanden, hatte er doch in den Satzungen seines Ordens ausdrücklich gewünscht, daß Jesuiten keine höheren kirchlichen Ämter und Ehren annehmen sollten. Im Gebet fand Ignatius die Gewißheit, daß er niemals zulassen dürfe, was der Papst vorhatte. Es ist nun erstaunlich, daß Ignatius, der von seinen Jesuiten in besonderer Weise den Gehorsam gegenüber dem Papst fordert, in seinem eigenen Verhalten keine Weise des Ungehorsams sah; vielmehr ist er der Ansicht: „Es kann wohl sein, daß der gleiche Geist Gottes mich aus gewissen Gründen zu dem einen drängt und andere zum Gegenteil; und so könnte doch noch der Vorschlag des Kaisers durchdringen." Solange keine definitive Gehorsamstat eingefordert war, glaubte Ignatius, anderer Meinung sein zu müssen und dem Papst gegenübertreten zu dürfen, weil nur so deutlich werden konnte, was Gott in dieser Stunde wirklich aufträgt; und schließlich hat der Papst Franz Borja nicht ernannt ... Ignatius und der Papst, beide glaubten, in der Kraft des Geistes zu handeln; und beide mußten einander widersetzen, damit der Wille Gottes deutlich erkannt werden konnte.

Was in diesem Lebensbeispiel noch ein gutes und wohlwollendes Ende gefunden hat, führte zu anderen Zeiten im Lauf der Kirchengeschichte zu Widerspruch und Leiden. Obwohl schon am Anfang der jungen Kirche darauf hingewiesen wurde, daß dem Geist, dessen Herkunft noch nicht klar durchschaut ist, in Toleranz begegnet werden müsse (Apg 5, 38 f), kam es gerade in der Begegnung mit geisterfüllten Menschen immer wieder zu Konflikt, Haß, Neid, Eifersucht, Verfolgung und Leiden: Johannes vom Kreuz wird von seinen eigenen Mitbrüdern in einen Kerker geworfen, wo er Licht und Nahrung entbehren mußte; Jeanne d'Arc stirbt auf dem Scheiterhaufen; John Henry Newman lebt über Jahre „unter der Wolke"; Bischof Sailer wird von einem anderen Heiligen in Rom angeschwärzt und wird erst Bischof, als es eigentlich zu spät war.

Oft wurde die charismatische Sendung gegen die

Gleichgültigkeit und das Zögern kirchenamtlicher Stellen durchgehalten: Jesuiten, die getreu ihrer eigenen Regeln der kirchlichen Gesinnung leben wollen, haben gegen Papst Pius V. opponiert, als dieser ihnen das feierliche Chorgebet auferlegen wollte; die Vertreter der Herz-Jesu-Andacht ließen sich durch die Ablehnung beim Heiligen Stuhl nicht abbringen von ihrem Vorhaben. Es kann selbst wieder ein Charisma sein, zu unterscheiden, wo das Leid des Widerspruchs gegen die eigene Sendung das Kreuz ist, mit dem eine echte Sendung gesegnet ist, und wo es ein Beweis dafür ist, daß eine Bestrebung nicht von Gott kommt. Die Lebensregungen der Kirche lassen sich hier nicht absolut in rechtlich eindeutige Regeln einfangen, es bleibt ein charismatischer Rest: das Wirken des Geistes, der „weht, wo er will" (Joh 3, 8).

Unterscheidung der Geister meint also beides: Fragen und Suchen des Menschen nach Gottes Willen wie auch Unverfügbarkeit der Entscheidung Gottes. Da nicht wir Ihn erwählen, sondern Er uns erwählt hat (Joh 15, 16), gilt als Grundweisung für den Alltag: Unsere Sache ist die *Unterscheidung,* Gottes Sache hingegen die *Entscheidung* (G. Mühlenbrock). – Im folgenden wird nun deutlich werden, daß Gottes Erwählung alle Bereiche des Lebens einbezieht und auf Ihn hin ausrichtet.

III. Die Tat aller Taten

„Bekehrung", darunter wird meist die erste, grundlegende „Kehr zu Gott"(wie die deutschen Mystiker sagen) verstanden, nämlich die Abkehr von Unglauben und Sünde und die Hinkehr zu Buße und Glauben.

Doch mit dieser ersten Wende ist nicht bereits alles getan. Christsein bedeutet vielmehr ein Christ*werden.*

Deshalb ist die erste Bekehrung nur ein – wenn auch entscheidender – Anfang und sucht nach seiner täglichen Vertiefung und Weiterführung.

In der *ersten Zeit* der Nachfolge erfährt der Jünger des Herrn meist eine große Zufriedenheit, innere Sicherheit und Übereinstimmung mit dem Gebot des Herrn. Was Jesus als „Preis der Liebe" einfordert, scheint nicht zu hoch und nicht zu schwer zu sein. Das Leben in Vollkommenheit und Heiligkeit gilt als leicht und erreichbar, und jeder ist bereit, alles dafür herzugeben und einzusetzen. Voller Begeisterung und Energie wird der Weg der Kreuzesnachfolge ergriffen, ohne große Bedenken und Zweifel: „Herr, mit Dir bin ich bereit, in den Kerker und in den Tod zu gehen!" (Lk 22, 33). Nichts scheint „menschenunmöglich" zu sein (Mk 10, 27), mit Mut und gutem Willen müßte es zu schaffen sein ...

Doch schon bald kann sich das Blatt wenden. In einer *zweiten Zeit* der Nachfolge lassen die Kräfte nach, die Begeisterung wird kühler, Optimismus und Hoffnung schwinden. Große Trägheit und Müdigkeit breiten sich aus. Vielleicht hat der einzelne erfahren, daß es mit dem Gebet trotz vieler Versuche und Vorsätze nicht weitergeht und besser wird, daß ein Leben nach den evangelischen Räten Einsamkeit und Unverständnis hervorrufen kann, und vielleicht sogar, daß die Liebe zum Herrn nach den ersten „Flitterwochen" in vielem nachgelassen hat: die Arbeit, der Terminkalender, der Streß, der eigene Ehrgeiz u. a. m. waren stärker und lassen manches in einem anderen Licht aufleuchten.

Die Gefahr dieser Stunde ist, daß alles auf ein „Mittelmaß" zurückgeschraubt wird, auf das, was „möglich" erscheint. Dann wird das Gebet schnell zur Routine, die Anbetung wandelt sich in ein Absitzen der Zeit, die Liebe zum Herrn zeigt sich nur noch im Lesen theologi-

scher Bücher und geistlicher Literatur, die Konsequenz
der Armut ist dem Kompromiß gewichen und der Mut
zu einem neuen Anfang erloschen. Wer in eine solche Situation geraten ist, der muß auf neue Weise wieder aufbrechen, ein zweites Mal sich bekehren und es annah-
men, „nichts für sich, aber alles für Ihn und die anderen
zu sein; es bejahen, daß man gegen jede Hoffnung hofft
und im Gebet aushält, indem man vielleicht an eine Tür
klopft, die für Jahre verschlossen sein wird; es annehmen, daß man in eine neue Richtung aufbricht, zu einer neuen Art der Armut, des Gehorsams, der Keuschheit und Barmherzigkeit und einer neuen Art des Betens:
Genau das wird dieses neue Stadium ausmachen. In uns
selber jedoch finden wir kein Motiv mehr für Trost, und
so müssen wir, um nicht den Mut zu verlieren, aufhören, uns zu beobachten, und Jesus entdecken. Denn er
hat uns seine Gegenwart nicht entzogen; er ist jetzt nur
in anderer Weise gegenwärtig" (R. Voillaume).

Die Stunde eines solchen Neuaufbruchs und der zweiten Zeit in der Nachfolge hat es auch im Leben der Jünger gegeben. In ihrer ersten Berufung durch den Herrn
wurden sie von ihrem Eigentum und Beruf, von ihrer
menschlichen Zukunft, von Familie und Haus getrennt,
und sie sind voll Begeisterung und Bereitschaft dem
Herrn gefolgt; doch während der Passion Jesu packt sie
Furcht und Entmutigung. Sie finden wieder Gefallen an
ihren alten Tätigkeiten und kehren zu ihren Booten zurück (Joh 21, 3). Da trifft sie erneut der Ruf des Auferstandenen, er löst sie nicht nur von Dingen und
Beschäftigungen, die sie wieder ausüben, sondern auch
von ihrem eigenen Ich. Er liefert sie den Menschen aus:
„Simon, liebst du mich? ... Weide meine Schafe!" In einer solchen Stunde geht es „nicht darum, daß irgendeine
Jugendbegeisterung uns den wahren Verzicht ver-

schleiert oder ein Alibi uns entschuldigt, einzig Christus anzugehören. Jesus bindet uns an Sein Kreuz, indem Er uns an die anderen bindet, uns unseren Illusionen und der Langeweile entreißt, die sich einstellen, wenn wir auf uns selbst zurückfallen, indem Er sich unseres Herzens bemächtigt ..."(R. Voillaume).

Die Stunde dieser neuen „Geburt" und der zweiten Zeit in der Nachfolge wird in der geistlichen Literatur der Neuzeit mit dem klassischen Begriff der „zweiten Bekehrung" bezeichnet. Gemeint ist der Durchbruch zu einer größeren Eindeutigkeit im Leben des einzelnen mit Gott.

1. „Den Schritt tun"

Der Begriff der zweiten Bekehrung hat in der neuzeitlichen Spiritualität eine immer größere Bedeutung bekommen, auch wenn sein Inhalt so alt ist wie das Christentum:

Im *Neuen Testament* wird berichtet, wie die Jünger immer tiefer in ihre Berufung hineingenommen wurden. So heißt es bei Markus, daß der Herr nach der Berufung der ersten Jünger (Mk 1, 16–20) erneut „die zu sich rief, die er erwählt hatte" und „die er bei sich haben und die er dann aussenden wollte, damit sie predigten"(Mk 3, 13–19).

Von einem Wachsen im Glauben und im Verstehen der eigenen Berufung spricht Paulus, wenn er zu den Römern sagt: „Brüder, jetzt ist das Heil uns näher, als da wir zum Glauben kamen" (Röm 13, 11).

Die *Liturgie,* besonders in der Advents- und Fastenzeit, fordert den Gläubigen des öfteren auf, sich zu besinnen und die alten Wege der Sünde zu verlassen. Wer noch nicht fest im Herrn verankert ist, soll auf ihn setzen und all das ablegen, was seinem Glauben widerspricht, und erneut suchen und erbitten, was seinem Glauben entspricht.

In der spirituellen *Tradition* finden sich weitere Überlegungen zur Notwendigkeit einer zweiten Bekehrung besonders bei Johannes Tauler († 1361), Heinrich Seuse († 1366) und Katharina von Siena († 1380). Sie spricht im 63. Kapitel ihres „Dialogs" ausführlich von der „zweiten Bekehrung der Apostel". Die erste Bekehrung fand statt, als Jesus sie berufen und zu ihnen gesagt hatte: Ich werde euch zu Menschenfischern machen. Die zweite Bekehrung begann bei Petrus nach seiner dreifachen Verleugnung, wie Lk 22,61 berichtet: Kraft seiner Reue ging Petrus in sich und setzte sein Vertrauen künftig nicht mehr auf sich selbst, sondern einzig und allein auf den Herrn.

Ausführlicher bedacht und systematisch entfaltet findet sich der Gedanke von einer zweiten Bekehrung bei dem Jesuitenpater *Louis Lallemant* († 1635). Als Theologieprofessor, Novizenmeister und Leiter der Ordenshochschule gilt er als einer der großen geistlichen Lehrer in der Gesellschaft Jesu. Da er selber keine Schriften hinterlassen hat, wurde seine „Geistliche Lehre" auf Grund von Nachschriften seiner Vorträge durch Rigoleuc herausgegeben. Um seine Lehre recht einzuordnen, ist wichtig zu wissen, daß er zu Priestern spricht, nicht zu Novizen und Anfängern im geistlichen Leben, sondern zu solchen, die in vielen Jahren der Nachfolge mit dem Herrn gegangen sind. Zu ihnen sagt er: „Die Mehrzahl aller Heiligen und Frommen, die zur Vollendung gelangen, erlebt zwei Bekehrungen: die erste, wo sie sich dem Dienste Gottes übergeben, die zweite, wo sie sich gänzlich der Vollkommenheit weihen. Das zeigte sich bei den Aposteln, als der Herr sie berief, und später, als er ihnen den Heiligen Geist sandte; auch bei der hl. Teresa, bei ihrem Beichtvater P. Alvarez und bei verschiedenen anderen. Diese zweite Bekehrung kommt nicht bei allen Frommen vor, und zwar wegen ihrer Nachlässigkeit."

Worin besteht die Nachlässigkeit, von der Lallemant spricht? Er teilt die, die Jesus nachfolgen, in zwei Gruppen ein. Auf der einen Seite die kleine Schar der Bekehrten, der „Innerlichen", der „Vollkommenen", und auf der anderen Seite die Nichtbekehrten, die Mittelmäßigen. Von den letzten gibt es zwei Arten: „Die einen verweigern nichts ihren Sinnen. Frieren sie, so wärmen sie sich. Haben sie Hunger, essen sie. Sie sind stets entschlossen, solche Wünsche zu befriedigen." Es ist eine rein bürgerliche Haltung, die diese Menschen leben. Die zweite Art, sie bildet den Durchschnitt der Ordensleute, führt ein abgetötetes Leben, doch es ist rein „weltlich": „Denn auch im Kloster gibt es eine Welt im Kleinen, die sich zusammensetzt aus der Hochschätzung menschlicher Talente, der Aufgaben, Ämter und angesehenen Stellungen, der Liebe und dem Streben nach Glanz und Beifall." Das Herz solcher Menschen bleibt „geteilt"(Jak 1,8), sie hinken nach beiden Seiten, und Lallemant sagt zu ihnen: „Wir bringen ganze Jahre und oft ein ganzes Leben damit zu, darum herumzufeilschen, ob wir uns Gott ganz hingeben sollen. Wir können uns nicht dazu entschließen, das Opfer ganz zu bringen. Wir machen viele Vorbehalte: Neigungen, Pläne, Wünsche, Hoffnungen, Ansprüche, die wir nicht aufgeben wollen. Darum gelangen wir nicht zu der völligen Leerheit des Geistes, die uns befähigt, daß wir völlig von Gott in Besitz genommen werden können ... Wir kämpfen jahrelang gegen Gott und widerstreben den Anregungen Seiner Gnade, die uns innerlich antreibt, unsere Erbärmlichkeiten dadurch aufzugeben, daß wir die eitlen Befriedigungen unseres äußeren Menschen aufgeben, die uns so fesseln, und uns ohne Vorbehalt Ihm hingeben. Aber unter dem Druck unserer Selbstliebe, von unserer Unwissenheit geblendet, von falschen Befürchtungen zurückgehalten, wagen wir es nicht, den Schritt zu tun, und aus Furcht, es könnte uns dann schlecht ergehen, bleiben wir immer weiter in diesem Elend."

„Franchir le pas" – „Den Schritt tun!" Darin besteht für Lallemant die zweite Bekehrung. Er scheint dabei anzunehmen, daß es möglich und leicht ist, sozusagen *auf der Stelle* ein völlig anderer zu werden; man müßte sich Gott hingeben „ohne Vorbehalt und ohne Einschränkung" und für immer, so wie man sich entschließt, seine Habe an die Armen zu verteilen, was in kurzer Zeit geschehen sein kann: „Man braucht also nur ein für allemal auf alle eigenen Wünsche, auf alles auskostende Genießen aller Genüsse, auf alle seine Pläne, auf alles eigene Wollen zu verzichten, um von da an nur noch von dem Liebeswillen Gottes abhängig zu sein."

Es handelt sich dabei nicht um einen gewöhnlichen festen Vorsatz, einen Entschluß in der Art Epiktets; gemeint ist auch nicht eine jener Regeln, welche sich Exerzitanten am Ende von Exerzitien für die Gestaltung ihres Lebens aufstellen. Derartige Entschlüsse sind nützlich und empfehlenswert, doch sie verändern nicht unmittelbar das Innere des Menschen, der sie gefaßt hat.

Vielmehr wird nur der „den Schritt tun", der einen neuen Weg einschlägt. Es ist ein innerer Regiewechsel, bei dem man das Ruder des eigenen Lebens aus der Hand gibt und nicht mehr „der Kapitän seiner Seele" bleibt, wie es ein englischer Dichter ausgedrückt hat. Man gibt sich ganz in die Hand Gottes und weiß, „daß man nicht tiefer fallen kann als in die Hände Gottes" (D. Bonhoeffer).

2. Der Weg der Heiligen

Was Lallemant in theoretischen Überlegungen zum Ausdruck bringt, veranschaulicht das Leben der Heiligen. Die Geschichte der Heiligen ist voller Beispiele für den Weg der zweiten Bekehrung. Irgendwann gab es für jeden von ihnen einen Zeitpunkt, an dem der entscheidende Schritt getan werden mußte. Auch wenn der Heilige schon lange auf den Wegen der Nachfolge gegangen war, wurde erst die Stunde der zweiten Bekehrung zum Beginn des wahren Lebens mit Gott.

Franz von Assisi

Jahrelang wußte Franziskus nicht, welcher Donna er sein Leben geben sollte. An der Spitze der reichen Bürgersöhne machte er die Gassen Assisis unsicher, zog von Festgelage zu Festgelage, trieb Allotria und verschwendete das Geld seines Vaters mit vollen Händen, bis daß er zu seiner „ersten Bekehrung" fand, die in der sog. Dreigefährtenlegende berichtet ist:

„Schon längst war er ein Wohltäter der Armen, doch von jetzt an beschloß er noch fester in seinem Herzen, keinem Bedürftigen, der ihn um Gottes willen bitte, etwas abzuschlagen ... So hatte ihn die göttliche Gnade umgewandelt, obschon er noch weltliche Kleider trug. Darum wünschte er sich manchmal, in irgendeiner fremden Stadt zu sein, unbekannt, wo er mit einem Bettler das Kleid tauschen und versuchen könne, um der Liebe Gottes willen Almosen für sich zu erbitten.

Es geschah aber, daß er gerade damals eine Wallfahrt nach Rom machte. Als er in die Kirche des heiligen Petrus kam, beobachtete er, wie knauserig manche Leute mit ihren Geldspenden waren. Da sagte er sich:

,Wenn man doch den Fürsten der Apostel hochherzig verehren muß, warum geben dann diese Leute nur kärgliche Spenden in der Kirche, wo sein Leib ruht?'

Und so packte er in heiligem Eifer nach der Börse und zog sie heraus: sie war mit Geld gefüllt. Er warf es durch die Öffnung des Altares; es gab einen solchen Lärm, daß die Leute ringsum über eine so riesige Spende sich höchlichst verwunderten.

Er ging hinaus vor das Portal der Kirche, wo viele Arme um Almosen bettelten. Von einem armen Mann lieh er sich dort heimlich dessen Lumpen aus, legte seine Kleider ab, zog das Lumpengewand an, gesellte sich den Armen auf den Stufen der Kirche zu und bettelte in provenzalischer Mundart um Almosen. Er liebte es nämlich, Französisch zu sprechen, obschon er es nicht richtig beherrschte.

Danach zog er die Lumpen wieder aus, die eigenen Kleider an, kehrte nach Assisi zurück und flehte demütig zu Gott, er möge ihm seinen Weg zeigen. Niemandem enthüllte er sein Geheimnis; bei niemandem holte er sich Rat in dieser Sache – außer bei Gott allein, der schon begonnen hatte, ihm seinen Weg zu zeigen. Nur mit dem Bischof von Assisi besprach er sich bisweilen.

Denn damals war bei niemandem die wahre Armut, die er mehr ersehnte als alles in der Welt: in ihr wollte er leben und sterben."

Deutlicher kann es nicht gesagt werden: „Danach zog er die Lumpen wieder aus, die eigenen Kleider an und kehrte nach Assisi zurück." Aber auch als er seine Kleider zu Füßen seines Vaters legte und auf allen Besitz verzichtete, kam es für Franziskus nicht zu einer zweiten Bekehrung, sondern viel Geringeres wurde für ihn und seinen Weg der Nachfolge entscheidend: das Küssen eines Aussätzigen. Über diese Stunde der zweiten Bekehrung heißt es in der Dreigefährtenlegende:

„Eines Tages, da er in glühendes Beten vor Gott vertieft war, kam ihm die Anwort:

‚Franz, was du bisher fleischlich (= instinktiv, naturhaft) geliebt und erstrebt hast, das mußt du verachten und hassen, wenn du meinen Willen erkennen willst. Hast du erst einmal damit begonnen, so wird dir hinfort unerträglich und bitter sein, was dir bisher liebwert und süß erschien; und aus dem, was dich vorher schaudern machte, wirst du tiefes Glück und unermeßlichen Frieden schöpfen.'

So im Herrn gestärkt, begegnete er auf einem Ritt nahe bei Assisi einem Aussätzigen. Bisher hatte er vor solchen Leprösen einen mächtigen Ekel empfunden. Aber siehe, nun stieg er, sich Gewalt antuend, vom Pferde, reichte dem Aussätzigen einen Gulden und küßte ihm die Hand. Auch jener gab ihm den Kuß des Friedens. Dann stieg Franz wieder zu Pferd und ritt seines Weges weiter.

Von da an begann er, immer mehr sich zu verachten, bis er zuletzt durch Gottes Gnade zum vollen Sieg über das eigene Ich gelangte. Wenige Tage später nahm er eine große Summe Geldes und ging zum Siechenhaus. Nachdem er alle Aussätzigen um sich versammelt hatte, reichte er einem jeden seine Gabe und küßte ihm die Hand. Und als er von dannen ging, war wirklich in Süße für ihn verwandelt, was ihn bisher bitter bedünkt hatte: Aussätzige zu sehen und anzurühren. Denn widerwärtig war ihm früher deren Anblick gewesen, daß er nichts von ihnen sehen und noch weniger ihrer Behausung nahe kommen wollte. Und wenn es doch einmal geschah, daß er an einem solchen Haus vorbeikam oder einen Aussätzigen erblickte, wandte er das Gesicht ab und hielt sich die Nase zu – auch wenn er sich von Mitleid bewegen ließ, ihnen durch eine Mittelsperson Almosen zukommen zu lassen.

Aber durch die Gnade Gottes wurde er so vertraut und gut Freund mit den Aussätzigen, daß er unter ihnen lebte und ihnen demütig diente, wie er selbst in seinem Testament bezeugt hat."

Also nicht das Aufgeben des Besitzes und aller Ansprüche auf Reichtum und Ehre waren für Franziskus der Anlaß, „den Schritt zu tun", sondern die Überwindung seines Ekels gegenüber Aussätzigen!

Teresa von Avila

„Mehr als die Liebe trieb mich eine knechtische Angst, den Schleier zu nehmen." Mit diesen Worten beschreibt Teresa die Stimmung zur Stunde ihres Klostereintritts, als sie am Allerseelentag des Jahres 1535 am frühen Morgen von zu Hause ausriß und im Karmelitinnenkloster Santa María de la Encarnación um Aufnahme bat. „Jeder meiner Knochen schien sich vom anderen zu lösen", es war eine „wahre Schlacht", die sie in ihrem Herzen ausgefochten hat. Sie geht mit ihrem himmlischen Bräutigam eine „Vernunftehe" (M. Auclair) ein, denn schlimmer als das Fegefeuer konnten die Leiden und Plagen eines Klosterlebens wohl nicht sein, während ihr in der „Welt" doch die Hölle drohte.

Typisch für Teresa ist schon gleich, daß sie sich für das Kloster entschied, in dem eine ihrer Freundinnen lebte. In den nächsten Jahren „schien es mir am besten, mit dem großen Haufen zu gehen, denn ich zählte mich zu den Schlechtesten". Sie bewohnt ein gut eingerichtetes zweistöckiges Appartement und in den „locutorios", den Sprechzimmern, gab sie sich mit den anderen vornehmen Nonnen ein Stelldichein und ließ sich durch das Sprechgitter mit Klatsch und Süßigkeiten versorgen. Sie wurde die „Vorzeigeschwester" des Klosters, immer umschwärmt und verehrt. Man sagte ihr, der Aufenthalt im Sprechzimmer wäre Pflicht, und auch ihr Beichtvater findet nichts dahinter. Doch immer lauter werden Stimmen in ihr, die sie tadelten, und eine ältere verwandte Nonne warnte sie mehrmals, „doch weit entfernt, ihr zu glauben, war ich vielmehr ungehalten über sie und meinte, sie nehme ohne Grund ein Ärgernis."

Teresa verzettelte sich und stolperte von Zeitvertreib zu Zeitvertreib, fühlte sich geteilt und zerrissen, „als ging jeder Teil seine eigenen Wege". Nur mit Mühe und Not konnte sie sich zum Gottesdienst und Gebet überwinden. Teresa war keine schlechte Ordensfrau, sie legte sich harte Bußwerke auf, pflegte eine an scheußlichen Geschwüren leidende Mitschwester, flickte zur Nacht heimlich die Umhänge der ärmeren Nonnen. Doch sie hatte zu viele Kompromisse geschlossen und blieb sich selbst und ihrem Weg untreu. Vor allem im Gebet spürte sie, daß sie die Freundschaft mit Jesus nicht eingehen wollte.

„Jahrelang beschäftigte mich das Verlangen, die Gebetsstunde möchte vorbei sein. Ich lauschte mehr auf das Schlagen der Uhren als auf gute Gedanken ... Ich sehnte mich nach Leben, denn ich sah sehr wohl, daß ich nicht lebte, sondern mit einem Todesschatten kämpfte. Doch ich fand niemand, der mir Leben gab, und ich selbst konnte es mir nicht geben."

Der Herr selbst erschien ihr während einer Unterhaltung, von der Teresa berichtet: „Der Herr wollte mich davon überzeugen, daß solche Freundschaften unpassend für mich wären; zugleich wollte Er mich warnen und mich in meiner so großen Blindheit erleuchten.

Es erschien vor mir Christus mit einem sehr ernsten Antlitz und gab mir zu verstehen, daß ich ihn so verdrieße mit meinem Verhalten. Ich sah ihn mit den Augen der Seele, und zwar viel deutlicher, als ich ihn mit leiblichen Augen hätte sehen können. Seine Gestalt blieb mir so tief eingeprägt, daß es mir jetzt nach mehr als 26 Jahren noch immer ist, als sähe ich ihn gegenwärtig. Ich war darüber sehr erschrocken und bestürzt und wollte mit der Person, mit der ich mich unterhielt, nicht mehr verkehren."

Dies hatte auf Teresa keine nachhaltige Wirkung, obwohl es ihr schien, daß die Vision von Gott und nicht bloße Einbildung gewesen sei: „Weil aber diese Erkenntnis nicht nach meinem Geschmack war, suchte ich mich ihrer zu entschlagen."

Noch eine andere Warnung ließ ihr der Herr zukommen:

„Ein andermal unterhielt ich mich mit derselben Person. Wir sahen mit anderen Anwesenden, wie etwas auf uns zukam, das einer großen Kröte glich, sich aber viel schneller bewegte, als es diesen Tieren eigen ist. Ich kann nicht begreifen, wie sich so ein abscheuliches Tier mitten am Tag dort aufhalten konnte, wo sonst niemals ein solches gesehen wurde, und woher es kam. Der Eindruck, den dieses Vorkommnis auf mich machte, läßt mich vermuten, daß es nicht ohne geheime Bedeutung gewesen sei. Es ist mir auch ebenso wie die erwähnte Vision niemals aus dem Sinn gekommen. O großer Gott, mit welcher Sorgfalt und Liebe hast du mich doch auf alle mögliche Weise gewarnt, und wie wenig Nutzen habe ich daraus gezogen."

Teresa hatte neben Christus „viele Reichtümer", doch sie bekennt in aller Aufrichtigkeit: „Ich fand weder Freude an Gott noch an der Welt", und: „Ich schämte mich, Gott eine besondere Freundschaft, wie sie das Gebet ist, zu schenken. Da meine Sünden zunahmen, bewirkte dies, daß ich allen Geschmack und jede Freude an der Tugend verlor." Teresa verzettelte sich in Kontakte, Gespräche, doch sie macht plötzlich die Erfahrung: „Ich hatte viele Freunde, die mir zum Fallen halfen, beim Aufstehen jedoch war ich ganz allein, so daß ich staunte, daß ich nicht für immer liegenblieb."

Teresa war betrübt über ihre geringen Fortschritte: „Ich sah, wie wenig ich mich besserte. Weder die gefaßten Vorsätze noch der Schmerz, den ich empfunden, waren wirksam genug, mich vor dem Rückfall zu bewahren, wenn ich mich wieder in der Gelegenheit dazu befand. Meine Tränen kamen mir trügerisch vor, und ich glaubte, die neue Schuld würde ob der erkannten großen Gnade, die mir der Herr durch diese Tränen und durch eine so große Reue verliehen hatte, nur um so größer sein. Ich trachtete dann bald zu beichten und tat meines Erachtens alles, was in meinen Kräften stand, um mich wieder mit Gott zu versöhnen. Das ganze Unheil kam aber daher, daß ich das Böse nicht mit der Wurzel ausrottete und die Gelegenheit nicht meiden wollte."

Pater Juan de Pradanos, ein junger, aber strenger Jesuit, verschärfte die Forderungen ihres früheren Beichtvaters, er unterwarf sie strengen Geboten der Askese und legte ihr auf, „einige Freundschaften, die Gott nicht kränkten", zum Opfer zu bringen. Aber Teresa wandte gleich ein, daß diese Freundschaften alle rein von Sünde seien; man dürfte doch nicht undankbar sein, um dem Herrn zu gefallen ... Der Pater gibt ihr nun den Rat, häufig das „Veni creator" zu sprechen. Wie sie eines Tages die Worte des Hymnus betete, hörte sie die Stimme des Herrn: „Fortan ist es mein Wille, daß du nicht mehr mit Menschen, sondern mit Engeln redest."

Der Wille des Herrn sollte sich im Jahre 1554 erfüllen.
Teresa war ungefähr vierzig Jahre alt. Als sie das Orato-
rium durchschritt, erblickte sie die Büste eines
Schmerzensmanns, die man dort hingestellt hatte. „Es
war eine so ergreifende Darstellung des wundenbedeck-
ten Christus, daß ich schon beim ersten Anblick völlig
erschüttert war, weil ich die Leiden, die er für uns erdul-
det hatte, mitempfand. Mein Herz verging vor Gewis-
sensbissen, als ich daran dachte, mit welcher Undankbarkeit ich diese Wunden gelohnt hatte. Ich sank
weinend vor ihm in die Knie und flehte ihn an, mir ein
für allemal die Kraft zu verleihen, daß ich ihn fortan
nicht mehr kränkte."

Schon oft war ihr der Herr begegnet, doch jeder An-
flug der Reue war bisher schnell wieder vergangen: „Was
mir fehlte, war offenbar, daß ich nicht seiner Majestät
mein volles Vertrauen schenken und dafür das Vertrauen in mich selbst verlieren konnte." Doch in dieser
Stunde dringt Jesus in das „harte Herz" ein, sie entdeckt,
daß seine Liebe „alle irdischen Genüsse, alle Freuden
übertrifft", und sie macht viele Fortschritte:

„Seit jenem Tage, an dem es dem Herrn gefallen hatte,
seine Magd in einem Augenblick – länger kam es mir
nicht vor – in eine andre zu verwandeln, hatte ich Mut
genug, um Gottes willen alles zu verlassen. Es war darum
kein Befehl des Beichtvaters mehr nötig, besagte Freundschaften aufzugeben. Er hatte es nämlich vorher nicht
gewagt, dies entschieden von mir zu verlangen, weil er
gesehen hat, daß ich noch allzu sehr daran hing. Wahrscheinlich wollte er zuwarten, bis der Herr selbst alles be-
wirke, wie es in der Tat auch geschah. Zuvor meinte ich
mich nicht so weit überwinden zu können, denn ich
hatte es schon versucht, aber so viel Schwierigkeit dabei
gefunden, daß ich den Kampf gegen diese Neigung als et-

was, das mir doch nicht unrecht schien, wieder aufgab.
Jetzt aber machte der Herr mich davon frei und gab mir
Kraft, zu vollbringen, was ich vorher nicht vermochte.
Ich teilte dies meinem Beichtvater mit und gab alle
Freundschaften in der mir von ihm angegebenen Weise
auf. Als jene, mit denen ich umging, diese entschiedene
Änderung an mir gewahrten, schöpften auch sie großen
Nutzen daraus. Gott sei in Ewigkeit dafür gepriesen. Er
gab mir in einem Augenblick die Freiheit, die ich in vielen Jahren trotz aller Anstrengung nicht erreichen
konnte, ja selbst dann nicht, wenn ich mir oft große Gewalt antat, daß ich meine Gesundheit nicht wenig darunter gefährdete. Als dies aber durch den geschah, der
allmächtig und der wahre Herr über alles ist, verursachte
es mir gar keine Schwierigkeit."

Man hatte Teresa die „Confessiones" des hl. Augustinus gegeben, die gerade in einer spanischen Übersetzung
erschienen waren. Teresa sieht sich in ihm wieder: „Als
ich zu der Stelle kam, wo er von seiner Bekehrung erzählt, und las, wie er die Stimme im Obstgarten hört, ergriff mich das so sehr, daß man hätte meinen können,
ich selber sei es, die der Herr rufe." In dieser zweiten Er-
schütterung überwand Teresa endgültig „einen so tödlichen Tod". „Sie hat sich verändert", meinten ihre
Mitschwestern, doch Teresa sagte nur: „Von nun an beginnt ein neues Buch, ich meine ein neues Leben. Bisher
war von meinem Leben die Rede. Jetzt lebt Gott in
mir . . ." In ihrer Freude fühlte sie sich so gestärkt, daß sie
ihre „irdischen Bindungen" löste, ohne darüber Bedauern zu empfinden. Es war ihr nun möglich, „den Schritt
zu tun". Darüber wurde Teresa kein Menschenverach-
ter: die zahlreichen Klostergründungen und Briefe ließen sie immer wieder unter die Menschen gehen und
Freundschaften schließen, aber in ihrer zweiten Bekeh-

rung hatte sie den Freund gefunden, den sie bisher an den Rand ihres Lebens gedrängt hatte.

Franz von Sales

In die erste Zeit seines Lebens mit Gott gehört die Freundschaft mit Johanna Franziska von Chantal, die nach dem Tod ihres Mannes Haus und Kinder zurückließ und ein Leben der Hingabe an Gott begann. Sie lernte Franz von Sales kennen und wählte ihn zu ihrem Seelenführer. Sie hatten um die göttliche Zustimmung dazu gebetet und sie auch erhalten. Franz bekennt nun, daß sein Herz „tausendmal des Tages" bei ihr sei, die Briefe werden immer häufiger und sprechen eine deutliche Sprache: „Für meine Seele war es ein großes Gut, immer mehr Liebe für Sie zu haben." In ihrer Freundschaft ist es unmöglich, „das Mein und Dein zu trennen", und der Bischof hält die Kinder der Johanna Franziska von Chantal für „die meinen, weil sie die Ihren sind".

Doch unter dem Eindruck der Schriften der Teresa von Avila, die Johanna Franziska von Chantal ihm gegeben hatte, wurde von Franz das letzte Opfer seines Lebens verlangt. Kurz vor seinem Tod verlangte er von Johanna die Loslösung von ihrer immer stärker werdenden Seelengemeinschaft. Obwohl Johanna sich mit all ihren Kräften dagegen sträubte, ging Franz auf die Tragödie, die sich in ihrer Seele abspielte, nicht ein: „Wann wird dieser unerwartete Schlag bis auf den Grund treffen, wann wird die Eigenliebe nicht mehr nach Beisammensein, nach Kundgebungen und äußeren Zeichen verlangen, sondern voll gesättigt bleiben von der unveränderlichen und unwandelbaren Gewißheit, die Gott auf immer gibt?"

Franz von Sales gelangte auf diesem Weg zu seiner

letzten Vollendung, auch wenn es ihm das letzte abverlangte zu schreiben: „Denken Sie nicht mehr an die Freundschaft, noch an die Einheit, die Gott zwischen uns machte." Obwohl die Einheit von Gott selber geschaffen war, hinderte sie ihn – wie er meinte – daran, „den Schritt zu tun" und in radikaler Freiheit und Losgelöstheit für Gott dazusein.

Therese von Lisieux

Auch das Leben der Kleinen Therese zeigt, daß die Freude der Nachfolge durchbricht, wenn man sich ganz und ohne Vorbehalt auf Gott einläßt. Therese erfährt ihre große Bekehrung an dem Weihnachtsfest, als sie das erste Mal ihre Empfindsamkeit überwinden konnte. Es ist die Heilige Nacht 1887, die für Therese zur Gnade ihrer „vollständigen Bekehrung" wurde. Der Anlaß ist so unscheinbar und beinahe lächerlich, daß man in der Darstellung sehr behutsam sein muß, um ihn selbst in keiner Weise ungebührlich zu vergrößern und auszuschmücken. In ihm spiegelt sich ein Wesenszug unserer Heiligen wider, nämlich das Göttliche im Alltäglich-Banalen zu empfangen und zu begreifen.

Vater Martin kam mit seinen Töchtern aus der Weihnachtsmette. Die französische Sitte kennt weder Christbaum noch Bescherung – man beschenkt einander erst zu Neujahr –, nur die Kinder finden ihre Schuhe mit Süßigkeiten und kleinen Gaben gefüllt. Therese war eigentlich über das Alter hinaus, aber für sie konnten sich die Großen von dieser kleinen Festlichkeit nicht trennen, „was den Beweis erbringt, daß sie mich noch als Baby behandelten". Vielleicht geschah es auch heimlich ihrem Vater zuliebe, daß Therese ihre Schuhe immer noch in den Kamin stellte, denn „Papa freute sich stets an meinem Spaß und an meinen Jubelrufen, wenn ich eine Gabe nach der andern aus den verzauberten Schuhen zog, und sein Vergnügen steigerte das meine".

Aber in dieser Weihnacht war der Vater verstimmt, und während die Mädchen die Mäntel ablegten, sagte er mit hörbarem Überdruß zu Céline: „Diese Überraschung ist wirklich kindisch, zu kindisch für ein so großes Mädchen wie Therese – ich hoffe, es ist das letztemal."

Céline kannte die Schwester gut genug, um einen Tränenstrom der Enttäuschung und Kränkung zu erwarten. „Bleib heroben", flüsterte sie ihr zu, „komm erst herunter, wenn du dich beruhigt hast, du weinst sonst zu sehr, während du die Sachen auspackst!" Aber – „Therese war nicht mehr dieselbe – Jesus hatte ihr Herz gewandelt."

Sie schluckte Tränen und Enttäuschung herunter und sprang die Treppe hinab, als wäre nichts geschehen. Sie kniete am Kamin, „vergnügt wie eine Königin". Céline traute ihren Augen nicht. Nach zehn Jahren hatte Therese ihre Empfindsamkeit überwunden und wurde frei – für Gott, wie sie schreibt:

„In dieser lichtstrahlenden Nacht begann mein dritter Lebensabschnitt, der schönste von allen, der am reichsten mit himmlischen Gnaden erfüllte ... In einem Augenblick hatte Jesus vollbracht, was mir in zehnjähriger Anstrengung nicht gelungen war, er begnügte sich mit meinem guten Willen, an dem es mir nie fehlte."

Eine kleine Sache und ein geringfügiger Anlaß: das ist alles! – und doch von entscheidender Bedeutung auf ihrem Weg mit Gott. Es ist eine neue Lektion, ein neuer Baustein für die spätere geistliche „Lehre" Thereses: Nicht das gebannte Ernstnehmen der eigenen Sorgen und Enttäuschungen, sondern das entschlossene Absehen von sich selber ist es, das befreit und erlöst.

Auffallend ist, daß diese „Bekehrung" sich bis hinein in den Lebensalltag auswirkt: „Die Stunden meiner Lehrerin genügten nicht mehr, ich machte mich allein an besondere Studien, und in wenigen Monaten erwarb ich mehr Kenntnisse als in allen meinen Schuljahren."

Mit dieser Bekehrung sind nicht alle Schwierigkeiten im Leben der Heiligen überwunden, vielmehr war ein Anfang gesetzt worden. Nach vielen Jahren, kurz vor ihrem Tod, wird Therese auf die Frage, ob sie jemals Schwierigkeiten gekannt hätte, lebhaft bekennen: „Und ob!... Ich habe jeden Tag zu kämpfen gehabt, jeden Tag meines Lebens!" Mit dem Ablegen der krankhaften Empfindlichkeit war noch nicht die natürliche besiegt, die während ihres ganzen Lebens zu ihr gehörte, aber den entscheidenden Schritt ihres Lebens hatte sie getan.

3. „Ein Bindfaden genügt"

Gerade das Leben der Heiligen zeigt, daß es in der zweiten Bekehrung nicht um Verzichte geht, Verzicht auf Besitz (Franz von Assisi) und vornehme Herkunft (Johanna Franziska von Chantal), Eintritt in ein kontemplatives Kloster (Teresa von Avila), ein hohes geistliches Leben in jungen Jahren (Therese von Lisieux), sondern viel kleinere, sogar unscheinbarere Dinge werden von Gott eingefordert, Dinge, die durchaus nicht als „Sünde" erscheinen, aber von Gott entfernen: eine Seelenfreundschaft (Franz von Sales, Johanna Franziska von Chantal), geistliche Freundschaften (Teresa von Avila), Ekel vor einem Aussätzigen (Franz von Assisi), ja bei der größten französischen Mystikerin der Neuzeit ging es um das Essen einer Quarkspeise, die sie nicht meinte essen zu dürfen, weil es ihrer Gesundheit schaden könnte ...

Auffällig ist also, daß es bei der zweiten Bekehrung

nicht um große, weltbewegende Aktionen und Bekehrungserlebnisse geht (Klostereintritt, Verteilen des Besitzes an Arme, große mystische Visionen), sondern um ganz einfache, fast banale Anlässe. Es sind „Kleinigkeiten", die stark genug sind, den Menschen an sich zu fesseln. Genügt doch, wie Johannes vom Kreuz schreibt, ein kleiner Bindfaden, daß der Vogel nicht fliegen kann ...

IV. Geistliche Begleitung

Durch die Taufe hat der Christ das neue Leben in Gott empfangen, dennoch kann er in neue Abhängigkeiten gelangen, die dieses neue Leben verdecken, wie die Überlegungen zur Unterscheidung der Geister und zur zweiten Bekehrung gezeigt haben. Ferner steht jeder auf seinem Weg zu Gott vor der Schwierigkeit, daß er zum einen das ganze Christentum zu verwirklichen hat, andererseits aber nur eine der vielen Möglichkeiten ergreifen kann.

Hier wird die geistliche Begleitung eine unersetzliche Hilfe sein, damit der einzelne offen bleibt für den Ruf Gottes und auf dem Weg der Nachfolge nicht in die Irre geht. Der geistliche Begleiter muß sein Wissen und seine Erfahrung so in den Dienst des anderen stellen, daß dieser den Weg zu Jesus findet. Hier gehören seelisches, psychologisches Einfühlungsvermögen wie auch geistliches Gespür für die Haltung des anderen vor Gott zusammen. Was am anderen „dem Fleisch nach" verstanden wird, muß erweitert und vertieft werden zu einem Verstehen „dem Geist nach" (2 Kor 5, 16), wie Ignatius in seinem Exerzitienbüchlein sagt: „Jene geistlichen Übungen vorlegen, die dem Bedürfnis einer derartigen bewegten Seele angepaßt und angeglichen sind."

Wer in die geistliche Begleitung eintritt, für den ist jene innere Haltung bestimmend, die Ignatius von Loyola Gelassenheit und Gleichmut („Indifferenz") nennt (wobei auffällig ist, daß Ignatius in seinem Exerzitienbuch nicht das Substantiv, sondern die Verbform gewählt hat: Indifferenz ist kein einmal erreichter Zustand, sondern muß immer neu eingeübt werden: man muß „sich indifferent machen"!). In der Indifferenz geht es um die Fähigkeit, „gleich-mütig" zu werden, wo dies im Hinblick auf Gottes Willen, der letztlich bestimmend ist, nötig wird, und sich immer wieder von neuem bewegen zu lassen, verfügbar zu sein. Aber wer könnte schon sagen, er habe gar keine vorgefaßten Pläne oder Wünsche? Nur zu schnell sind Dinge, welche Weg sein sollen, mehr oder weniger schon selbst zum Ziel geworden. Das je neue Übersteigen der Dinge auf Gott hin und das vorläufige Offensein bedeuten Unsicherheit gegenüber allem, was man festgelegt sehen möchte, um sicher zu sein, um zu wissen, wo man dran ist.

1. Unmittelbarkeit zu Gott

Wesentlich für die geistliche Begleitung ist der Wechsel von Gebet und Gespräch. Der einzelne ist tief hineingenommen in die Begegnung mit Jesus, zu der der geistliche Begleiter einzig und allein hinführen wird: „... innerhalb solcher geistlicher Übungen ist es beim Suchen des göttlichen Willens mehr angemessen und viel besser, daß der Schöpfer und Herr selber sich seiner Ihm hingegebenen Seele mitteile, sie zu Seiner Liebe und Seinem Lobpreis entflamme und sie zu dem Weg bereit mache, auf dem sie Ihm künftig dienen kann. Auf diese Weise soll derjenige, der die Übungen vorlegt, weder zu der einen noch zu der anderen Seite sich wenden und hinneigen, sondern mehr, wie eine Waage in der Mitte stehend, unmittelbar den Schöpfer mit seinem Geschöpf und das Geschöpf mit seinem Schöpfer und Herrn wirken lassen" (Ignatius von Loyola).

Geistliche Begleitung ist unter das Wort von Mt 23, 8–10 genommen: „Ihr sollt euch nicht Rabbi nennen lassen, denn einer ist euer Meister, ihr aber seid alle Brüder. Ihr sollt niemand euren Vater heißen auf Erden; denn einer ist euer Vater, der im Himmel ist. Und ihr sollt euch nicht Lehrer nennen lassen; denn einer ist euer Lehrer, Christus." Nur im abgeleiteten, bezogenen Sinn ist geistliche Begleitung möglich, eher indirekt als direkt, eher als Wegweisung denn als Leitung. Somit ist die geistliche Begleitung weniger eine Technik; sie ist vielmehr ein Dienst, ein brüderlicher Dienst.

Dieser Dienst ist unersetzlich, denn unser Leben bedarf der Deutung durch einen anderen. Weil manches hinter Masken und Rollen verborgen ist, gibt es keine Ich-Begegnung ohne qualifizierte Du-Begegnung. Sich der eigenen Wahrheit stellen oder in Frage gestellt werden, das tut meist sehr weh und ist nicht immer leicht zu verkraften; doch Jesu Verheißung lautet auch hier: Die Wahrheit wird euch zur Freiheit führen (vgl. Joh 8, 32).

2. Mehr als ein Freund

Unter allen menschlichen Beziehungen ist die aus der geistlichen Begleitung erwachsende sicherlich eine der höchsten überhaupt. Bestimmend und bedeutsam für sie ist nicht die Quantität, sondern die *Qualität* der Beziehung. Häufigkeit der Kontakte, Anzahl der Briefe und Gespräche sind hier nicht maßgebend.

Wie sehr die Qualität der Begegnung für die geistliche Begleitung maßgebend ist, haben die Alten vielfach dargelegt und beschrieben. Im Buddhistischen nennt man den Begleiter den „schönen Freund". Die Griechen schufen den Begriff „kalogeros" – „schöner Greis". Bei den alten Kelten gilt der geistliche Begleiter als „Ananchara" – „Freund meiner Seele", für Dante ist er (er meint Vergil) „mehr als ein Vater", und für Kierkegaard ist er sogar „mehr als ein Freund".

Den brüderlichen, sogar freundschaftlichen Dienst im Begleitungsgespräch veranschaulicht eine chassidische Erzählung auf folgende Weise: Von einem Rabbi wird berichtet, daß jeder, der mit ihm spricht, sich bekehrt. Er wird gefragt, wie dies zu erklären sei, und gibt zur Antwort: „An jeden, mit dem ich spreche, *binde ich mich an* und steige mit ihm in die Tiefe (seiner Schuld). Dann kehre ich mich zu Gott – und sogleich bekehrt sich auch der andere; denn er ist ja an mich angebunden." Was Christus im Werk seiner Entäußerung und Erniedrigung getan hat, das ist auch vom geistlichen Begleiter als Dienst zu verrichten.

Geistliche Begleitung setzt keine Freundschaft voraus, wohl aber Liebe und Wohlwollen. Während in der Freundschaft direkter Umgang und Gegenseitigkeit gesucht werden, man gerne beieinander ist, dauerhafte Kontakte pflegt und regelmäßig miteinander umgeht, Zeiten und Orte, Erfahrungen und Einsichten austauscht, ist die geistliche Begleitung demgegenüber offener und weiter; sie setzt nicht unmittelbare Sympathie und regelmäßige Zeiten der Begegnung voraus.

3. Brüderlicher Dienst

Die geistliche Begleitung ist nicht so sehr ein freundschaftlicher Dienst, sondern ein Dienst im Heiligen Geist, der die eigentliche Mitte geistlicher Begleitung ist

133

und das Verhältnis zwischen Begleiter und Begleitetem
der *Beziehung zu Christus* unterordnet. Der Nähe zu
Christus kann hier menschliche Nähe sogar entgegenste-
hen, so daß durch sie Seelsorge und geistliche Begleitung
unter Familienangehörigen oft erschwert wird, da eine
starke affektive Unabhängigkeit gefordert ist.

Die geistliche Begleitung hat eine „geistliche Mitte",
nämlich das Wirken des Geistes und die Nähe zu Christus; dennoch sind vom geistlichen Begleiter auch
menschliche Fähigkeiten verlangt, die zum Gelingen der
Begleitung unerläßlich sind. Teresa von Avila weist darauf hin, wenn sie die Vorzugswahl trifft: Bei der Entscheidung zwischen einem frommen, aber nicht sehr
klugen, und einem klugen, aber nicht sehr frommen
Beichtvater, ist der kluge dem frommen vorzuziehen.

Der Grund für diese Entscheidung ist einleuchtend,
denn in der geistlichen Begleitung sucht Teresa nicht die
persönliche Spiritualität und geistliche Tiefe ihres Begleiters, sondern die Erfahrung und den Reichtum der
kirchlichen Tradition, die vom Theologen vertreten
wurde.

Damit ist die Frage nach der *Sachkompetenz* des Begleiters gestellt. Sollte er z. B. verheiratet sein, wenn er
Verheiratete führen will, und selbst Kinder haben, wenn
er Eltern geistlich begleiten soll? All dies und anderes
mehr wird an Sachkompetenz nicht unbedingt erforderlich sein. Dies aus dem einzigen Grund, weil kein Begleiter den anderen nach seinem „Bild und Gleichnis"
führen wird; er wird ihm vielmehr Hilfe dafür anbieten,
daß der um Rat Fragende sich in seinen eigenen Erfahrungen zurechtfinden kann. Nicht die Erfahrungen des
Begleiters sind maßgebend, sondern die Erfahrungen des
Begleiteten.

Der geistliche Begleiter sollte nicht einmal zu etwas raten, worin er selbst Erfahrungen hat. Ratschläge machen den anderen eher abhängig und lassen ihn gerade nicht sich selbst erfahren und finden.

So ist es Aufgabe des Begleiters, den anderen in Kontakt mit dessen eigener Erfahrung zu bringen, ihn für Weisungen des Geistes zu öffnen, ihm zu eigenem Urteil und zu eigener Entscheidung zu verhelfen. Sigmund Freud konnte den Abstand wahren, da er an die heilenden Kräfte der menschlichen Seele glaubte, wieviel leichter sollte es einem Begleiter fallen, der an die heilenden Auswirkungen des unmittelbaren Kontaktes mit Gott glaubt! Zu einer klaren Haltung kann die Mahnung S. Freuds an seine Schüler führen:

„Ich kann den Kollegen nicht dringend genug empfehlen, sich während der psychoanalytischen Behandlung den Chirurgen zum Vorbild zu nehmen, der all seine Affekte und selbst sein menschliches Mitleid beiseite drängt und seinen geistigen Kräften ein einziges Ziel setzt, die Operation so kunstgerecht als möglich zu vollziehen ... Die Rechtfertigung dieser vom Analytiker zu fordernden Gefühlskälte liegt darin, daß sie für beide Teile die vorteilhaftesten Bedingungen schafft, für den Arzt wünschenswerte Schonung seines eigenen Affektlebens, für den Kranken das größte Ausmaß von Hilfeleistung, das uns heute möglich ist. Ein alter Chirurg hatte zu seinem Wahlspruch die Worte genommen: Je le pensai, Dieu le guérit. Mit etwas Ähnlichem sollte der Analytiker sich zufriedenstellen."

Aufgabe des Begleiters ist es, *Hilfestellung* zu geben, damit der Geführte, dem der Dienst gilt, „hörend" wird auf die Führung des Geistes. Hier sollte er ihm zum Beispiel Leitbilder anbieten, daß er seinen eigenen Weg finden kann; er sollte phantasievoll ein Spektrum von Möglichkeiten eröffnen, unter denen der andere eine

Formgebung finden kann, die der eigenen Gestalt entspricht oder wenigstens nahekommt; er sollte das kritische Bewußtsein stärken und schärfen für Einflüsse, die nicht ganz in dem Anruf Gottes aufgehen. Solches verlangt ein besonderes Feingefühl; der Begleiter muß „zwischen den Zeilen lesen" können, um das Unausgesprochene zu hören oder das Sich-Verbergende zu sehen.

Martin Buber gibt hierfür ein schönes Beispiel. In seiner ersten Lebenshälfte war er gelegentlich von einer großen religiösen Begeisterung ergriffen. An einem Morgen überkam ihn ein solch religiöses Erleben. Im Verlauf des Vormittags hatte er aber einen ratsuchenden jungen Mann zu empfangen. Buber sagt, daß er mit ihm entgegenkommend und aufmerksam gesprochen habe, wie er das im Umgang mit Menschen zu tun pflegte. Er „unterließ nur, die Fragen zu erraten", die „der andere nicht stellte". Einige Zeit später wurde Buber mitgeteilt, sein junger Besucher sei voller Verzweiflung gewesen, habe aber nicht die Worte gefunden, sich auszusprechen. Inzwischen war er im Krieg gefallen. Das löste bei Buber eine Veränderung aus. Er spürte nicht mehr religiöser Begeisterung nach, sondern blieb gegenwärtig und offen für den Anspruch seines Alltags: „Wenn das Religion ist, so ist sie einfach alles, das schlicht gelebte Alles ... Du mit diesem deinem sterblichen Stück Leben bist gemeint, dieser Augenblick ist davon nicht herausgenommen ..." Gegenwärtigkeit und Offenheit für den Anspruch des Augenblicks, das wird wesentlich beitragen zum Gelingen eines geistlichen Gesprächs.

4. Kriterien

Wie ist ein geistliches Gespräch zu führen? Damit in der geistlichen Begleitung eine Begegnung möglich wird, sind Ehrlichkeit und Lebenswahrhaftigkeit vorausgesetzt. Im Gespräch zwischen Begleiter und Begleitetem ist nicht eine fromme Ideologie gefragt, auch nicht eine Bestandsaufnahme von Erfolg oder Mißerfolg, nicht einmal das Erreichen eines bestimmten Zieles bzw. gefaßten Vorsatzes. Einzig entscheidend und wesentlich für ein geistliches Gespräch ist, daß der Lebensprozeß des einzelnen zur Sprache gebracht und von Gott her gedeutet wird – und hier gibt es ja kein Ziel! Folgende Kriterien sind hierbei ausschlaggebend:

Suche nach Gott: Die Regel Benedikts nennt die schon angeführten Grundfragen, die der Novizenmeister stellen soll, nämlich ob der Novize „wahrhaft Gott sucht" (si vere Deum quaerit) und ob er „den wahren Gott sucht" (si verum Deum quaerit). Die Suche nach Gott ist also entscheidend für das geistliche Gespräch, sie bleibt der einzige Gegenstand, der in der Begegnung der geistlichen Begleitung von ausschlaggebender Bedeutung ist.

Offenheit: Wenn der Begleitete sich bei dem Gedanken entdeckt: „Wenn das oder das herauskommt, wie wird der Begleiter dann von mir denken?", dann soll er dies als Zeichen dafür ansehen, den Begleiter besser zu wechseln. Mangelnde Offenheit und Verdeckungsmaßnahmen führen das geistliche Gespräch ad absurdum, „man macht sich was vor". Die Offenheit bleibt deshalb konstitutiv für das geistliche Gespräch, weil nur sie es ermöglicht, rechtzeitig Prozesse des eigenen Lebens anzugehen: Wenn Dinge zu lange hinausgeschoben werden, können sie einen überfallen und bedecken – wie eine anfangs kleine Falte des Teppichs immer weiter geschoben wird, bis die Falte so groß geworden ist, daß sie alles unter sich bedecken kann.

Fordern: „Tua res agitur! – Um deine eigene Sache geht es!" Der Begleiter soll nicht „geschont" werden, sondern darf mit den Fragen und Nöten des Begleiteten belastet werden.

Docilitas: Wer ein Gespräch oder einen Rat sucht, soll sich auch etwas „sagen" lassen. Dies meint nicht, daß er in allem blind gehorchen soll, doch eine Führung durch den Begleiter muß bereitwillig akzeptiert werden.

Freiheit: Der Begleitete besitzt in der Begleitung eine letzte und unveräußerbare Freiheit, die er nicht durch falsche Anhänglichkeit an den Begleiter preisgeben soll. Er darf wählerisch sein (Teresa von Avila hat an die 30 Beichtväter gewechselt!).

An die Freiheit des Begleiteten erinnert Ignatius von Loyola in seinen Geistlichen Übungen, wenn er den Rat gibt, daß „der, der die geistlichen Übungen gibt" (den „Meister" kennt Ignatius nicht), sich nicht einmische in die inneren Bewegungen und Motivationen des Exerzitanten. „Denn wiewohl wir außerhalb der Übungen erlaubter- und verdienstlicherweise alle diejenigen, die wahrscheinlich die Fähigkeit haben, dazu bewegen ..., Ordensleben und jede Weise evangelischer Vollkommenheit zu erwählen, so ist es doch in diesen geistlichen Übungen beim Suchen des göttlichen Willens angebrachter und viel besser, daß der Schöpfer und Herr selbst sich seiner frommen Seele mitteilt."

Der Führung des *Heiligen Geistes* kommt in der geistlichen Begleitung unwidersprochen die erste und eigentliche Rolle zu. Der Begleiter kann zwar zeigen, wie die Stimme Gottes vernommen und deutlich verstanden werden soll, doch darf er dabei diese Stimme nicht selber übertönen. Diese Weisung geben vor allem die Starzen im christlichen Osten, sie findet sich auch im Leben vieler Heiliger, die den Weg ihrer Heiligkeit und Nachfolge ohne einen „Meister" gefunden haben, wie z. B. Benedikt von Nursia, Bernhard von Clairvaux, Franz von Assisi, Ignatius von Loyola, Franz von Sales, Therese von Lisieux u. a. m.

Um so mehr einer im geistlichen Leben voranschreitet, soll – wie Ignatius meint – der Geist selbst die Führung übernehmen. Aus dem Führer und Meister wird dann ein Begleiter, der dem Begleiteten hilft, auf die Stimmen im eigenen Innern zu hören und zu lauschen. Hier wird deutlich, worin die eigentliche Aufgabe geistlicher Begleitung besteht: sie soll konfrontieren, aber mehr noch inspirieren!

Die schwerste Aufgabe: In einer Zeit, wo viele Menschen andere um Rat und Hilfe bitten, fragt man sich, ob sie nicht deshalb so rat-los geworden sind, weil sie den Kontakt zu ihrem innersten Ich verloren haben. Von dem Gespür und dem Hören auf die Stimmen im eigenen Innern kann kein Begleiter einen anderen befreien, er kann nur immer neu auf sie hinweisen, wie ein Brief von R. M. Rilke an einen jungen Dichter zeigt:

„Sie fragen, ob Ihre Verse gut sind. Sie fragen mich. Sie haben vorher andere gefragt. Sie senden sie an Zeitschriften. Sie vergleichen sie mit anderen Gedichten, und Sie beunruhigen sich, wenn gewisse Redaktionen Ihre Versuche ablehnen. Nun ... bitte ich Sie, das alles aufzugeben. Sie sehen nach außen, und das vor allem dürften Sie jetzt nicht tun. Niemand kann Ihnen raten und helfen, niemand. Es gibt nur ein einziges Mittel. Gehen Sie in sich. Erforschen Sie den Grund, der Sie schreiben heißt; prüfen Sie, ob er in der tiefsten Stelle Ihres Herzens seine Wurzeln ausstreckt ..."

V. Geistliche Freundschaft

Was in der geistlichen Begleitung vollzogen wird, findet in der geistlichen Freundschaft eine besondere Tiefe: da die menschliche Verbundenheit größer ist, kommt es zu einem intensiveren Austausch und sogar zu einer „Freundschaft in Gott".

Freundschaft – ein Weg zu Gott? Wird die geistliche Tradition des Glaubens befragt, so scheint ein erster flüchtiger Blick in die Frömmigkeitsgeschichte der Kirche diese Frage zunächst zu verneinen. Meist kommen die warnenden Worte von Menschen, die ein verantwortliches Amt bekleideten und um die Einheit und das Fortbestehen einer Gruppe besorgt waren. Es ist die Warnung vor der „amitié particulière". Grundsätzliche Bedenken gegen die Freundschaft finden sich z. B. bei der heiligen *Angela*, die schreibt: Freunde sind „allzusehr dazu geneigt, einander zu behagen. Die Folge ist, daß alles, was dem anderen gefällt, auch ihm gefällt, und alles, was dem anderen nicht gefällt, auch ihm mißfällt". Das Einssein von Menschen verläuft in der Sackgasse des je eigenen Glücks und Wohlseins, man ist nicht mehr offen für die anderen oder verliert sich in den „Zeichen" der Freundschaftserweise.

Ein schrofferer Ton gegen die Freundschaft findet sich in der „*Nachfolge Christi*": „Hoffe auch nicht, daß jemand oft mit Liebe an dich denke, und werde auch du selbst nicht von Liebe für jemand anders in Beschlag genommen, aber Jesus sei in dir und in allen guten Menschen."

Diese kritischen Äußerungen über den Wert der Freundschaft werden um so krasser vernommen, wenn bedacht wird, daß in der Antike gerade die Freundschaft die Grundbedingung darstellt für jedwede Form menschlichen Zusammenlebens. Sie kann gar nicht hoch genug eingeschätzt werden, denn ohne sie gibt es kein Leben, was *Cicero* zu dem emphatischen Satz hinreißt: „Wahrhaftig, diejenigen scheinen die Sonne aus der Welt zu entfernen, welche die Freundschaft aus dem Leben nehmen wollen, das kostbarste und lieblichste Geschenk, das wir von den unsterblichen Göttern erhalten haben."

Die Freundschaft beschränkt sich für Cicero auf den privaten Bereich des eigenen Lebens, sie ist nicht nur ein Ausruhen von politischen und öffentlichen Geschäften, sondern vor allem Beschäftigung und Versicherung seiner selbst: „Wer nämlich einen wahren Freund anschaut, der sieht ein Abbild seiner eigenen Person". Und Cicero singt das Loblied auf die Freundschaft: „Deswegen sind Freunde stets bei uns, auch wenn sie sich in weiter Ferne aufhalten, Arme sind reich, Gebrechliche stark und – was sich noch seltsamer anhört – Tote erwachen wieder zum Leben. So groß sind die Ehrungen, das Gedenken und die Sehnsucht der Freunde, die bei ihnen bleiben. Darum gilt ihr Tod als eine glückliche Lösung, das Leben ihrer Partner als lobenswert. Würde man das Band liebender Zuneigung aus der natürlichen Ordnung des Weltgeschehens wegnehmen, dann könnte kein Haus und keine Stadt, ja nicht einmal der Ackerbau weiterbestehen."

Was Cicero hier niederschreibt, ist eine Zusammenfassung der antiken – griechischen wie römischen – Gedanken über die Freundschaft von Platos „Lysis", des Aristoteles Ausführungen, daß den guten Gesetzgebern die Freundschaft mehr am Herzen gelegen hat als die Gerechtigkeit, über die Lehre des Empedokles, daß die Freundschaft das Band des Universums sei, bis hin selbst zu Montaignes Essays.

1. Ein Weg zu Gott

Während die Antike die Freundschaft als ein seliges Sich-Genügen im Einswerden von zwei Menschen sah, sprengt das Alte Testament dieses selige Sich-Genügen. Die Freundschaft ist hier keinem Ideal verbunden, sie ist auch kein Auskosten beseligender Tiefen des Geistes; vielmehr stellt das Zugehen Gottes auf den Menschen und seine Geschichte die Erfahrung der Freundschaft in ein neues Licht. Die Freundschaft ist nunmehr nur sie selbst, wenn sie sich auf den Dritten, auf den Bundesgott selbst ausrichtet.

Das klassische Freundespaar im Alten Bund, *Jonathan*, der Sohn König Sauls, und *David*, der letzte Sohn Isais, den Jahwe von den Herden fort zum König erwählte, weist auf das Geheimnis der Freundschaft unter Glaubenden. Jonathan hatte seine eigenen Königsrechte als Sohn Sauls wahrzunehmen, doch gegen seinen Vater Saul hält er zu seinem Freund David und rettet ihn aus den Nachstellungen seines eigenen Vaters, weil er durch Gottes Wort die Berufung Davids erkennt, der gegenüber er zugunsten Davids beständig verzichten muß. Im Verzicht wird er offen für den Willen Jahwes und erneuert in ihm seine Freundschaft zu David, deren Innigkeit gewiß alle antiken Beispiele überragt:

„Und es geschah, als er die Unterredung mit Saul beendet hatte, verband sich die Seele Jonathans innig mit der Seele Davids, und Jonathan gewann ihn lieb wie sein Leben. Und Saul nahm ihn an jenem Tag zu sich und gestattete ihm nicht mehr, in das Haus seines Vaters zurückzukehren. David aber und Jonathan schlossen einen Bund; denn er liebte ihn wie sein Leben. Und Jonathan zog sein Obergewand aus, mit welchem er bekleidet war, und gab es David, dazu seine übrigen Kleider, sogar sein

Schwert, seinen Bogen und seinen Gürtel" (1 Sam 18, 1–4).

Die Zuneigung von Jonathan und David ist nicht derart, daß sich hier zwei Menschen gerne haben und gut verstehen, sondern ihre Innigkeit wird erst verständlich aus ihrer Offenheit für den von beiden erkannten Willen Jahwes:

„Da machte sich Jonathan, der Sohn Sauls, auf und ging zu David in den Wald und stärkte dessen Hand durch Gott und sprach zu ihm: Fürchte dich nicht; denn die Hand meines Vaters Saul wird dich nicht finden, und du wirst König werden über Israel, und ich werde der zweite nach dir sein; aber auch mein Vater Saul weiß dies. So schlossen denn beide einen Bund vor dem Herrn" (1 Sam 23, 16–18).

Das Schließen des Bundes vor dem Herrn ist der Ursprung für eine neue Innigkeit und Freundschaft, und die innige Verbundenheit ist hineingenommen in das Geheimnis des göttlichen Planes. Sie ist stärker als der Tod, wie es in der Totenklage Davids um den erschlagenen Freund und seinen königlichen Vater heißt, die als Responsorium in das Stundengebet der Kirche aufgenommen wurde: „Saul und Jonathan, liebenswürdig und stattlich in ihrem Leben, sind auch im Tode nicht getrennt" (2 Sam 1, 16).

2. Im Zeugnis der Heiligen

Es gibt keinen besseren Weg zu Gott als den der Freundschaft! So lautet eine Lektion, die das Leben vieler Heiliger, meist der größten, lehrt. Im folgenden sei dies an einigen Lebensbeispielen veranschaulicht.

Augustinus

Augustinus war ein „Genie der Freundschaft" (van der Meer). Die Wege und Stadien seines Lebens zeigen ihn immer in der Gesellschaft von Freunden und Gefährten, die alle Schwenks und Kehrtwendungen mitmachten. Freundschaft ist für Augustinus eine Grundbedingung dafür, daß man zufrieden und glücklich in dieser Welt leben kann: „So ist in allen menschlichen Dingen dem Menschen nichts freundlich ohne einen Freund", und im Jahre 389 schreibt er seinem Freund Nebridius: „Ich habe Deinen Brief nach dem Abendessen beim Lampenlicht gelesen. Es war schon fast Schlafenszeit, aber ich war noch nicht zu Bett gegangen. So saß ich eine Zeit lang auf meinem Bett, und Augustinus hielt gleichsam Zwiesprache mit Augustinus. Ist es wahr, was Nebridius sagt, daß wir nicht glücklich sind?"

Bei Augustinus wird besonders die gefühlsmäßige Seite der Freundschaft betont. Wenn auch nicht ohne Tadel, schreibt er über den Reiz freundschaftlicher Beziehungen: „Miteinander plaudern und lachen, sich gegenseitig Gefälligkeiten erweisen, gemeinsam schöne Bücher lesen, einander bald neckend, bald Achtung bezeugend, gelegentlich auch Meinungsverschiedenheiten austragen, aber ohne Haß, wie man ja auch wohl mit sich selbst uneins ist, durch den nur selten vorkommenden Streit die sonst meist bestehende Übereinstimmung würzen, einander belehren und voneinander lernen, die Abwesenden schmerzlich vermissen, die Rückkehrenden freundlich begrüßen, durch solche und ähnliche Zeichen, wie sie in Liebe und Gegenliebe, durch Kuß, Rede, Blicke und tausend freundliche Gebärden sich kundtun, die Herzen in Glut versetzen und die vielen zur Einheit verschmelzen. Das ist es, was man an Freunden liebt."

Gefühle und Reize der Freundschaft sind bei Augustinus nicht oberflächlich, sondern von einer tiefen Diskretion getragen. „Alltägliches mag ich nicht, Neues kann ich dir nicht schreiben; denn jenes genügt dir nicht, wie ich sehe, zu diesem aber fehlt mir die Zeit." Bei aller Fähigkeit, sich mitzuteilen, und bei allem Offenlegen seiner Empfindungen, teilt er die ihn persönlich tief betreffenden Ereignisse und Erfahrungen nicht mit. Hier ist er ein Mann größter Diskretion.

Zunächst finden sich bei Augustinus Gedanken des antiken Freundschaftsideals wieder. Auf Horaz zurückgreifend, schreibt er in seinen „Bekenntnissen": „Zutreffend hat jemand von seinem Freunde gesagt: die Hälfte meiner Seele", und seiner Meinung nach besteht das tiefste Gesetz der Freundschaft darin, „daß jemand den Freund nicht weniger und auch nicht mehr liebt als sich selbst". Doch er setzt sich zugleich von der heidnischen Antike ab. Die „schola illa" des Mailänder Schulbetriebs trennt er von der „schola nostra" seines Freundeskreises in Cassiciacum, denn diese Liebe bezieht den Freund auf Gott: „Man liebt wahrhaftig seinen Freund, wenn man Gott in ihm liebt, entweder weil Gott schon in ihm ist oder daß Gott schon in ihm sein möge."

Im Laufe seines Lebens wandelt sich bei Augustinus das Freundschaftsideal. In den Jahren nach seiner Bekehrung glaubte er, die „beata vita" zusammen mit gleichgesinnten Freunden anfanghaft erreichen und verwirklichen zu können, doch in seinen späteren Jahren ist für Augustinus die Erfahrung bestimmend, daß in diesem Leben keiner weder die Seligkeit noch die Sicherheit findet. Der Tod des Jugendfreundes, wie er in dem 4. Kapitel der Konfessionen beschrieben wird, mag bei dieser Entwicklung bestimmend gewesen sein: „Da bin ich mir selbst zur Frage geworden!" Sucht Augustinus in seiner frühen Zeit die Gemeinschaft weniger Freunde, so fordert er später auf, mit möglichst vielen Freundschaft zu schließen. Wo Freundschaften zerbrechen, wie Augustinus bei Hieronymus und Rufinus beobachten konnte, ist Gottes Hilfe und Trost genug Sicherheit und Freundschaft. Seine Freundschaft ist die einzig sichere, sie allein ist von Bestand.

Paulinus von Nola

Der Freund, „die Hälfte meiner Seele", dieser Gedanke findet sich noch bei einem anderen Heiligen. Es ist Paulinus von Nola, der in Süditalien lebte und eng befreundet war mit Sulpicius Severus aus der Gegend von Bordeaux. Beide gehören den höheren Ständen an und sind geschulte Rhetoren. Unter der Leitung des heiligen Martin von Tours haben sie sich zu einem strengen christlichen Leben bekehrt. Severus, der gerade eine neue Kirche gebaut hatte, hätte darin gerne unter dem Bildnis des heiligen Martin auch dasjenige seines Freundes aufgehängt, neben dem seinen. Paulinus möchte sich jedoch nicht porträtieren lassen und macht seinem Freund den Vorschlag, diesen Auftrag einem Maler in Gallien anzuvertrauen. Der Umstand, daß jener Paulinus nie gesehen hat, stellt überhaupt keine Schwierigkeit dar. Severus soll dem Maler einfach „diktieren", wie er ihn selbst in seiner Erinnerung sieht. Er schreibt ihm: „Dank sei dem Herrn, daß er mein Bild weder auf moderne Tafeln noch auf weiches Wachs, sondern in ... unvergänglicher, lebendiger Malerei ‚auf die fleischernen Tafeln' deines Herzens gemalt hat. Dort eingeprägt, wirst du mich bewahren, deiner Seele in der Einheit des Glaubens und der Gnade gleichgestaltet, und wirst mich nicht nur hienieden, sondern auch in der Ewigkeit in ungeteilter, ewig

146

gegenwärtiger Schau erblicken. Für jetzt kannst du mich ja, wenn die Sehnsucht nach sichtbarem Trost so groß ist, in den wesentlichen Zügen ... den unerfahrenen oder unwissenden Malern aus deinem Gedächtnis beschreiben, wo du mein ... Bild trägst. Und mag vielleicht aus einem Mißverständnis deiner Worte die ungeschickte Hand des Künstlers irren, wird er mich malen, daß mich andere wohl nicht wiedererkennen. Aber ich bin ja in deinem Herzen, da du mich stets in deiner Seele betrachtest und umfassest."

Die Freundschaft ist keine bloße Zuneigung, sondern sie ist „durch Gottes Vermittlung" möglich geworden; wir beide, schreibt Paulinus, „lernten, uns auch im (Heiligen) Geist zu lieben. Stets waren wir uns so innig zugetan, daß unsere gegenseitige Neigung keine andere Steigerung erfahren konnte als in der Liebe Christi ... So bist du mir wahrhaft zum Vater, Bruder und Freund geworden. Du verwirklichst an mir Gottes Willen und die Fülle des Gesetzes, liebst mich wie dich selbst und bist mein Freund in der Liebe Christi." „Denn nicht durch menschliche Zuneigung, vielmehr durch göttliche Gnade kennen wir uns gegenseitig und sind in der innigsten Liebe Christi verbunden."

Aelred von Rievaulx

In der Geschichte und Spiritualität der Zisterzienser finden sich viele Beispiele christlicher Freundschaft. Als erster ist der heilige *Bernhard von Clairvaux* zu nennen. Nach seiner Bekehrung tritt er in das strengste Kloster ein, das das 12. Jahrhundert aufweisen konnte. Auf alles wollte er verzichten, nur auf die Freundschaft nicht! In keinem Fall, auch nicht um des heiligsten Ideals willen, möchte er die Zuneigung und die Nähe seiner vertrauten

Freunde entbehren, er konnte sich doch nicht „zweiteilen lassen", wie sein Bruder André es formulierte. Nie hat ein Heiliger die Liebe zu seinen nahen Verwandten und die Liebe zu Gott so gut in Übereinstimmung gebracht. Nichts Abstraktes oder Abgetötetes ist in dieser Liebe. Als Bernhards intimster Bruder Gérard starb, war der Heilige so entsetzt, daß er sich gezwungen sah, eine Vortragsreihe über das Hohe Lied zu unterbrechen, um dem Verstorbenen ein ausführliches und tief bewegtes „In memoriam" zu widmen.

Gleichfalls im 12. Jahrhundert lebt im Norden Englands der Abt *Aelred von Rievaulx.* Ein Ordensgenosse und Freund Bernhards. Der Eintritt ins Kloster führt ihn zu einem noch intensiveren Erfahren der Freundschaft: „Bereits als Schulkind war ich sehr froh über das gute Verhältnis zu meinen kleinen Freunden; aber – ein normaler Fehler in diesem Alter – ich folgte den Neigungen meines Herzens und gab mich ganz und gar meinen Gefühlen hin; nichts schien mir so herrlich, so angenehm und wohltuend als zu lieben und geliebt zu werden." Aber nach dem Ordenseintritt liest er Ciceros Werk „De amicitia", doch „ich wunderte mich darüber, daß ich es nicht mehr so wie früher zu genießen vermochte". Vielmehr führt die innigste Vereinigung in das größere Geheimnis des Dritten, auf den beide ausgerichtet sind: „Hier sind wir beide, ich und du, und ich hoffe, als dritter ist Christus bei uns." Mit diesen Worten eröffnet Aelred in seinem Werk „Über die geistliche Freundschaft" das Gespräch mit seinem Freund Ivo. Das antike Verständnis der Liebe als „Herzensneigung" und „Wohlwollen" genügt Ivo nicht, ihm ist die Definition zu heidnisch: „Ich aber bin überzeugt, die wahre Freundschaft unter Menschen ohne Christus ist ein Ding der Unmöglichkeit." Vor allem aber ist die Freundschaft

148

„der beste Weg zur Vollkommenheit", sie führt „zur Liebe und Erkenntnis Gottes". Der Freund ist für Aelred ein „Ruhebett für meinen Geist" und „Vorgeschmack der Seligkeit": „Auf jener Treppe der Liebe kannst du ja doch sowohl zur Umarmung von Christus selbst hinauf- als zur Liebe zu deinem Bruder hinabsteigen und das im stillen Glück genießen."

Freundes- und Christusliebe sind für Aelred eins, die Liebe zum Freund vertieft die zu Christus und lebt aus dem Gebet füreinander:

„Hinzu kommt dann noch das Gebet füreinander, ein sehr fruchtbares Gebet. Ja, je mehr wir mit unserem ganzen Herzen für einen Freund zu Gott beten, unter aus Angst vergossenen, aus warmer Ergebenheit aufquellenden oder aus tiefem Schmerz hervorgehenden Tränen, um so kräftiger wird die Auswirkung unseres Gebets sein. Wer für einen Freund so zu Christus betet und nur seines Freundes wegen von Christus erhört werden möchte, wendet sich eigentlich in innigem Verlangen zu Christus selbst; so geht unsere Zuneigung unerwartet und ohne daß wir es merken von der einen auf die andere Person über. Wir berühren gleichsam ganz aus der Nähe die Güte von Christus selbst und fangen an zu schmecken, wie sanftmütig, zu erfahren, wie liebenswürdig Er ist. So steigen wir denn von der bereits an und für sich heiligen Liebe, mit der wir einen Freund umarmen, zu der Liebe, mit der wir Christus umarmen …'"

Johannes vom Kreuz

Johannes vom Kreuz ist der Lehrer der „dunklen Nacht" und des „Nichts" (nada) auf dem Weg zu Gott. Erst die geläuterte Liebe ist stark genug, um ungeordnete Neigungen nicht auftreten zu lassen. So schreibt Johannes vom Kreuz in seinen „Vorsichtsregeln" an die Karmelitinnen in Beas:

„Gegenüber allen Personen verhalte dich mit gleicher Liebe, gleichem Vergessen, sie mögen dir verwandt sein oder nicht; löse dein Herz von den einen wie von den anderen ... Auf solche Weise wirst du ihnen eher gerecht werden, als wenn du die Zuneigung, die Gott gebührt, auf sie überträgst. Liebe den einen nicht mehr als den anderen, weil du dich täuschen könntest ... Denke nicht über sie, weder Gutes noch Schlechtes, meide sie, soweit du es im Guten tun kannst."

Johannes ist den Weg der Entäußerung gegangen, doch lebt er nicht nur in Freundschaft mit Gott, sondern auch mit Menschen. So schreibt er an Juana de Pedraza, ein junges Mädchen:

„Jesus in Ihrer Seele! Und ihm sei Dank, daß Sie mir von ihm gegeben sind ... Wenn Sie schreiben, ich vergäße Sie gleich einem Schatten, dann müßte ich heftig zürnen, falls Sie es wirklich meinen. Sie zu vergessen, recht übel wäre das von mir, nach allem, was Sie mir erwiesen, auch dann, wenn ich es am wenigsten verdiene. Das fehlte noch, daß ich Sie vergäße. Sehen Sie doch ein, wie kann etwas vergessen werden, was der Seele so tief eingeprägt ist, wie Sie es sind."

In einem anderen Brief an sie kommt die Tiefe der Verbundenheit noch besser zum Ausdruck: „Ich schrieb in jener Antwort, daß ich wohl doch alle Ihre Briefe empfangen habe und daß ich Ihre Beschwerden und Leiden und Einsamkeiten mitfühle. Ohne Worte rühren all Ihre Nöte ständig mich an, so wahrnehmbar, daß die Feder so viel nicht ausdrücken kann."

Zwei Menschen gilt die Liebe des Johannes vom Kreuz in besonderem Maße. Es ist zunächst sein Bruder Francisco de Yepes, den Johannes zärtlich liebt. Er nennt ihn das Liebste auf der Welt.

Was Teresa von Avila betrifft, so liebt er sie mehr, als er sich das sonst einem Menschen gegenüber erlaubt. Johannes' Liebe zu Teresa zeigt sich zunächst in seiner Strenge ihr gegenüber. Als ihr Beichtvater gibt er ihr sogar den Befehl, nach der Messe lange Stunden in der Kapelle zu knien: Sie soll dort die allzu großen Wonnen bereuen, die ihr die Liebe des Herrn bereitete. Dem „kleinen Seneca", wie Teresa ihn nennt, sind die Gefühle und Visionen zu sinnenhaft. Johannes gibt Maria den Vorzug gegenüber Martha. Lieben heißt für Teresa: handeln, für Johannes hingegen völlig in die Kontemplation eingehen.

Teresa bewundert vor allem den überirdischen Wert „dieser Seele": „Keiner hat mich so gut auf den Wegen des Himmels geführt", er ist der „Vater meiner Seele". Aber auch Johannes weiß um den Wert der heiligen Teresa, er liebt sie mit einem menschlichen Herzen. Einem seiner Mitbrüder sagt er eines Tages, es gebe noch ein irdisches Gut, an dem er hänge. Er zieht einen Sack heraus mit Papieren, die eine zugleich feste und anmutige Handschrift bedeckt und wirft ihn ins Feuer. Es sind die Briefe Teresas.

Teresa von Avila

Teresa von Avila war eine große Liebende. Je tiefer ihre Gottverbundenheit, um so entschiedener wird ihre Hinwendung zu den Mitmenschen. In ihrer Jugend fällt ihre Vitalität auf, und einem jeden, der sich ihr näherte, soll sie den Kopf verdreht haben: „Die Sorgfalt, die sie auf ihr Äußeres verwandte, ihre feinsinnige Gesprächsführung, ihre sanften und züchtigen Umgangsformen steigerten ihre Schönheit noch, so daß das Weltkind und der Heilige, der Mann der Gesellschaft und der Asket, die Ältesten wie die Jüngsten von ihr gefangengenommen, bezaubert wurden, ohne daß sie etwas von dem aufgeopfert hätte, was sie sich selber schuldig war. Als Kind und als junges Mädchen wirkte sie auf alle, die sie sahen, ebenso wie der Magnet auf das Eisen." So urteilt der gestrenge Fray Luis de Leon über sie.

„Menschlich heilig" war Teresa, und die Franziskanerinnen von Sevilla urteilen über sie bei einer ihrer Gründungsreisen: „Gepriesen sei Gott, der uns eine Heilige sehen ließ, die wir alle nachahmen können. Sie spricht, schläft und ißt wie wir, und ihre Art ist nicht umständlich oder voll Frömmelei."

Zunächst überrascht, daß sie als Oberin andere Vorgesetzte vor Freundschaften warnt, besonders vor Privatfreundschaften: „Kinderspielereien ... scheinen die Freundschaften der Welt zu sein." Und doch ist sie vielen freundschaftlich verbunden. Über Johannes vom Kreuz sagt sie bei den Nonnen in Beas: „Er ist ein himmlischer und göttlicher Mann; seit seiner Abreise habe ich in ganz Kastilien keinen zweiten gefunden wie ihn. Keiner hat mich so gut auf den Wegen des Himmels geführt. Seine Abwesenheit läßt mich in unglaublicher Einsamkeit zurück."

Gegenüber Johannes vom Kreuz ist Teresa die zupakkendere und weltoffenere. Johannes entzog sich gerne den lästigen Gründungen, die so viel Verhandlungskunst und diplomatisches Geschick erforderten; erst später fand er sich damit ab. Überdies konnte ihn Teresa nicht so verwenden, wie es ihr beliebte: Auch die klügste Heilige kann nicht mit einem Erzengel fertig werden. „Gott verwahre mich vor Leuten, die so durchgeistigt sind, daß sie alles in eine vollkommene Kontemplation umwandeln möchten, mag kommen, was will. Hiervon abgesehen, sind wir ihm (d. h. Johannes vom Kreuz) dankbar, daß er uns so gut über Dinge unterrichtet hat, nach denen wir gar nicht gefragt hatten." Sie bezeichnet sich schließlich selber als ganz anders als der göttliche Pater, „voller Fehler, sinnlich und undankbar".

Jerónimo Gracián

Teresas Verhältnis zu Pater Jerónimo Gracián ist ganz anders als das zu Johannes vom Kreuz. Sie scheint sich in ihn voll verliebt zu haben. Von ihren Biographen und den Glaubenswächtern wurde dies schamhaft verschwiegen bzw. man zensierte in ihren Briefen herum.

Gracián war ein hochgebildeter, intelligenter und auch fröhlicher Mensch und zugleich ein strenger Reformer. Teresa nennt ihn einen „Engel" und bezeichnet die Tage mit ihm als „die schönsten meines Lebens". So schreibt sie an eine Schwester:

„O liebe Mutter, wie gern hätte ich Sie in diesen Tagen bei mir gehabt. Ich gestehe Ihnen ohne Übertreibung, es waren, glaube ich, die besten meines Lebens! Pater Gracián blieb mehr als zwanzig Tage. Je mehr ich mit diesem Mann umgehe, umso deutlicher wird mir sein unschätzbarer Wert. Er ist vollkommen, einen besseren hätten wir uns von Gott nicht erbitten können … Für nichts würde ich diese Zeit wieder hergeben, da ich den Pater so häufig sehen und sprechen konnte … Er predigt auch so wunderbar! Mir geht es gesundheitlich viel besser als sonst."

Zu diesem Zeitpunkt, als Teresa dies schrieb, ist sie sechzig Jahre alt und Pater Gracián dreißig. Vor seinem Ordenseintritt hat sie ein ganzes Jahr des Gebetes daran gegeben, „um mich in den Orden zu ziehen, da sie spürte, daß ich es war, der ihr helfen konnte", schreibt Gracián. Sieben Jahre lang schrieb sie ihm fast täglich, verwendete aber in ihrer Korrespondenz mit Pater Gracián Decknamen, um ihn nicht in Schwierigkeiten zu bringen.

In Beas kommt es im Jahr 1574 zu einer ersten Begegnung zwischen beiden. Teresa von Avila schreibt: „Es mag unziemlich scheinen, daß er (Gracián) mir so sein Innerstes entdeckte. Doch vielleicht wollte der Herr, daß ich es hier niederschreibe, auf daß er verherrlicht sei in seinen Geschöpfen. Jedenfalls hat sich Pater Gracián weder einem Beichtvater noch sonst einem Menschen gegenüber so jemals offenbart wie mir. Dazu veranlaßten ihn wohl einerseits meine Jahre, und andererseits, was man ihm von meinen Erfahrungen erzählt hatte."

Für Teresa ist diese Liebe zu Pater Gracián ohne jede Bedenklichkeit und Zweideutigkeit. Ihn gleichsam beruhigend schreibt sie ihm:

„Ich selbst kann es mir aus verschiedenen Gründen zwar leisten, im Umgang mit Ihnen (Pater Gracián) viel Liebe zu zeigen, aber nicht alle Nonnen dürfen das. Und es würden auch nicht alle Vorgesetzten sein wie Sie, mein Pater, in ihrer arglosen Offenheit. Ich weiß ja genau, mit wem ich es zu tun habe und daß meine Jahre mir diesen Umgang erlauben. Aber meine Nonnen würden es mir vielleicht nachtun wollen, und mit Recht. Ich will damit nicht sagen, daß man sie nicht sehr lieben solle, im Gegenteil."

Freundschaft erfährt Teresa als eine große Bereicherung und Vertiefung ihres eigenen Lebens: „Es ist ja doch ein großer Unterschied, mein Pater, ob ich zu Ihnen spreche, nämlich wie zu mir selber, oder mit anderen, und sei es die eigene Schwester." Wo es Pater Gracián selber ein wenig bange wird angesichts so offener Bekundungen von Liebe und Begeisterung, ist sich Teresa ganz sicher geworden. Darum schreibt sie nun auch „amor" und bekennt sich dazu. Sie fürchtet nur, daß der Pater durch diese Liebe seine „libertad santa" verlieren, seine heilige Freiheit drangeben müsse, doch auch hier beruhigt sie: „Diese Freundschaft, das kann ich Ihnen sagen, schenkt eher Freiheit. Sie ist sehr, sehr anders."

Die Freundschaft behindert nicht das Leben für Gott, sie gibt vielmehr Liebe zu Gott und zu den Menschen. Teresas Liebe ist gleichgerichtet mit Gottes Liebe, die den jungen Pater Gracián erwählt hat, was aber eine große geistliche Reife und geläuterte Motivation voraussetzt: „Ich fürchte, diese Liebe wird sich nur bei wenigen finden. Wer sie hat, möge sich glücklich preisen ..., denn sie setzt eine hohe innere Reife und Vollkommenheit voraus."

Pater Gracián weiß darum; und er schreibt über seine Freundschaft mit seiner „schönen Teresa", wie er sie nennt: „Wenn du alles von Grund auf verstehen willst, mußt du wissen, daß die Mutter Teresa mich zärtlich liebte und ich sie wie sonst nichts auf dieser Erde. Aber diese große Liebe der Mutter Teresa zu mir und die meine zu ihr waren von sehr anderem Zuschnitt, als die Liebe dieser Welt zu sein pflegt, denn die weltliche Liebe ist gefährlich verwirrend. Sie bringt Gedanken und Versuchungen, die nicht gut sind, denn sie betrüben und schwächen den Geist und beunruhigen die Sinnlichkeit. Aber diese Liebe zwischen der Mutter Teresa und mir schenkte mir Reinheit, Vergeistigung und Gottesliebe ... Gott sei Dank, der mir eine so gute Freundin schenkte."

Kann man es noch genauer sagen?

Franz von Sales

1604 begegnete der 37jährige Franz von Sales der Baronin Johanna Franziska von Chantal. Die noch „ziemlich junge Frau" hatte vier Kinder und war schon Witwe. Franz hielt in Dijon eine Fastenpredigt. Sie hört sich die ganze Predigtreihe an und läßt ihren Sessel direkt gegenüber dem Predigtstuhl aufstellen. In der Sakristei erkundigt sich Franz beim Msgr. de Bourges, wer denn die blonde und fein gekleidete Witwe sei, die während der Predigt immer direkt vor ihm sitze.

Nach den ersten Begegnungen sagt Franz zu Johanna Franziska von Chantal: „Gott, so will es mir scheinen, hat mich Ihnen geschenkt. Jede Stunde habe ich darüber eine größere Gewißheit ... Für meine Seele war es ein großes Gut, immer mehr Liebe für Sie zu haben. Das hat mich dazu geführt, Ihnen zu schreiben, daß Gott mich Ihnen geschenkt hat. Denn ich hielt es ja nicht für möglich, daß der Zuneigung, die ich in meinem Geiste, vor allem als ich für Sie betete, empfand, noch etwas hinzugefügt werden konnte."

Einige Jahre später kann er schreiben:

„So erzähle ich Dir alle meine kleinen Angelegenheiten, da das mir sehr wohltut."

In den Jahren 1610 bis 1615 verfaßt Franz sein großes mystisches Werk „Le Traité de l'Amour de Dieu" – für Franziska von Chantal! „Das Buch ist ... speziell für Dich geschrieben worden". Es ist geleitet von ihrer eigenen Erfahrung:

„Ich arbeite nun an Deinem Buch von der Liebe Gottes, und heute, während ich vor meinem Kruzifix betete, hat Gott mich Deine Seele und den Zustand, in dem sie sich befindet, sehen lassen, indem Er mir den Vergleich mit einem hervorragenden Musiker eingab."

In ihrer Freundschaft ist es unmöglich, „das Mein und Dein zu trennen in dem, was uns betrifft". Von den Kindern der Baronin spricht er als von „unseren Kindern" und versichert: „Ich halte diese Kinder für die meinen, weil sie die Ihren sind!" Franz liest keine Heilige Messe, ohne an Johanna zu denken, denn Gott selbst hat sie ihm als Wegbegleiterin gegeben: „Gott hat mir ‚eine Gehilfin gegeben', die mir nicht nur ‚gleicht', sondern eins mit mir ist, so daß Sie und ich nur eine einzige Seele sind", denn „Sie sind wahrhaft ich selbst, und ich bin in Wahrheit Sie selbst".

Unter dem Eindruck der Schriften der Teresa von Avila, die Franziska von Chantal ihm gegeben hatte, übt gegen Lebensende das Ideal des völligen Verzichtes auf alles, was nicht Gott ist, auf Franz von Sales eine immer mächtigere Anziehungskraft aus. So verlangt er von Johanna die Loslösung von ihrer Freundschaft, wodurch ihre Beziehung die schwerste Probe zu bestehen hatte. Johanna sträubt sich gegen die erbarmungslose Abtötung. Franz antwortet nur mit Schärfe:

„Wann wird dieser unerwartete Schlag bis auf den Grund treffen, wann wird die Eigenliebe nicht mehr nach Beisammensein, nach Kundgebungen und äußeren Zeichen verlangen, sondern voll gesättigt bleiben von der unveränderlichen und unwandelbaren Gewißheit, die Gott auf immer gibt?"

In den letzten sechs Lebensjahren löst Franz immer mehr die Bande zu Johanna, so sehr, daß sie in den letzten Jahren seines Lebens nicht mehr miteinander reden oder sich Briefe schreiben, wenigstens nicht mehr über ihre ganz persönlichen Angelegenheiten. Als Franz von Sales im Jahre 1616 ernsthaft erkrankt, ist Johanna von Chantal während ihrer alljährlichen Exerzitien ganz zerstreut und unruhig:

„Ich bin während dieser letzten Tage wirklich etwas zerstreut gewesen, und obwohl mich Deine Krankheit nicht beunruhigt hat, so hat sie mir doch wehgetan und mich zerstreut."

Franz verlangt von Johanna, folgendes Gebet immer wieder zu beten:

„Ich will es, mein Herr und Gott, zieh es weg, zieh mit Kraft all das, was mein Herz bedeckt, weg. Mein Herr, nein! für nichts mache ich eine Ausnahme, zieh mich von mir selbst los. Oh! mein Selbst, ich verlasse dich für immer."

Sich selbst so preiszugeben, fällt auch einer Heiligen nicht leicht, wie aus einem Brief der Chantal deutlich wird:

„... wie tief ist das Messer durchgedrungen ... Oh Gott, wie leicht ist es, das uns Umringende zu verlassen! Aber seine eigene Haut, sein eigenes Fleisch und Gebein zu verlassen und bis ins Knochenmark durchzudringen – was wir, wie mir scheint, getan haben –, das ist entsetzlich schwer und unmöglich, es sei denn mit Gottes Gnade."

3. Kriterien

In seiner Predigt beim Gottesdienst mit Seminaristen, Diakonen und Priestern im Dom zu Fulda sagte Papst Johannes Paul II. am 17. November 1980: „... ich weiß, daß Stunden der Bedrängnis, der Erschöpfung und der Ratlosigkeit, der Überforderung und der Enttäuschung ... zum heutigen Leben der Priester gehören ... Welche Arznei kann ich euch in dieser Lage anbieten? Nicht äußere Vermehrung von Aktivitäten, nicht krampfhafte Anstrengung, sondern eine tiefere Einkehr in die Mitte eurer Berufung, eben zu jener Freundschaft mit Christus und zur Freundschaft miteinander. Durch sie will Christus selber als der Freund aller in eurer Mitte und in der Mitte eurer Gemeinden sichtbar werden. ,Nicht Knechte nenne ich euch, sondern Freunde!' " (vgl. Joh 15,15).

Die Freundschaft mit Jesus hat als Frucht und Konsequenz die Freundschaft miteinander. Die vorangegangenen Beispiele aus dem Leben von Heiligen haben das gezeigt. So läßt sich abschließend fragen, was die Erfahrung der Freundschaft für ein christliches Leben bedeutet und von welchen Kriterien die geistliche Freundschaft unter Christen näher bestimmt ist.

Aufmerksamkeit

Wird ein Mensch von einem anderen angezogen, verliert das nüchterne Erwägen, das den objektiven Wert des anderen bestimmen möchte, seine Macht. Im anderen wird etwas gespürt, das „sehr gut" ist, so gut, daß man zusammensein möchte.

Simone Weil schreibt hierüber in „L'Attente du Dieu" (und legt eine Analogie zur Situation der Ureltern vor Gott nahe): „Die Freundschaft ist das Wunder, durch das ein Mensch bereit ist, selbst denjenigen Menschen, den er wie eine Nahrung braucht, aus der Ferne und ohne sich ihm zu nähern, zu betrachten. Diese Seelenkraft hatte Eva nicht, und dabei brauchte sie die Frucht doch gar nicht. Wenn sie in dem Augenblick, als sie die Frucht sah, Hunger verspürt und wenn sie trotzdem endlos davor stehengeblieben wäre und sie angesehen hätte, ohne einen Schritt auf sie zuzugehen, dann hätte sie ein ähnliches Wunder vollbracht wie das der vollkommenen Freundschaft."

Universalität

Was Simone Weil als reife Frucht der Liebe beschreibt, findet sich bei Angela von Foligno, die über den Zusammenhang von „weltlicher" und „geistlicher" Liebe nachdenkt. Sie stellt zunächst die Warnung auf: „Es sollte sich niemand an jemand anders binden, es sei denn, er habe es zuvor gelernt, sich vom anderen zu lösen, wenn es darauf ankommt, sowohl was die Zeit als was den Raum betrifft." Doch in ihrer mystischen Begegnung mit Gott erfährt Angela die Gemeinschaftlichkeit seiner Liebe; in dieser Liebe gesellt sich zur höchsten Intimität zu jedem einzelnen die höchste allgemeine unbeschränkte Zuneigung zu allen. Konzentration und Ausdehnung in einem, wie Ruusbroec sagt: „Und in der Einung empfängt ein jeder Gott und alle Liebenden; und er wird zusammen mit Gott von jedem Liebenden empfangen. Und so wohnen wir alle in Gott, und Gott in uns allein, und ein jeder mit Gott in den anderen."

Dieses Zueinander von persönlicher und universaler Liebe zeigt sich im Leben Jesu auf besondere Weise. Er hatte eine persönliche Vorliebe für Johannes und eine spezielle Beziehung zu Lazarus, Maria und Martha; mit den Jüngern wünschte er sich Gemeinschaft und Freundschaft. Und doch fand er in dieser freundschaftlichen Liebe auch die Liebe zu allen anderen, die zu ihm kamen (vgl. Mk 1,32–39; Joh 17,9–19 und 20–26).

In Christus

Abt Aelred von Rieval in Schottland schreibt in seinem Werk über die geistliche Freundschaft gleich nach der Einleitung: „Siehe, du und ich, und ich hoffe, daß der Dritte unter uns Christus ist." Seit der Frühzeit des Christentums wird der neue befreiende Sinn von menschlicher Innigkeit nicht darin gesehen, daß Jesus eine neue

Lehre über das Zueinander der Menschen bringt, sondern daß eine ganz neue Beziehung zwischen Mensch und Menschensohn aufgerichtet ist, noch vor jedem Gedanken an Freundschaft. Der neue Sinn der Freundschaft ist verbunden mit dem neuen Sinn des Menschen.

Ein schönes Zeugnis über dieses neue Verständnis zeigt sich in einer frühen Ikone, einer enkaustischen Malerei aus Bawit vom 6. Jahrhundert. Hier sind zwei frontal aufgerichtete Gestalten nebeneinander abgebildet, Christus und der *Abt Menas*, der beliebteste Heilige der frühen Koptischen Kirche Ägyptens († 295), denn er ist der Heilige der Sehnsucht nach gänzlicher Christusförmigkeit. Die aufgerichtete frontal gebildete Gestalt hat in Mönchsgewand und Mantel eine unerschütterliche Festigkeit des Stehens. Mächtiger noch wirkt an seiner Seite der etwas größer und breiter dargestellte Christus. Menas ist das Zeichen des Weges, Christus das Zeichen des Zieles, seine Rechte ruht auf Menas' Schulter. Der Herr legt den Arm der Freundschaft auf die Schulter des sich sehnenden Menschen, den er jetzt schon auf seinem Weg beglückt und beflügelt. In diesem vertrauten Zueinander von Christus und Menas zeigt sich die Grunderfahrung christlicher Freundschaft, nämlich das „Bleiben in Christus".

Mit dem Leib

Aber von welcher Art ist die Freundschaft? Teresa von Avila schreibt: „O mein Jesus, wie groß ist deine Liebe zu den Menschenkindern, daß man dir den größten Dienst erweist, wenn man sich nicht dir, sondern ihnen zuwendet, denn dann ist man dir am tiefsten verbunden. Solange wir in diesem sterblichen Leibe leben, sind alle Freuden der Erde, selbst wenn sie von dir geschenkt scheinen, zweifelhaft, werden sie nicht von der Liebe zum

Nächsten begleitet. Wer den Nächsten nicht liebt, liebt auch dich nicht, mein Herr."

Die Wesensverwandtschaft, so wichtig sie auch zwischen Menschen ist, findet ihr Korrektiv in der Liebe zu Gott, die spiritueller Art ist. Aber Teresa von Avila lehnt eine zu geistige und vergeistigte Sicht der Freundschaft ab: „Wir sind keine Engel, sondern wir haben einen Leib. Es ist Unsinn, uns selbst zu Engeln zu machen, solange wir auf der Erde leben und so tief in ihr stecken wie ich." Jedes kontemplative Leben hat realistische Voraussetzungen, denn Gott engt den Menschen nicht ein, sondern ermöglicht ihm, zur vollen Entfaltung seiner Fähigkeiten, auch seines Menschseins, zu kommen. Als Pater Gracián seine Bedenken anmeldete wegen der Intensität der Freundschaft mit Teresa, erhält er von ihr eine klare Antwort. „Ich erinnere mich, daß ich ihr eines Tages vorhielt, daß sie mich so sehr liebe und verwöhne. Da lachte sie sehr und sagte zu mir: ‚Sie wissen nicht, daß jede Seele, und sei sie noch so vollkommen, eine Möglichkeit braucht, aus sich herauszugehen. Lassen Sie mir diese, da ich nicht daran denke, meine Art, mit Ihnen umzugehen, zu ändern, was immer Sie sagen mögen.'"

Die Möglichkeit, aus sich herauszugehen, bedeutete für Teresa, Liebe zu geben und zu empfangen, und für sich und ihr Werk wünschte sich Teresa, daß Pater Gracián ihr Hilfe und Schutz gebe.

Drittes Kapitel

Das neue Bleiben

In den beiden vorausgegangenen Kapiteln richteten sich die Überlegungen auf das neue Leben, das Christus durch seine Erlösungstat jedem verheißt. Wer Leben in Fülle empfängt, ist bereit, mit allem zu brechen, was dem großen Geschenk widerspricht: er wird sich einüben in ein neues Gehen, in das Gehen der Nachfolge. Das letzte Kapitel soll nun fragen, was von dem neuen Leben im *Alltagsleben* des Christen bleibt und wie sich die Gemeinschaft mit dem Herrn in den ganz einfachen, tagtäglichen Vollzügen geistlichen Lebens verwirklicht. Nur drei Weisen des Beim-Herrn-Bleibens seien im folgenden näher bedacht, nämlich das Gebet, die Feier der Eucharistie und die Begegnung mit Gott „in allen Dingen" des Lebens.

Bei den genannten drei Vollzügen geistlichen Lebens geht es um ein und dieselbe Erfahrung, nämlich um die innere Einheit von Leben und Gebet. Die Frage ist nicht: Mache ich eine/viele Gebetsübungen, sondern: Bin ich ein betender Mensch? Ist mein Leben als ganzes – Gebetsleben, Nachfolge? Mein Gebet ist so gut und so schlecht wie mein Leben, und die Weise des Betens ist zugleich die Weise des Lebens.

In einer solchen Sichtweise des christlichen Gebetes wird nicht mehr gefragt, wie z. B. andächtig gebetet werden kann, sondern viel grundlegender stellt sich die

Frage nach dem Lebensvollzug und der persönlichen Hingabe an den Herrn. Dies meint Origenes, wenn er in seiner Schrift über das Gebet betont, daß das „große Gebet", das das Leben als ganzes ist, übereinstimmen muß mit dem „kleinen Gebet", mit den einzelnen Gebetszeiten: „Wenn wir das ganze Leben der Frommen als ein einziges, großes, zusammenhängendes Gebet betrachten, dann ist die Mahnung, unablässig zu beten, auch durchführbar. Ein Teil dieses Gebetes ist eben das, was wir im engeren Sinn Gebet nennen." So soll nun die Gestalt deutlich werden, die das Gebet annehmen muß, wenn es eins ist mit dem Leben.

I. Gebet des Lebens

„Die Gnade unserer Berufung hängt vom Gebet ab!" Mit diesem Wort des heiligen Vinzenz von Paul ist gesagt, daß es ohne Gebet kein Leben mit Gott gibt – aber auch keinen Dienst am Menschen, denn „getrennt von Mir könnt ihr nichts vollbringen" (Joh 15, 5).

Was so notwendig ist wie die Luft zum Atmen, ist zugleich auch das Schwerste, das im Leben mit Gott eingeübt wird. So heißt es beim Mönchsvater Agathon von der Not und der Schwierigkeit im christlichen Beten:

„Einmal fragten ihn die Brüder und sprachen: Welche Tugend verlangt im frommen Wandel die größte Anstrengung? – Er erwiderte ihnen: Verzeiht mir, aber ich denke, es gibt keine größere Mühe als das Beten zu Gott. Überall, wo der Mensch beten will, wollen ihn die Widersacher des Heils abhalten. Denn sie wissen, daß ihnen von keiner Seite her mehr Behinderung droht als vom Gebet zu Gott. Was immer für einen Wandel der Mensch sich wählt, wenn er dabei aushält, dann gewinnt er Ruhe. Das Beten aber verlangt Kampf bis zum letzten Atemzug."

Die Schwierigkeit mit dem Gebet ist nicht zu überwinden, sie bleibt ein Leben lang. Darum, so glauben die Mönchsväter, kann das Beten nicht dem Zufall überlassen bleiben und hin und wieder vollzogen werden. Das Gebet verlangt nach einer Ordnung, und zwar zunächst die der Stille und Abgeschiedenheit: Die Mönche gingen in die Wüste, um sich dort den Schwierigkeiten des Gebets zu stellen, denn sie wußten, daß das Gebet nicht unter allen Bedingungen möglich oder gleich möglich ist.

Ferner verlangt das Gebet die Ordnung des ganzen Menschen in allen seinen Lebensbereichen und -vollzügen; deshalb muß der Mensch sein ganzes Leben immer mehr vor Gott ordnen, um im Gebet Fortschritte machen zu können und die Nähe Gottes zu erfahren (deswegen unterwerfen die Mönche ihr Leben der Ordnung einer „Regel").

Mit diesen ihren Erfahrungen zeigen die Mönche Wesentliches für die Ordnung des Betens im Alltagsleben eines Christen: Es ist für das Gebet nicht gleichgültig, wie der Mensch mit seinen Mitmenschen zusammenlebt, ob er sich dem Neid, dem Zorn, der Habsucht überläßt, ob er alles, was ihm auf die Zunge kommt, sagt. Es ist nicht gleichgültig für das Gebet, wie er schläft, wie er ißt, wie er sich erholt. Vor allem, so wissen es die Mönchsväter, ist die Sünde das Haupthindernis für das Gebet. Sie trennt von Gott, sie macht den Menschen blind.

Die Ordnung des Betens empfängt aus dem Alltagsleben die entscheidenden Kriterien dafür, was überhaupt zu beten ist. Weil das kleine Gebet Ausdruck des großen Gebetes sein soll, gilt es bei der Wahl der Gebete, immer wieder die rechten und mit dem eigenen Leben übereinstimmenden Gebete zu wählen. Es sollen nicht irgendwelche Gebete „absolviert", sondern die Gebete zu Wort gebracht werden, die Ausdruck des Lebens und der augenblicklichen Situation sind. Dazu gehören die Gebete, in die der Beter sich „hineinleben" möchte; es sind „Zielgebete". Wenn das Gebet von Charles de Foucauld gesprochen wird: „Mach mit mir, was du willst!", hat der Beter vielleicht noch nicht die volle Bereitschaft zur Hingabe, kann aber auf dieses Ziel hin beten, um sich so immer mehr in sie hineinzuleben.

Das Wachstum im Gebet besteht darin, Gott auf immer einfachere, natürlichere und darum tiefere Weise zu begegnen. Hier bleibt das Gebet „Mittel", es ist nicht Ziel. Der Prüfstein wörtlichen Betens ist, ob es die Kraft hat, das Leben des Beters auf Gott hin zu öffnen und ihm näher zu bringen.

1. Unverfügbarkeit

Aus der inneren Einheit von Gebet und Leben, von kleinem und großem Gebet, ergeben sich wichtige Hilfen für die Gestaltung des Gebetes im Alltag. Was zunächst die Weise des Betens betrifft: sie ist recht gewählt, wenn sie hilft, intensiver in der Gegenwart Gottes zu leben. Dem dienen alle geistlichen Übungen, die Ignatius von Loyola in seinem Exerzitienbuch näher bestimmt mit den Worten:

„So wie Spazierengehen, Marschieren und Laufen körperliche Übungen sind, gleicherweise nennt man geistliche Übungen jede Art, die Seele vorzubereiten und dazu bereit zu machen, alle ungeordneten Neigungen von sich zu entfernen, und nachdem sie abgelegt sind, den göttlichen Willen zu suchen und zu finden in der Ordnung des eigenen Lebens zum Heil der Seele."

Geistliche Übungen sind mehr als das bloße Absolvie-

ren eines – geistlichen – Programms. Keine Gebets-
übung leitet sich aus einer Pflicht her, sondern einzig
und allein aus der *Verheißung,* die mit der Übung verbunden ist, so daß eine geistliche Übung nur so lange
sinnvoll ist, als mit ihr gute Erfahrungen verbunden
sind: Freude, Freiheit, Trost und neues Leben. Die geistliche Übung ist ein Akt der Hoffnung, daß nämlich ähnliche, neue und positive Erfahrungen möglich werden,
sich wiederholen und vertiefen. Umgekehrt gilt, daß
keine Übung eingehalten bzw. eingeübt werden soll,
wenn sie bloß unter dem Druck von Autorität und
Pflicht steht.

Der Erfahrungsweg einer geistlichen Übung baut auf
bereits gemachten (eigenen oder durch die Tradition ver-
mittelten) Erfahrungen auf und appelliert an die Sehnsucht nach wachsender Erfahrung. Für diesen Weg wird
das Grundgesetz gelten: „Sich nicht übernehmen! Aber
alle Chancen nützen, die die eigene Erfahrung und die
von ihr gespeiste Hoffnung und Freude zu einem weiteren Schritt gibt!" (A. Lefrank).

Hoffnung und Freude im Gebet wachsen, wenn ihnen
Zeit gelassen wird, wenn der Beter also nicht müde wird,
sich für das Gebet Zeit zu nehmen. Das bringt eine gewisse *Unverfügbarkeit* des Beters mit sich, denn wer
nicht nur zu bestimmten Zeiten und Stunden, sondern
ständig in Gottes Gegenwart lebt, ist nicht zu „verpla-
nen". Hier eröffnet das Gebet den Weg zu einem Leben,
das nicht über sich bestimmen läßt. Ist der Beter momen-
tan für andere „nicht zu sprechen", dann nicht, weil er
für die anderen nicht mehr zur Verfügung stehen will,
sondern weil er Gottes Gegenwart sucht – und zwar sie
allein.

Jesus verließ seine Apostel immer wieder, um in das

Gebet mit dem Vater einzutreten. Er hat diese Verbundenheit mit dem Vater nicht aufrechterhalten, um seiner Aufgabe der Verkündung des Gottesreiches gerecht zu werden, im Gegenteil, seine Verbundenheit mit dem Vater ist der Kern seiner Sendung.

Das Gebet und die Stunden des Alleinseins mit Gott sind keine heilsamen Kunstgriffe, um „auf dem Damm" zu bleiben, „geistliche Batterien" aufzuladen und Energie für den apostolischen Dienst zu sammeln. Vielmehr ist jedes Gebet apostolisch ausgerichtet, es dient dem Mitmenschen, auch wenn der Beter allein bei Gott ist. Das Gebet gilt nicht als eine Weise, statt mit Menschen nun mit Gott geschäftig umzugehen, sondern die Nähe zum menschenfreundlichen Gott bedeutet Nähe zu den Menschen. Deshalb kommt die Unverfügbarkeit des Beters nicht aus einer Verachtung der Mitmenschen, sondern aus einer Liebe zu ihnen.

Mit der Unverfügbarkeit des Gebetes eng verbunden ist seine *Absichtslosigkeit.* In der jüdischen Überlieferung wird von einem Mann berichtet, „der ein Viehhirte war und der nicht zu beten wußte. Jeden Tag aber pflegte er zu sprechen: Herr der Welt! Offen und kund ist's vor dir, daß wenn du Vieh hättest und du es mir zum Hüten gäbest – für alle hüte ich um Lohn –, für dich würde ich's *umsonst* tun, denn ich liebe dich. Einst ging ein Gelehrter seines Weges und traf den Hirten, der also betete. Sprach er zu ihm: Narr, bete nicht also. Sprach der Hirte zu ihm: Wie denn soll ich beten? Sogleich lehrte ihn der Gelehrte die Ordnung der Segenssprüche, ‚das Rufen des Sch^{e}ma' und das Gebet, damit er nicht ferner spreche, was er zu sprechen gewohnt war.

Nachdem der Gelehrte fortgegangen war, vergaß jener alles, was er ihn gelehrt hatte, und betete nicht; auch was er zu sprechen gewohnt war, fürchtete er sich zu sprechen, da jener Gerechte es ihm verwehrt hatte.

Dem Gelehrten aber schien im Traume der Nacht, daß man zu ihm sprach: Wenn du nicht sagst, daß er sprechen solle, was er zu sprechen gewohnt war, bevor du zu ihm gekommen bist, und wenn du nicht hingehst, dann wisse, daß Böses dich treffen wird, denn geraubt hast du mir einen von der Kommenden Welt. Sogleich ging er hin und sprach zu ihm: Was betest du? Sprach er zu ihm: Nichts, denn vergessen habe ich, was du mich gelehrt hast, und verboten hast du mir zu sprechen: ‚Wenn du Vieh hättest...' Sprach zu ihm der Gelehrte: Das und das kam mir in den Traum. Sprich, was du zu sprechen gewohnt warst ... Darum denke der Mensch gute Gedanken zum Heiligen hin, gesegnet sei Er."

Das Gebet dieses einfachen Bauern war nicht deshalb gut, weil er es oft und gewohnheitsmäßig verrichtet hat, sondern weil es in Einfachheit und Absichtslosigkeit geschehen war; er dachte wirklich „gute Gedanken zum Heiligen hin": „für dich würde ich's umsonst tun, denn ich liebe dich!" Wer diese Absichtslosigkeit nicht hat, dem helfen kein Eifer, keine guten Wünsche, kein noch so großes Maß an Arbeit und Einsatz für Gott. Erst wer umsonst gibt, empfängt auch alles umsonst!

Unverfügbarkeit und Absichtslosigkeit des Gebetes besagen gleichermaßen, daß die Beziehung zu Gott in der Stunde des Gebetes *nicht machbar* ist. Wie jede menschliche Beziehung, ist auch die im Gebet gesuchte Beziehung zu Gott reines Geschenk. Es bedarf hier der Geduld und des Mutes, Gott „ausreden" zu lassen, wie Karl Rahner in seinen „Gebeten des Lebens" niedergeschrieben hat:

„Von meinen Gebeten will ich zu dir reden, Herr. Und

169

wenn es mir sonst scheinen will, daß du wenig achtest auf das, was meine Gebete dir sagen wollen, dann horch doch dieses eine Mal auf meine Worte. Ich wundere mich nicht, daß meine Gebete noch so weit von dir zu Boden fallen. Ich höre ja selbst oft nicht auf das, was ich bete. Mein Beten ist mir so oft eigentlich nur eine ‚Aufgabe‘, ein ‚Pensum‘, das ich erledige, danach ich froh bin, wenn ich es hinter mir habe. Und darum bin ich beim Beten bei meiner ‚Aufgabe‘, statt betend bei dir zu sein.

Wenn ich bete, dann ist mir, als fielen alle meine Worte in eine dunkle Tiefe, aus der kein Echo zurückkommt, das melden würde, daß meine Gebete den Grund deines Herzens gefunden haben. Herr, ein Leben lang beten, reden, ohne eine Antwort zu hören, ist das nicht zu viel für mich? Verstehst du, daß ich dir immer wieder davonlaufe und mit Menschen und Dingen rede und handle, die mir Antwort geben? ...

Oder hörst du doch meinem Wort aufmerksam zu, hörst vielleicht ein Leben lang zu, bis ich mich ganz dir gesagt habe, mein ganzes Leben herausgesagt habe? Schweigst du gerade, weil du stille lauschend zuhörst, bis ich wirklich fertig bin, um mir dann *dein* Wort zu sagen?"

2. Sehnsucht

Wer Gott ein Leben lang „ausreden" läßt und nicht müde wird, auf ihn schweigend zu hören, hat eine nicht erlöschende Sehnsucht nach Gott und der Gemeinschaft mit ihm. Benedikt weiß darum und macht seinen Novizen gleich zu Beginn ihres Noviziates deutlich: „Ihr seid nicht ins Kloster gekommen, um große Gotteserfahrungen zu machen, sondern um Gott täglich neu zu suchen."

Wer beten lernen will, muß alles vergessen, was er getan hat oder vorhat zu tun. Nur eines ist für ihn wichtig, eine einfache, tiefe Sehnsucht nach Gott, die die innere Mitte christlichen Betens ist. Deshalb gibt die „Wolke des Nichtwissens" dem Beter nur diesen einen Rat: „Willst Du Deine Sehnsucht in ein Wort fassen, das Du leicht behalten kannst, ziehe ein kurzes Wort einem langen vor ... Nimm dieses Wort so tief in Dich hinein, daß es nicht verklingt, was auch kommen mag ... Benutze es, um in die Wolke des Dunkels über Dir zu stoßen. Alle Zerstreuungen wehre damit ab und bringe sie unter die Wolke des Vergessens." Dieses Wort der Sehnsucht läßt der Zerstreuung und störenden Gedanken Herr werden und hilft, das eigene Leben auf Gott hin zu sammeln; man betet nicht mehr „etwas", sondern „sich" selbst. Die Kraft sehnsüchtigen Betens zeigt das Lebensbeispiel des heiligen Philipp Neri, der oft den ganzen Tag nur dieses eine Gebet verrichtete:

„Ich möchte Dir dienen und ich finde den Weg nicht.
Ich möchte das Gute tun und ich finde den Weg nicht.
Ich möchte Dich finden und ich finde den Weg nicht.
Ich kenne Dich noch nicht, mein Jesus, weil ich Dich
    nicht suche.
Ich suche Dich und ich finde Dich nicht;
komm zu mir, mein Jesus!
Zerschneide meine Fesseln, wenn Du mich haben willst,
    mein Jesus.
Jesus, sei mir Jesus."

Solche Gebetsworte sind wie Schwimmwesten, die im oft reißenden Lebensstrom über Wasser halten (gleiches gilt auch vom Herzensgebet, das im Atemrhythmus innerlich gesprochen wird: „Herr Jesus Christus, Sohn des lebendigen Gottes, erbarme dich meiner"), und sie schenken Kraft, wenn das eigene Leben zur Last geworden ist und durch vergangene Erlebnisse niedergedrückt wird. „Nicht Schmerz tötet, sondern unablässiges Erinnern", sagt ein Wort aus Ruanda; in dieser Erfahrung können Worte der Hoffnung rettende Kraft geben und in eine neue Zukunft blicken lassen.

Weil christliches Gebet aus der Sehnsucht des Herzens kommt, wird die Gebetsweise am zuträglichsten sein, die dem Verlangen nach Gott entspricht und die unsere eigenen Empfindungen zum Ausdruck bringt. Hierbei bedarf es aber keiner großen Gefühlsergüsse und auch nicht langer, ermüdender Gebetszeiten; viel mehr vermag vielleicht ein kurzes Gebet (Stoßgebet), das tagsüber wiederholt wird. Daß ein solches Wort Kraft besitzt, zeigt ein Beispiel aus dem Leben:

Wer in einer Familie lebt und eine schwere Arbeit zu erledigen hat, der kommt zuweilen völlig erschöpft nach Hause. Und wenn da einer ihn fragen würde: „Liebst du mich?", würde er die Antwort bekommen: „Ja, ganz gewiß!" Fragt der andere dann weiter: „Liebst du mich wirklich jetzt in diesem Augenblick?", müßte er ehrlicherweise gestehen: „Nein, ich fühle nichts als Rückenschmerzen und meinen erschöpften Körper." Trotzdem hat er recht, wenn er sagt: „Ich habe dich gern", denn er weiß, trotz seiner Erschöpfung ist seine Liebe in ihm lebendig.

Als Christus sagte: „Wenn ihr mich liebt, haltet meine Gebote", meinte er damit nicht: „Wenn ihr mich liebt, werdet ihr von einer Gemütserregung in die andere fallen, von einer Verzückung zur nächsten, von einer Vision in die folgende." Er sagte nur: „Wenn ihr meinen Worten Glauben schenkt, so lebt danach." Das ist nicht mehr eine Sache des Gefühls, sondern von Treue und – ungebrochener Sehnsucht.

3. Id quod volo – Wissen, was ich will

Die Sehnsucht des Herzens sucht ihren Ausdruck in den Haltungen, die der Beter vor Gott im Gebet einnimmt. In der Körperhaltung des Betenden zeigt sich sein Suchen und Fragen nach Gott, wie Ignatius in den Geistlichen Übungen betont: „In die Betrachtung eintreten, bald kniend, bald auf der Erde ausgestreckt, bald auf dem Rücken mit dem Gesicht nach oben, bald sitzend, bald stehend, indem ich stets auf der Suche nach dem bin, was ich will." Und weiter: „Wir werden auf zwei Dinge achten: Das erste ist, wenn ich kniend das finde, was ich will, werde ich nicht weitergehen, und wenn ausgestreckt, ebenso, usw. Das zweite: Bei dem Punkt, bei dem ich finde, was ich will, dort werde ich ruhig verweilen, ohne ängstliche Sorge zu haben, weiterzugehen, bis ich befriedigt bin."

Dreimal heißt es hier: „*id quod volo*", „Wissen, was ich will". Damit ist nicht eine Verstandeserkenntnis gemeint, sondern eine „innere Erkenntnis" dessen, was Gott von mir will und was er mir eingibt. Carlo M. Martini übersetzt den Begriff „id quod volo" mit dem Wort *„Die rechte Gebetsverfassung finden"*. Auf sie kommt es im geistlichen Leben entscheidend an, damit es seine innere Lebendigkeit behält:

„Die Gebetsverfassung ist nicht ein künstlich herbeigeführter Zustand, auch dann nicht, wenn er gut ist. Ich lese zum Beispiel die Schriften der heiligen Teresa von Avila oder des heiligen Johannes vom Kreuz oder eine Seite von der heiligen Theresa vom Kinde Jesu oder in einem Buch von Ladislaus Boros oder Carlo Carretto. Ich fühlte mich irgendwie angeregt, ich gehe zum Gebet, und es scheint mir, ich bete. Das ist etwas Gutes, wie gesagt, aber es ist ein induzierter Zustand, das heißt ein auf

dem Weg der Nachahmung, der Assimilation herbeigeführter Zustand. Er dauert gewöhnlich eine Stunde, einen Tag, zwei Tage, aber er ist nicht unsere eigene
Gebetsverfassung. Im Gegenteil, er kann diese überdek-
ken oder sogar verhüllen, denn es ist bequemer, die Verfassung eines anderen zu übernehmen wie ein Kleid, als
unserer eigenen Verfassung zum Durchbruch zu verhelfen. Eine künstlich herbeigeführte Verfassung, auch
wenn sie gut ist, bedeutet weiter nichts, als daß man im
Gebet ausharrt, drei, vier, fünf Stunden lang oder auch
die ganze Nacht. Das kann ein Weg sein, aber er ist nicht
die eigentliche Gebetsverfassung, sondern eben ein induzierter Zustand: Da ich sehe, daß so viele in diesem Zustand sind, versetze auch ich mich darein, und schließlich bin ich zufrieden, ich habe etwas gefunden, aber
vielleicht scheint es nur so.

Die Gebetsverfassung ist etwas viel Subtileres, Persön-
licheres, Delikateres. Sie dauert nicht notwendig lange.
Der heilige Ignatius von Loyola, der sich auf diese Dinge
verstand, sagte, ihm genüge eine Viertelstunde, um Gott
zu finden. Das heißt, er verstand es, sich zu sammeln ...
und in schwierigen Situationen, die sein inneres Gleich-
gewicht bedrohten, in Gott seine Gelassenheit und Sinn
und Bedeutung dessen, was ihm widerfuhr, zu finden.
Mit anderen Worten, es fiel ihm leicht, in die Gebetsverfassung einzutreten. Man kann dieses Eintreten somit
nicht gewaltsam erreichen, indem man drei, vier oder
mehr Stunden betet. Jedenfalls ist es keine automatisch
wirkende Methode, als könne man durch stundenlanges
Beten zu einem heroischen Beter werden und sich deshalb vom weiteren Suchen dispensieren."

Wer nicht in seiner eigenen Gebetsverfassung ist, sondern unter dem Einfluß von etwas anderem, das ihn be-
geistert hat (ein Buch, eine Predigt, Exerzitien), betet,

wird schließlich eine innere Leere erfahren. Er kommt nicht „auf den Geschmack". Ganz anders wird dies sein bei einem, der in die rechte Gebetsverfassung gefunden hat. Er will in seinem geistlichen Leben nichts erzwingen, keinem anderen nacheifern und auch nichts bemänteln, vielmehr stellt er sich vor Gott so in aller Demut hin, wie er wirklich ist: mit seinen starken und auch schwachen Seiten. Wer also die rechte Gebetsverfassung sucht, dem gilt der Rat: Bete so, wie du kannst, und versuche nicht so zu beten, wie du es nicht kannst!

4. Im Schweigen Gottes

Die grundlegende christliche Gebetsverfassung ist die der Freude und Zuversicht, denn diese werden dem Beter immer wieder geschenkt werden aus der Erfahrung der Nähe des Herrn: „Freut euch im Herrn zu jeder Zeit! Noch einmal sage ich: Freut euch! Eure Güte werde allen Menschen bekannt. Der Herr ist nahe" (Phil 4, 4–5), und der Psalmendichter preist Gott mit den Worten: „Mein Herz und mein Leib freuen sich dem lebendigen Gott entgegen" (Ps 84, 2).

Aber unser Herz freut sich nicht immer an Gottes Nähe. In Augenblicken, in denen Gottes Ferne und Abwesenheit erfahren werden, scheitern alle Versuche, die Freude neu zu beleben. Der lebendige und vertraute Gott wird nicht mehr gesehen, er scheint tot zu sein. Dann liest der Beter die Bibel, aber sie schweigt, sie sagt ihm nichts mehr; die stille Zeit wird zur lästigen Pflichtübung und bleibt ohne „Erfolg"; die Feier der Eucharistie läßt unbeteiligt, Gottes Worte schmecken fad oder bitter, nichts zeugt mehr von Gottes Güte und Liebe.

Eine solche Zeit der Dunkelheit kann lange dauern (Therese von Lisieux wurde von ihr bis in den Tod hinein begleitet), sie wird je nach dem geistlichen Zustand eines Menschen von verschiedener Intensität sein. Das Leben der Heiligen zeigt, daß je näher einer bei Gott ist, er um so mehr von Gottes überhellem Licht geblendet sein kann.

In der *neunten Regel zur „Unterscheidung der Geister"* gibt Ignatius von Loyola drei Hauptgründe an, warum ein Christ in Zeiten der Dunkelheit und Verlassenheit geführt wird. Diese drei Gründe enthalten grundsätzlich alle nur denkbaren Erklärungsmöglichkeiten, warum Menschen von Gott in Zustände der Trostlosigkeit und Verlassenheit geführt werden können:

Erster Grund

„Drei Hauptgründe sind es, warum wir uns trostlos finden: Der erste ist: Weil wir lau, träge oder nachlässig in unseren geistlichen Übungen sind; und so entfernt sich wegen unserer Fehler die geistliche Tröstung von uns."

Freudlosigkeit und Leere können sich einstellen, wenn wir gegen Gottes Willen gehandelt, *Sünde* und Schuld auf uns geladen haben. „Als ich es verschweigen wollte, wurde ich krank und elend ..., meine Zunge verdorrte wie in den Gluten des Sommers" (Ps 32, 3.4).

Ferner kann sich eine Zeit der Trostlosigkeit einstellen, wenn einer lau und *träge* im geistlichen Leben gewesen ist, sich zu wenig für die Mitmenschen einsetzt und zu sehr um sich selber kreist.

Schließlich mag die Trockenheit darin ihren Grund haben, daß einer „*nachlässig*" lebt. Wer viel ausgibt, muß auch viel einnehmen. Er bedarf der persönlichen Zeit der Stille und des Umgangs mit der Schrift. Wer ständig austeilt, ohne immer wieder aufzutanken, wird sich früher oder später verausgabt fühlen. Aber an Unterernährung kann auch der leiden, der nicht genug austeilt. Wer viel einnimmt, muß viel ausgeben, sonst kann er auch das noch verlieren, was er besessen hat. „Wer viel hat (wer viel weitergibt), der wird noch mehr bekommen, so daß er mehr als genug haben wird. Wer aber wenig hat (wenig weitergibt), dem wird auch noch das wenige weggenommen werden, das er hat" (Mt 13,12). Manche sind ausgetrocknet, nicht weil sie „ausgelaugt" sind, sondern sie sind ausgelaugt, weil sie inaktiv sind. Ihre Unterernährung ist nicht die Folge ihrer Leere, sondern die Ursache! Minderwertigkeitsgefühle und mangelnde Selbstannahme sind ein Leben in „Unterernährung".

Zweiter Grund

Zu dem zweiten Grund, warum sich Menschen in einem Zustand der Trostlosigkeit befinden, schreibt Ignatius:

„Der zweite: Um uns zu prüfen, für wieviel wir taugen und wie weit wir uns in seinem Dienst und Lobpreis ohne solchen Sold an Tröstungen und gesteigerten Gnaden länger einsetzen".

Eine solche Erfahrung der Prüfung durch Gott ist für den Beter eine Zeit der Treue und des Vertrauens. Franz von Sales gibt ein schönes Beispiel für die Haltung der Zuversicht, die ein Beter in Zeiten der Trostlosigkeit und der Dürre seinem Herrn schuldet; er schreibt:

Ein Reicher hält sich einen Musikanten, der ihm aufspielt. Zuerst hört der Herr ihm liebevoll zu. Dann geht er auf die Jagd und läßt ihn zu Haus allein musizieren. Aber die Liebe ist nicht völlig lauter, denn der Spieler hört noch immer sein eigenes Spiel und kann daran Gefallen finden. So wird er schließlich taub und spielt nur noch aus „Dienst". Nun fallen Gehorsam und Liebe zusammen.

Der Zustand der Dürre wird zur Prüfung dessen, was einer meint, sich im geistlichen Leben schon angeeignet zu haben. Wenn im geistlichen Leben zu sehr aus zweiter Hand gelebt wurde, kann es in einer solchen Zeit der Trockenheit zu einer Krise kommen, denn vorgekaute Nahrung verliert rasch die Würze, da sie Schonkost ist. In der Zeit der Prüfung wird der einzelne neu lernen, aus erster Hand, aus den wirklichen, eigenen Quellen zu leben.

Dritter Grund
Ignatius gibt uns noch einen letzten Grund an, warum Gott einen Menschen in die Zeit der Trockenheit und der „dunklen Nacht" führen kann:

„Der dritte: Um uns wahre Kenntnis und Einsicht zu geben, damit wir innerlich verspüren, daß es nicht bei uns liegt, gesteigerte Andacht, intensive Liebe, Tränen oder irgendeine andere geistliche Tröstung herbeizubringen oder zu haben, sondern daß alles Gabe und Gnade Gottes, unseres Herrn, ist; und damit wir uns nicht in fremder Sache einnisten, indem wir unseren Verstand zu irgendeinem Hochmut oder eitlem Ruhm erheben und die Andacht oder die anderen Eigenschaften der geistlichen Tröstung uns zuschreiben."

Geistliche Durststrecken stellen sich nicht selten unmittelbar nach Zeiten reicher Glaubenserfahrung ein: nach Exerzitien, guten Vorträgen und Predigten. Gründe für diese Trockenheit können *Überfütterung* oder *Überanstrengung* sein: Wenn ein Priester an einem Tag mehrere Predigten oder verschiedene Seelsorgsgespräche in reichem Umfang hält, dann ist er am Abend verausgabt. Überanstrengung und Überfütterung werden verstärkt durch leere Routine oder auch Mißachtung des Körpers. In einem Bild: Sicher kann ein guter Pianist auch aus einem alten Instrument noch etwas herausholen. Doch selbst der beste Pianist bringt nichts mehr zum Erklingen, wenn das Klavier verstimmt ist. So muß, wer mit seinem Körper Raubbau treibt, damit rechnen, auf geistlichem Gebiet einen Preis dafür zu zahlen.

Doch noch ein letztes ist mit dem dritten Grund gemeint, den Ignatius in seiner neunten Unterscheidungsregel anführt, „damit wir uns nicht *in fremder Sache* einnisten". Wer selber „gesteigerte Andacht, intensive Liebe, Tränen oder irgendeine andere geistliche Tröstung" herbeibringen oder haben möchte, fügt zuviel an Gottfremdem hinzu. Wie die vollkommenste Schallplatte jene ist, die man beim Spielen gar nicht mithört, wird nur der für Gott ganz offen und empfänglich sein, der der „Melodie Gottes" (Ignatius von Antiochien) nicht zuviel an unzugehörigen eigenen Tönen hinzufügt, wer also „reinen Herzens" ist, denn nur mit reinem Herzen wird Gott geschaut (Mt 5, 8).

Gebetszeit ist eine Zeit, in der wir „reinen Herzens" auf Jesus schauen. Wer ihn betrachtet, kommt von sich selber los und erfährt im Leben eine Wandlung, die allein von Gott gewirkt ist: „Wir alle spiegeln mit unverhülltem Angesicht die Herrlichkeit des Herrn und werden so in sein eigenes Bild verwandelt, von Herrlichkeit zu Herrlichkeit, durch den Geist des Herrn" (2 Kor 3, 18). Ganz auf den Herrn ausgerichtet, vollzieht sich in uns eine tiefe Verwandlung, die wir mit keinerlei (asketischen) Anstrengungen erreichen.

Wer sich nicht „in fremder Sache" einnistet, hat gelernt, von sich selbst abzusehen; er sagt nicht mehr „Ich", sondern „Du", wie das „Lied vom Du" zu singen weiß:

„Wo ich gehe – Du!
Wo ich stehe – Du!
Nur Du, wieder Du, immer Du!
Du, Du, Du!

Ergeht's mir gut – Du!
Wenn's weh mir tut – Du!
Nur Du, wieder Du, immer Du!
Du, Du, Du!
Himmel – Du, Erde – Du,
Oben – Du, unten – Du,
Wohin ich mich wende, an jedem Ende
Nur Du, wieder Du, immer Du!
Du, Du, Du!"

5. Vacare Deo – Geistliche Lesung

In der geistlichen Tradition der Kirche wird auf dem
Weg der Nachfolge besonders eine Übung des Gebetes
empfohlen, es ist die geistliche Lesung *("lectio divina")*.
Das lateinische Wort „lectio" (wie das französische „lec-
ture") ist kein eindeutiger Begriff. Es kann sowohl den
Akt des Lesens wie den gelesenen Text bezeichnen. In
diesem letzten Sinn muß der Terminus Lectio divina,
Geistliche Lesung, verstanden werden: gemeint ist der
von Gott inspirierte Text, die Heilige Schrift.

Das Studium der Bibel, vacare lectioni, ist bei den Vä-
tern eins mit der Begegnung mit Gott, vacare Deo: Wer
leer und offen ist für das Wort der Schrift, ist innerlich
frei und leer für Gott, denn wer die Bibel öffnet, begegnet im Wort der Schrift Gott.

Der Beter sucht die Einsamkeit nicht um ihrer selbst
willen. Abgeschiedenheit und Stille sind keine Zeiten
der Leere und des Nirwana, sondern bereiten den Beter
für die Begegnung mit Gott. Statt auf sich selbst zurück-
zufallen, sucht der Glaubende in der Einsamkeit die Offenheit für den Ruf Gottes, der im Lesen der Hl. Schrift
an ihn ergeht.

180

Trotz aller Offenheit für Gott erfährt der Beter in sich auch *Widerstände,* die sich bewußt oder bloß unbewußt auf seinem Lebensweg einstellen. Diese Widerstände gilt es, deutlich zu sehen und zu benennen.

Ein erster Widerstand tritt dann ein, wenn der Leser die Inkongruenz entdeckt zwischen dem, was er liest, und dem, was er tut, denkt und lebt. Etwas widersetzt sich in ihm, zuzugeben, daß er untreu und ohne rechte Eindeutigkeit lebt. Er verdrängt vielleicht eine Schuld, hält das Leben nach den evangelischen Räten für sich selber nicht gefordert und sucht in vielen Dingen seines Alltags nach Ausreden und Ausflüchten.

Eine andere Form des Widerstandes verbirgt sich unter dem Nicht-Begreifen eines Textes. Worte der Schrift werden entschärft, indem sie als „zeitgebunden", „unwichtig" und „überholt" beiseite gelegt werden.

Es kann auch zu einem Nicht-Zulassen kommen: Was unangenehm oder zu provokativ ist, davor schützt man sich und schirmt sich ab; man weigert sich, sich selbst einzubringen und vermeidet einen echten Dialog mit dem gelesenen Text.

Wer hingegen offen, ohne Vorurteile und Widerstände, dem Wort der Schrift begegnet, läßt sich vom Wort Gottes treffen und betreffen. Karl Barth nennt vier *Grundhaltungen* des Hörens auf Gottes Wort, die beim Vollzug der Geistlichen Lesung bestimmend sind: Verwunderung, Betroffenheit, Verpflichtung und Glaube.

Zur Verwunderung kommt es nicht nur, wenn etwas Unerwartetes, Nichtvermutetes eintritt, sondern auch angesichts des Wunders von etwas Neuem, das mitten im Leben jedes Menschen aufbricht. Wer sich so verwundert dem Text öffnet, wird ihn auch verstehen, denn er informiert sich nicht über etwas, das er schon ohne den Text weiß, sondern läßt sich durch den Text etwas Neues schenken und geben. Voll Staunen wundert sich der Leser, daß nun gerade an ihm zu geschehen beginnt, was so verwunderlich neu ist.

Die Verwunderung ist jedoch keine Bewunderung, sondern löst jede Distanz und Neutralität auf: „Du selbst bist dieser Mensch", sagt Natan zu David. „Es geht um deine eigene Sache!" (Tua res agitur!), was der Leser voll Betroffenheit feststellt.

Was in Verwunderung und Betroffenheit gehört und gelesen wurde, muß getan werden. Ist das Gelesene nicht verpflichtend, dann ist man kein wirklich Betroffener, und die Lesung bleibt unverbindlich. Die Lesung bringt erst reiche Frucht, wenn sich der Leser engagiert.

Als vierte Grundhaltung des Hörens führt Barth den Glauben an. Glauben ist kein „Annehmen bestimmter Wahrheiten", sondern ein Sichanvertrauen. Nicht die ideellen Gedankeninhalte sind es, warum der Leser sich vom Text angesprochen fühlt, sondern es fasziniert ihn die Person, die da zu Wort kommt und auf die er sich einlassen möchte.

Betroffenheit und Engagement des Lesers werden wirksam, wo die Begegnung mit Gott im Wort der Schrift *häufig vom Gebet unterbrochen* wird, wie Hieronymus und Pelagius betonen; denn durch das betende Lesen wird der Leser vom bloßen Zur-Kenntnis-Nehmen des Textes weitergeführt zum Hören und Vernehmen des Willens Gottes, der sich im Text kundgibt.

Pelagius ist der erste christliche Autor, der darauf hinwies, man müsse sich zu Beginn des Tages drei Stunden der Lesung widmen. Er begründete diese Übung mit den gleichen Überlegungen, mit denen Tertullian und Hieronymus das Stundengebet rechtfertigten, und schreibt in einem Brief an Demetrias über die Notwendigkeit der morgendlichen geistlichen Lesung: „Mußt du nicht ‚das Gesetz des Herrn Tag und Nacht meditieren' (Ps 1, 2), obwohl du dich alle Zeit deines Lebens dem Werk Gottes widmen mußt und absolut keine Stunde ohne geistlichen Fortschritt verstreichen darf? Und doch muß es eine Anzahl bestimmter und geregelter Stunden geben, in denen du dich leer machst für Gott und ihm, wie durch Gesetzeskraft, eine ungeteilte geistige Aufmerksamkeit widmest. Am besten ist es, für diese Tätigkeit die Morgenstunden, d. h. den besten Teil des Tages, zu reservieren. So übt sich die Seele bis zur dritten Stunde in dem geistlichen Kampf, den sie jeden Tag durchstehen muß."

Während des Tages soll Demetrias die Früchte der geistlichen Lesung in die Tat umsetzen. In diesem Vollzug wird deutlich, daß die Lesung lehrt, wie im Lebensalltag gehandelt werden soll, und daß sie zugleich dieses Handeln korrigiert. Pelagius möchte, daß „das Gesetz des Herrn Tag und Nacht", also auch außerhalb der Stunden der Lesung, „meditiert" wird. Durch die „Meditation" wird die morgendliche Lesung auf den ganzen Tag ausgedehnt, wie Augustinus vor allem in seiner Schrift „De opere monachorum" deutlich darlegt: Wer mit Gott den ganzen Tag über verbunden sein möchte, muß für einige Zeit am Tage sich der geistlichen Lesung widmen. Caesarius führt dies weiter, wenn er sagt: Im Augenblick, wo die gemeinsame Lesung bei der Arbeit oder im Refektorium beendet ist, darf die Meditatio des Herzens nicht aufhören; sie erst bringt die Lesung zur vollen Frucht und Reife.

In den weiteren Überlegungen zeigt Pelagius, wie die drei Gott vorbehaltenen Stunden verlaufen und wie sich Lectio und Oratio abwechseln. Gleich einem Mahl muß die Zeit der Lectio der Seele soviel Sättigung bieten, „wie sie für den ganzen Tag braucht".

Weil die Geistliche Lesung die tägliche Nahrung für den Alltag ist, haben viele geistliche Schriftsteller die Übung der Lesung bedacht. Der wichtigste unter ihnen ist der *Kartäuser Guigo.* Für ihn bedeutet Geistliche Lesung immer ein Zweifaches: Wer tiefer in den gelesenen Text eindringt, dringt zugleich in sich selber und in sein eigenes Leben ein, er er-innert sich und entdeckt die Spur dessen, was er in sich trägt, er wird – lesend – innerlich. Indem der Leser aber in der Meditation die Schrift bittet, daß sie ihn selber auslegt, und er sich auf diese Weise besser verstehen lernt, dringt er zugleich tiefer in den Text ein.

Wie vollzieht sich das Verstehen und Eindringen in den Text? Guigo unterscheidet vier Etappen und Grundhaltungen auf dem Weg der Geistlichen Lesung:

LECTIO: *„DIE LESUNG ERFORSCHT"* – sie bietet die Grundlage und liefert den Stoff (äußeres Tun): Ich lese den Text aufmerksam und ehrfurchtsvoll.

MEDITATIO: *„DIE MEDITATION FINDET"* – sie vertieft, zeigt, worum es geht, ohne es selber in den Griff zu bekommen (inneres Tun): Mit Hilfe des Verstandes suche ich nach der Erkenntnis der verborgenen Wahrheit und eigne mir den Text an.

ORATIO:	*„DAS GEBET ERBITTET"* – nämlich den Geschmack an dem Gelesenen und Verstandenen (Verlangen): Ich erbitte von Gott die wahre Erkenntnis und Freude am Text.
CONTEMPLATIO:	*„DIE KONTEMPLATION SCHMECKT"* – die Süße des Textes und seiner Wahrheit (effectus): Gott selbst bewirkt, daß ich von dem Text angesprochen und betroffen bin und Geschmack an ihm finde.

Nach der *Lectio* läßt der Leser in der *Meditatio* den gelesenen Text auf sich wirken, er liest nicht weiter, sondern läßt sich von dem Wort in die Stille seines Herzens führen. Es ist keine leere, sondern eine erfüllte Stille, ein Schweigen in der Gegenwart Gottes, auf dessen Wort der Leser nun hört. In der *Oratio* versucht der Mensch, diesem Wort Gottes zu antworten.

Die Antwort in der Oratio führt den Leser weiter in die *Contemplatio,* die vom Leser nicht aus eigener Kraft vollzogen wird, sondern Geschenk Gottes ist. In ihr wird der Leser so von Gott angerührt, daß seine eigenen Gedanken und Worte verklingen und von Gott in ein tiefes Schweigen geführt werden. Keiner kann sich in der Contemplatio Gottes bemächtigen. Auch Schweigen und Gebet sind zur Stunde der Contemplatio keine Methode, um Gott besser erfahren zu können, vielmehr hat nun Gottes Wirken den Leser so erfüllt, daß er ganz von seinem Wort angerührt wird. –

Es ist einsichtig, daß der Beter sich nur auf die ersten drei Stufen der geistlichen Lesung vorbereiten kann, die vierte wird von Gott selbst gewährt. Doch dies führt den Beter nicht in abwartende Passivität, er bleibt kein unbeteiligter Zuschauer, sondern das Ineinander von Wort Gottes und Antwort des Menschen läßt beide, Gott und Beter, in gleicher Weise agieren. Guigo betont, daß alle vier Stufen im Vollzug der Geistlichen Lesung aufeinander bezogen bleiben und als innere Einheit zu verstehen sind: „Lesung ohne Meditation ist trocken, Meditation ohne Lesung ein zielloses Schweben; Gebet ohne Meditation ist lau, während Meditation ohne Gebet zu nichts führt und Kontemplation ohne Gebet nur als ein kleines Wunder vom Himmel fällt" (Guigo).

Was Guigo hier beschreibt, vollzieht sich im Alltag, wenn Menschen einander begegnen: Ihre Begegnung geschieht in vollkommener Freiheit, denn es kann nicht erzwungen und auch nicht durch Methoden oder Tricks bewirkt werden, daß der andere sich auf die Einladung, „mitzumachen", einläßt. Es ist ein reines Geschenk, das nicht versachlicht, objektiviert und in allem auch gar nicht ganz verbalisiert werden kann, wenn zwei Menschen sich auf das innere Spiel der Liebe und Freiheit einlassen. Um eine ähnliche Weise der Freiheit geht es auch in der Geistlichen Lesung, in der der Beter nicht mehr sich selber sucht und auch die Aufmerksamkeit nicht auf sich lenkt, sondern sein Herz still werden läßt. Der Brennpunkt dieses Betens ist nicht „Ich", sondern „Du", Schauen auf den Herrn. Im Hören auf Gottes Wort findet der Beter zum Schweigen; er bewahrt alles in seinem Herzen (vgl. Lk 2, 19) und ist bereit, mit dem eigenen Leben auf den Ruf des Herrn zu antworten.

Leider ist im christlichen Lebensalltag meist eine *sakramentale Engführung* festzustellen: Häufig werden die Sakramente empfangen, doch nur selten kommt es zu einer tiefen und fruchtbaren Beschäftigung mit den Heiligen Schriften. Doch ist es verkehrt, die durch den Geist gewirkte Vergegenwärtigung Gottes einzig beim Sakrament anzusetzen, und nicht auch beim Wort des Evangeliums. Origenes, ein großer Theologe der Frühzeit, deutet auf die Stelle, wo dem Propheten Ezechiel und dem Seher der Apokalypse befohlen wird, das Wort zu essen, denn „was könnte für die Seele nährender sein als das Wort?" Deshalb rät er den Gläubigen: „Ihr, die ihr den heiligen Geheimnissen beiwohnen durftet, wißt es: Wenn man euch den Leib des Herrn reicht, so hütet ihr ihn mit aller Sorgfalt und Verehrung, damit kein Krümchen auf die Erde falle. Wenn ihr aber so große Sorgfalt anwendet, seinen Leib zu bewahren – und ihr tut es mit Recht –, wie könnt ihr dann glauben, es sei eine geringere Schuld, das Wort Gottes zu vernachlässigen als seinen Leib?" Ob also nicht gerade die Geistliche Lesung eine Weise sein kann, daß „kein Krümchen" vom Worte Gottes achtlos und übersehen auf die Erde fällt?

6. Kleine Gebetsschule

Die Überlegungen zum Gebet des Lebens lassen sich zusammenfassen in einer kleinen Gebetsschule, die folgende Hilfen für das Gebet des Alltags gibt:

Willst du beten, so ordne dein Leben!
Die alten Ordensregeln sind in ihrem tiefsten Wesen die Gebetsmethoden der Orden. Sie sind nicht eine Verkehrsregelung des äußeren Lebens einer Gemeinschaft, sondern eine innere Gebetserfahrung. Deshalb spricht Benedikt in seiner Regel verhältnismäßig wenig vom Gebet, ist doch alles, was er in seiner Regel sagt, auf das Gebet hingeordnet: das Schweigen, das Sprechen, die Einsamkeit, die Klausur, die Demut, die Art des Essens und Schlafens, die Gemeinschaft, die Armut, die Lesung,

die Betrachtung und die Gelübde. Weil Leben und Gebet eine Einheit sind, lernt nicht der beten, der sich Gebetsmethoden und fromme Bücher aneignet, sondern wer bereit ist, sein ganzes Leben auf Gott hin umzustellen, „umzukehren".

Stelle dich im Gebet in die Gegenwart Gottes!
Wesentlich im Gebet ist, in Gott zu verweilen. „Dieses Wandeln in Gottes Gegenwart bedeutet, daß Du mit der Überzeugung lebst, Er sieht alles, was in Dir ist, und Er kennt Dich besser als Du Dich selbst kennst. Das Wissen, daß Gott Dein inneres Sein schaut, darf nicht mit irgendeiner visuellen Vorstellung verbunden sein, sondern ist eine einfache Überzeugung oder ein einfaches Gespür" (Theophan der Klausner).

Bevor ich bete, betet Christus schon in mir! Dessen habe ich mir am Beginn jedes Gebetes bewußt zu werden, wie Ignatius empfiehlt: „Vor dem Eintreten in das Gebet komme der Geist ein wenig zur Ruhe; man setze sich oder gehe umher, wie es jeweils besser erscheint, wobei man erwägt, wohin ich gehe und mit welchem Ziel".

Sei im Gebet aufrichtig und lebenswahrhaftig!
Es nützt nichts, sich und Gott im Gebet etwas vorzumachen oder gar den Frommen zu spielen. Rabbi Menachem Mendel von Kozk sprach: „Wenn ein Mensch ein Gesicht macht vor einem Gesicht, das kein Gesicht ist, das ist Götzendienst". Vor dem Antlitz Gottes gilt, was der Pfarrer von Ars sagt: „Der Mensch ist soviel wert, wie er vor Gott wert ist, nicht mehr und nicht weniger!" Vor Gott gibt es keinen Hochleistungssport, sondern nur aufrichtiges und ehrliches Stehen und Dienen.

In der Gemeinde Levi Jizchaks war ein Vorbeter heiser

geworden. Er fragte ihn: „Wie kommt es, daß Ihr heiser seid?" – „Das ist", antwortete er, „weil ich vor dem Pult gebetet habe." – „Ganz recht", sagte der Rabbi, „wenn man vor dem Pult betet, wird man heiser; aber wenn man vor dem lebendigen Gott betet, wird man nicht heiser."

Heiserkeit ist ein Symptom der Entfremdung. Wer sich vor Gott auf das hohe Podest stellt, verkündet nicht Gott, sondern sich selber; er will eine gute Figur machen, überanstrengt sich und schließlich wird es ihm die Stimme verschlagen, d.h. das eigene Beten kann ihm fremd werden, weil es nicht mehr zu ihm paßt.

Jedes Gebet hat seinen Ort und seine Zeit!
Manchem wird das Beten allein schon dadurch möglich, daß er den rechten Ort zum Gebet gefunden hat. Nach Möglichkeit soll dieser Ort des Gebetes nicht häufig gewechselt werden, denn er hat seine Auswirkung auf das Gebet: Es ist etwas anderes, ob ich im Verborgenen des eigenen Zimmers bete oder in der Kirche, und wieder etwas anderes, ob ich in der ersten Bank der Kirche bete oder in der „letzten" (vgl. Lk 18,13).

Für die Zeit des Gebetes gibt es drei Kriterien, die hilfreich sein können: Suche möglichst eine feste Zeit (Gewohnheit hilft), eine ruhige Zeit und eine wertvolle Zeit, die du gerne hast, aber die du auch gerne hingeben möchtest (also keine „Abfallzeit").

Die Zeit ist nicht ohne Bedeutung für das Gebet. So ist es nicht gleichgültig für den nächsten Tag, wie man den Abend verbringt. Benedikt weiß darum, wenn er darauf hinweist, daß z.B. für die Lesung der Komplet nicht alle Bücher gleich geeignet sind. Auch Ignatius rät in seinen geistlichen Übungen, den nächsten Tag am Abend vorher zu beginnen, und die Kirche läßt die großen Feste am

Vorabend ihren Anfang nehmen, mit der Vesper. Denn der Tag wird aus der Nacht geboren, er bereitet sich in ihr vor, so daß die Nacht und der Schlaf zum neuen Tag hinzugehören.

Strukturiere dein Gebet,
bereite es gut vor und nach! Es kann eine große Hilfe sein, wenn die Übungen der Beliebigkeit des Übenden entzogen und unabhängig von seiner augenblicklichen Gestimmtheit sind.

Pablo Casals schreibt in seinen Lebenserinnerungen: „Die letzten achtzig Jahre habe ich jeden Morgen auf dieselbe Weise begonnen, nicht etwa mechanisch, aus bloßer Routine, sondern weil es wesentlich ist für meinen Alltag: Ich gehe ans Klavier und spiele zwei Präludien und zwei Fugen von Bach. Anders kann ich es mir gar nicht vorstellen. Es ist so etwas wie ein Haussegen, aber es bedeutet mir noch mehr: die immer neue Wiederentdeckung einer Welt, der anzugehören ich mich freue. Durchdrungen von dem Bewußtsein, hier dem Wunder des Lebens selbst zu begegnen, erlebe ich staunend das schier Unglaubliche: ein Mensch zu sein. Diese Musik ist niemals dieselbe für mich, niemals! Jeden Tag ist sie wieder neu, phantastisch, unerhört ..."

In einer solchen Übung, wie Pablo Casals sie beschreibt, wird ein „Raum" geschaffen, der den Übenden in der Bewegung des Lebendigen hält. Dieser Raum der inneren Stille, der Grundvoraussetzung für das Beten ist, kann eine sehr unterschiedliche Gestalt annehmen, nämlich die des Schweigens, des Rosenkranzgebetes, des Jesusgebetes oder des Stundengebetes; entscheidend ist, daß wir uns regelmäßig in dieses Übungsgeschehen hineinbegeben, ganz gleich, ob es unserer momentanen Stimmungslage entspricht oder nicht.

Philipp Neri spricht von diesem Raum der Stille am *Beginn* des Gebetes, wenn er rät, jedes Gebet mit einer Bitte um den Heiligen Geist zu beginnen, „denn wir wissen nicht, wie wir beten sollen"; der Heilige sagt von sich, er habe kein Gebet ohne diese Bitte um den Heiligen Geist begonnen.

Doch nicht nur vor dem Gebet, sondern auch *nachher* ist ein solcher Raum der Stille vonnöten. Ist das Gebet verrichtet, soll man nicht gleich aufstehen und sich einer anderen Tätigkeit wieder zuwenden, sondern Ignatius von Loyola rät: „Zum Schluß ist ein Zwiegespräch zu halten; (ich) soll überlegen, was ich den drei göttlichen Personen oder dem menschgewordenen Ewigen Wort oder Unserer Mutter und Herrin sagen soll; entsprechend dem, was jeder in sich verspürt ... dann ein Vaterunser beten." Nach diesem Zwiegespräch soll der Beter in Stille bedenken, was gut und schlecht am Vollzug des Gebetes gewesen ist, damit er beim nächsten Gebet um so eifriger und offener vor Gott hintritt. So wird der Raum der Vorbereitung und Nachbereitung im Gebet nochmals zu einer Hilfe, um besser in das Gebet hineinzufinden.

Laß den ganzen Menschen beten!
Das hebräische Wort „kavanah" ist nicht leicht zu übersetzen, es läßt sich umschreiben mit „Ausrichtung", „Aufmerksamkeit", „Konzentration", „Andacht", „Innerlichkeit". Es besagt das zwanglose Ausschütten des eigenen Herzens vor Gott. Dieses freie Gebet ist eine der tiefsten und schönsten Weisen des Austausches mit Gott, es geschieht „von Herz zu Herz" und setzt den ganzen Menschen in Bewegung, läßt alles sich ergießen: Wollen, Erinnern, Denken, Hoffen, Fühlen, Träumen. Dies alles gehört mit hinein in das Loblied vor Gott.

Zerstreuungen müssen nicht zerstreuen!
Wer einen unruhigen und ungeordneten Alltag hat, wird zur Stunde des Gebetes der gleichen Unruhe in sich begegnen. Wer also im Gebet meist zerstreut und unkonzentriert ist, muß sich fragen, ob er nicht in seinem täglichen Tun gesammelter zu leben hat: hier läßt die Ordnung des Alltags zum gesammelteren Gebet finden.

Hindern Gedanken und Leidenschaften am Beten, bleibt nichts anderes übrig, als das Gebet zu lassen und erst mit den auftauchenden Zerstreuungen umzugehen. Wilhelm von St. Thierry schildert anschaulich, wie gerade, wenn er zu beten anfängt, eine Flut von Gedanken auf ihn einströmt. Er unterdrückt diese Gedanken nicht, um andächtig beten zu können, sondern wendet sich ihnen ganz bewußt zu. Er versucht, ihnen auf den Grund zu gehen, da er überzeugt ist, nur so die Störung beseitigen zu können. Und er schreibt: „So lasse ich also meine Gabe vor dem Altar liegen, und voll Ungeduld mit mir selbst gehe ich mir selbst auf den Grund. Ich begehre auf gegen mich selbst, zünde die Lampe des Wortes Gottes an und betrete mit grimmigem und erbittertem Geist entschlossen das finstere Gebäude meines Bewußtseins, um endlich zu klären, woher diese Finsternis, dieses abscheuliche Dunkel stammt, das mich vom Licht meines Herzens trennt. Da fliegt mir auch schon ein übler Mückenschwarm in die Augen und bringt es fast fertig, mich aus der Wohnung meines eigenen Bewußtseins zu vertreiben. Aber ich bin fest entschlossen, mir Eintritt zu verschaffen, denn schließlich steht mir hier das Hausrecht zu. Da stürzt sich eine Flut von Gedanken auf mich, völlig undiszipliniert und bunt und verworren, und das Herz des Menschen kann sie unmöglich sichten und klären, dieses Herz, das sie doch selbst hervorgebracht hat.

Ich bleibe indes hartnäckig und setze mich auf einen Stuhl, wie wenn ich über sie zu Gericht sitzen wollte. Ich befehle ihnen, sich vor mir aufzustellen, damit ich das Gesicht und die Bedeutung eines jeden einzelnen sehen kann, um jedem seinen geziemenden Platz in meinem Haus zuzuweisen". Weil hinter Gedanken immer auch Gefühle stecken, wendet sich Wilhelm von St. Thierry nun ihnen zu. Erst wenn die Emotionen von Eifersucht, Zorn, Haß und Ärger abgelöst werden von der Liebe, kommen die Gedanken zur Ruhe und lassen den Blick für Gott frei werden: „Alles andere ist ausgeschlossen, und ich kann mich mit dir, o Wahrheit, einschließen und mich verbergen im Schatten deines Angesichts. Ich kann offener und vertrauter mit dir sprechen. Ich kann dir alle Abgründe meines Bewußtseins aufdecken."

Die Beschäftigung mit den auftauchenden Gedanken und Stimmungen ist kein Selbstzweck. Denn die Emotionen und die Gedankenfetzen sind von großer Bedeutung für die Beurteilung des eigenen geistlichen Lebens; sie haben die gleiche Funktion wie die Träume und geben wertvolle Hinweise und Hilfen, wie einer der besten Kenner des alten Mönchtums, I. Hausherr, sagt: Die Zerstreuungen sind „eine Art von Wachträumen über das, was uns beschäftigt". Deshalb können wir sie nicht einfach als „lästig" bzw. „unandächtig" abtun und unterdrücken, sondern müssen uns zuweilen ausdrücklich mit ihnen beschäftigen. Diese Beschäftigung mit den anscheinend oft so gottfernen Zerstreuungen läßt mit dem ganzen Leben vor Gott treten und dient somit dem besseren, sogar tieferen Gebet.

Kriterium für die Echtheit christlichen Betens ist der Friede!

Wer sich auf den Weg zu Gott begibt, will auch eine Bestätigung dafür sehen, daß er auf dem rechten Weg ist. Als ein Zeichen für die Echtheit des eigenen Bemühens darf der große Friede gelten, der sich immer mehr im Inneren des Herzens ausbreitet.

Weitere Kriterien für die Echtheit des Betens sind die Erfahrungen von Lebensfreude und Lebensintensität, vor allem aber Hingabe und Liebe zum Mitmenschen. Die frohe Botschaft Jesu setzt die Beziehung zu Gott mit der Beziehung zu den Brüdern gleich. Wer seinen Bruder liebt, liebt Gott. Wie einer seine Mitmenschen behandelt, so verhält er sich auch Gott gegenüber. Wer seinen Bruder haßt, haßt Gott. Fürchtet er sich vor den Menschen, so fürchtet er sich ebenfalls vor Gott. Mißachtet er einen Mitmenschen und fühlt sich ihm überlegen, ist dies eine Geringschätzung Gottes. Wer Mitmenschen ausnützt oder betrügt, wird vermutlich auch Gott seinen eigenen Zielen unterordnen.

Jeder liebt Gott mit einem menschlichen Herzen. Wir besitzen nicht zwei Herzen: ein reines, unbeflecktes, edles, um Gott zu lieben, und ein anderes, schwaches, das durch menschliche Erfahrung mißtrauisch und verbittert ist.

Deshalb findet jede Veränderung in menschlichen Beziehungen das ihr entsprechende Echo in der Begegnung mit Gott. Wer wissen möchte, wie er zu Gott steht, der kann zunächst seine menschlichen Beziehungen überprüfen, sie dürfen ihm als Thermometer der Beziehung zu Gott gelten, wie die Altväter der Wüste betonen: „Alles, was du aus Rache gegen einen Bruder tust, der dich beleidigt hat, wird in der Stunde des Gebetes in deinem Herzen auftauchen", wie auch umgekehrt: „Wenn sich ein Mensch in seinem Gebet nicht an seine Handlung erinnert, bemüht er sich mit seinem Beten ins Leere." Gott läßt sich hier nicht als Fluchtweg mißbrauchen (was zugleich als Bürgschaft dafür gilt, daß das von Gott geformte Bild nicht etwa eine Flucht vor der Wirklichkeit ist). Wird das Gebet aufrichtig und lebenswahrhaftig vollzogen, ist es nicht besser und schlechter als das Leben, als unser Alltag.

Kein Gebet ohne Umkehr!
Beten vor dem lebendigen Gott gleicht einer kopernikanischen Revolution. Entweder ist der Hunger nach Gott die Sonne, um die sich alles ordnet, oder Gott ist ein Gegenstand unter und neben anderen, der an dem sehr überfüllten Himmel des Lebens kreist. Das Gebet ist nicht etwas Zusätzliches im Tagesablauf oder irgendeine Technik geistlichen Lebens, sondern Ausdruck der eigenen Lebenshingabe an Gott. So befruchten und vertiefen sich Gebet und Leben gegenseitig: die Sehnsucht nach Gott drängt zum Gebet, und das Gebet vertieft die Sehnsucht nach Gott.

Ohne diese Wechselwirkung gleicht das Gebet eher einer Symptombehandlung. Diese meint im medizinischen Bereich, daß für den Patienten viel gemacht wird, er ist umgeben mit einer Fülle von Betreuungen. Der Patient erfährt sich durchgehend als Empfangender, schließlich sogar so sehr, daß er nicht mehr gesund werden, sondern gesund *gemacht* werden will. Die große Verbreitung der Psychopharmaka hat diese Erwartung vollends allgemein gemacht.

Doch die Begegnung mit Jesus ist keine magische Therapie, keine wundervolle Heilung, in der einer gesund gemacht wird. Vielmehr fragt er: „*Willst* du gesund werden?" Jesus ruft den Wandlungswillen des Menschen mit Energie und Entschiedenheit auf: „Wandelt euch! Bemüht euch! Bittet! Klopft an! Sucht! Müht euch! Seid immer bereit!"

Ausdruck der Sehnsucht nach Umkehr und Wandlung ist das „Vorbereitungsgebet", in dem der Beter Gott sagt, „was ich will und von ihm ersehne" (id quod volo). Ohne dieses Wollen bliebe das Gebet leer, es würde am Beter wie auch an Gott vorbeibeten und nichts „nützen". Das Johannesevangelium erinnert hier, gleichsam als Mahnung für die, die beten, aber nicht umkehren wollen: „Ihr wolltet eine kleine Weile fröhlich sein in seinem Licht", aber ihr wolltet euch nicht zum Licht kehren (Joh 5, 35).

II. Sakrament des Alltags

Das Gebet des Lebens ist hingeordnet auf die Feier der Eucharistie, denn nach Aussage des Zweiten Vatikanischen Konzils „ist die Liturgie der Höhepunkt, dem das Tun der Kirche zustrebt, und zugleich die Quelle, aus der all ihre Kraft strömt".

Wenn im folgenden die Eucharistie in ihrer Bedeutung für das geistliche Leben im Alltag bedacht wird, bekommen diese Überlegungen allein schon deswegen ein besonderes Gewicht, weil die Mitfeier der Eucharistie meist gerade nicht als „Höhepunkt und Quelle" des christlichen Lebensalltags erfahren wird; sie scheint meilenweit von ihm entfernt zu sein, da sie ihn nur in geringem Maß befruchtet. Der Frankfurter Pfarrer Lothar Zenetti schreibt hierzu unter der Überschrift „Inkonsequent":

Frag hundert Katholiken
was das wichtigste ist
in der Kirche.

> Sie werden antworten:
> Die Messe.

Frag hundert Katholiken
was das wichtigste ist
in der Messe.

> Sie werden antworten:
> Die Wandlung.

Sag hundert Katholiken
daß das wichtigste in der Kirche
die Wandlung ist.

> Sie werden empört sein:
> Nein, alles soll bleiben, wie es ist!

Veränderungen in der Kirche, im Leben der Gemeinde, im Gottesdienst können Widerstand, ja Empörung auslösen. Wenn in unserem Text die eucharistische Wandlung und unsere eigene Wandlung unmittelbar miteinander verbunden sind, so ist das eine Verfremdung, die berechtigt ist, denn wir sollen anders aus dem Gottesdienst herauskommen, als wir hineingegangen sind: „Wer Gott begegnet ist, muß auf einem anderen Weg heimkehren, als er gekommen ist" (Ch. de Foucauld). Wer von dem Brot ißt und von dem Wein trinkt, ist hineingenommen in die Gemeinschaft mit Christus, die den ichsüchtigen Menschen verwandelt und aufnimmt in die Kommunion der Liebe zu seinen Brüdern und Schwestern.

1. Alltägliches

Die bittere Wirklichkeit des Alltags bestätigt nur zu oft das Vorurteil von der Übermacht der Verhältnisse: Das Aufopfern der eigenen Interessen im Interesse anderer ist zwar rührend, aber folgenlos. Mit Idealen kann offenbar diesen Verhältnissen nicht beigekommen werden, sogar dann nicht, wenn einer lebt „gehorsam bis zum Tod, bis zum Tod am Kreuz".

Doch setzen Ostern und Auferstehung Jesu dieses Vorurteil von der Übermacht der Verhältnisse außer Kraft. Alles, was auf der Welt an Leid und Not erlebt wird, dauert nur noch „drei Tage", denn nicht die Verhältnisse sind stärker, sondern die Liebe. Weil diese Liebe aber ihr Leben hingegeben hat für die Freunde (vgl. Joh 15, 13), ist das neue Heil für den Glaubenden alles andere als harmlos: daß alles schon erlöst und geheilt ist, muß sich meist selber unter Leiden und Kreuz durchsetzen in der Verwandlung dessen, was noch nicht gut ist.

In der Eucharistie ist dem Glaubenden das Vermächtnis der rettenden und Heil schenkenden Liebe anvertraut. Sie fordert ihn auf, statt an die Übermacht der Verhältnisse nun an die den Tod überwindende Kraft der Hingabe Jesu zu glauben und in allen Problemen des Lebens und der Welt das Danken zu lernen, d. h. Eucharistie zu feiern, ja Eucharistie zu sein. Die Danksagung des Lebens geschieht nicht mit irgendwelchen Kostbarkeiten des Lebens, sie würden den Blick von der Armut und der Armseligkeit dieser Erde abwenden; vielmehr vollzieht sich der Dank vor Gott recht einfach, nämlich mit *Brot und Wein,* dem Alltäglichen, Unbeachteten, weil Selbstverständlichen. Ein einfaches Stück Wirklichkeit kann Träger des Lebensgeheimnisses sein, Ort der

Offenbarung der Liebe Gottes. Diese Einfachheit der Zeichen ist ein wichtiger Hinweis für christliches Welt- und Lebensverständnis: Es gibt kein Lebensereignis, nichts Alltägliches, das nicht zum Träger der Liebe Gottes werden kann. Gott kündet sich mit Sturm an, wird aber dem Propheten im Säuseln des Windes spürbar. Er erscheint nicht über den Zedern des Libanon, sondern vor einem Dornbusch legt Mose die Sandalen zum Gebet ab. Die „Materie" der Begegnung mit Gott ist so einfach wie Brot und Wein. Jede Begegnung, jedes Erlebnis, jedes Wort, jedes Gefühl, jeder Gedanke, jede Geste – all das gehört in den „göttlichen Bereich"; „in allen Dingen" kann Gott gesucht und gefunden werden.

Doch das Kleine lebt von einer großen *Verheißung,* es steht in der Spannung des „schon" und „noch nicht". Geschenkte Gegenwart Gottes und noch ausstehende Nähe des Herrn gehören hier zusammen. Eucharistie im Alltag ereignet sich in der Spannung zwischen Dankbarkeit und Geduld: Dankbarkeit, weil wir „schon empfangen haben, worum wir bitten"; Geduld, bis die Gabe zu ihrer vollen Reife, ihrer himmlischen Gestalt und ihrer eschatologischen Süße herangewachsen ist.

Weil die Eucharistie alle Zeitdimensionen christlichen Lebens und alle seine Bereiche und alltäglichen Erfahrungen umfaßt, bleibt sie wirklich *die* Feier des christlichen Glaubens. Zugleich stellt sie eine *Zusammenfassung* der christlichen Spiritualität dar. An erster Stelle dadurch, daß sie den Blick auf die Liebe Gottes, wie sie uns in Jesus nahegekommen ist, lenkt. Dann dadurch, daß in ihr alle wichtigen geistlichen Vollzüge ausgeübt werden: Die Eucharistie versteht sich als Dankopfer, sie fordert im Bußritus zur Gewissenserforschung und zum Sündenbekenntnis auf, sie ist Schriftlesung und Hören auf das Wort, sie schließt in der Fürbitte alle

Nöte der Menschen mit ein, sie verkündet den leben-
schaffenden Tod als Gesetz des Lebens, feiert in der Verwandlung den Wegcharakter allen Lebens, fordert zu
Vereinigung und Kommunion auf und sendet schließlich aus, das Evangelium durch Wort und Werk an andere weiterzugeben (E. Walter). Wer also die Eucharistie
bewußt mitfeiert, hat alle Vollzüge des geistlichen Lebens in nuce gelebt. So erweist sich die Feier in vielfacher
Hinsicht als „Sakrament des Alltags", als „Höhepunkt
und Quelle" christlichen Lebens.

2. Neue Zeit

Durch die Feier der Eucharistie erscheint nicht nur das
Leben selber in einem neuen und anderen Licht, sondern
die Zeit und ihre Erfahrung werden „verwandelt" und erhalten durch Jesus einen neuen inneren Sinn.

Dies wird zunächst und vor allem in der Feier des
Sonntags sichtbar, wie Norbert Lohfink in seinen Überlegungen zum Sabbat herausstellt: In sechs Tagen hat
Gott das Werk der *Schöpfung* vollbracht, doch am siebten Tag hat er nicht geschaffen, sondern geruht und tief
geatmet (Gen 2, 3 f; Ex 31, 17). Das Werk der *Befreiung*
seines Volkes aus Ägypten wurde von Gott dadurch vollendet, daß er Israel in sein Land geführt hat, dem er den
Ehrennamen „die Ruhe" gibt (Dtn 12, 9). So gab er seinem Volk den Rhythmus von sechs Werk-Tagen und einem siebten Tag der Ruhe und des Ausruhens, damit in
seiner immer wiederkehrenden Erfahrung auf die sechs
Tage Gestaltung der Welt und Miterleben des Wirkens
Gottes in der eigenen Geschichte ein Tag der Ruhe folgt,
in der Anteil gegeben wird an Gottes Ruhe und Gottes
Freiheit genossen werden kann (Ex 20, 11 und Dtn 5, 15).

Durch die Feier des Sabbats unterschied sich Israel von

den umliegenden Völkern. In Mesopotamien gab es viele Feste und Tabutage, aber es gab keine dem Sabbat entsprechende rhythmische Arbeitsruhe. Der Sabbat der Juden machte somit deutlich sichtbar, daß sie *anders* waren, und provozierte damit die Frage nach dem Warum.

Wer Gott in allen Dingen seines Lebens sucht, wird in der Feier des Sonntags eine andere Zeitauffassung leben, als sie heute üblich ist. Für die heutige Gesellschaft wird der Sonntag (das Wochenende) immer mehr zum Ort eigentlicher Kreativität. Für die meisten ist die Zeit der Berufsarbeit gerade nicht kreativ, sondern sie leben auf die „freie" Zeit hin, wo sie wirken und vor allem auch sinnvoll sich einsetzen können: für Familie, Haus und Garten. Endlich können sie wirklich arbeiten! Ganz anders muß hier das biblische Verständnis eines freien Tages empfunden werden, an dem Gott nach wahrlich sechs kreativen Tagen seine Kreativität einstellt, ausruht und nur noch atmet. Diese göttliche „Ruhe" empfängt, wer sich in der Eucharistie der göttlichen Gelassenheit übergibt und im Alltag sich in sie hineinnehmen läßt.

3. Größere Ehre Gottes

Nach biblischem Verständnis sind Sabbat und Sonntag nicht speziell eine Zeit der Gottesbegegnung in der Einsamkeit der Wüste. Während Israel an seinen großen Festtagen die gewohnte Umgebung verlassen und sich auf Wallfahrt begeben hat – nicht allein, sondern gemeinsam, so wurde der Sabbat jedoch gerade dort gefeiert, wo man selber wohnt, und zwar gemeinsam mit denen, die mit einem zusammenwohnen. Zudem fand er nicht als eine Zeit des Schweigens statt, sondern in Gesellschaft. Die Gemeinschaft vollzog sich nicht in Form von Familienbesuchen und gemeinsamen Spaziergängen, sondern in der Form der *„heiligen Versammlung":* „Sechs Tage lang sollst du deine Arbeit tun. Am siebten Tag ist volle Arbeitsruhe, ist heilige Versammlung, da soll keiner von euch irgendeine Arbeit tun. Es ist ein Ruhetag, Jahwe geweiht, an allen euren Orten" (Lev 23, 3).

Der Exeget Norbert Lohfink hat des öfteren dargelegt, daß schon beim alttestamentlichen Sabbat der eigentliche Sinn der „Versammlung" darin besteht, Gott zu loben und ihm für seine Wohltaten in Natur und Geschichte zu danken; so ist es auch bei der neutestamentlichen Feier geblieben, der „Eucharistia". Doch ist es der christlichen Gemeinde heute bekannt, wofür sie Gott loben und danken muß?

Im Wortgottesdienst der Gemeinden werden regelmäßig und in feierlicher Form Texte verlesen, die von Gottes Heilshandeln in der Geschichte erzählen. Erwählung und Führung des Volkes Israel, Sendung, Tod und Auferweckung Jesu von Nazareth – aber auch die letzten Ereignisse in der Gegenwart führen die Gemeinde zu Lob und Dank gegenüber Gott. Aber rechnet der Christ heute nicht viel zu wenig damit, daß Gott noch immer in der Geschichte handelt? Ist er theologisch überhaupt in der Lage, von heutigen Geschichtstaten Gottes zu sprechen und eine Bewegung, die durch die Christenheit geht, als „Werk Gottes" zu deuten?

In der Urkirche war das anders, sie lebte aus dem Bewußtsein, daß Gott mit seiner Gemeinde und mit jedem einzelnen in ihr eine Geschichte hat und sie auf ihrem Weg führt. Die Apostelgeschichte erzählt mehrfach (4,23–31; 11,1–18; 12,11–17; 14,26f; 15,1–35; 21,18–20) geradezu modellartig, wie in der Versammlung der Christen Geschehnisse der Gegenwart theolo-

gisch als Taten Gottes gedeutet und Anlaß zum Gottes-
lob werden.

Aufgabe der Christen ist es, im Einklang mit Gottes
Willen zu handeln und zu wirken, aber auch, Gott zu loben und zu ehren – durch den Lobpreis auf Gottes Heilshandeln in der Vergangenheit wie auch in der Gegenwart. Wenn in der Eucharistiefeier Gottes Heilstaten (der
Vergangenheit) aufgezählt und gefeiert werden, ist das
die „Ehre Gottes"; wenn dabei jedoch auch Gottes augen-
blickliches Heilswirken in der gegenwärtigen, konkreten
Geschichte der Versammelten zum Lobe Gottes ausge-
sprochen wird, so wäre das „die *größere* Ehre Gottes". Jeder Sonntag ist eine solche „Ehren-Rettung": Gottes
Wirken wird aus dem Alltäglichen und Selbstverständlichen herausgeholt und Anlaß zu erneutem Lob. Weil die
Gemeinde Gott in allen Dingen wirken sieht, dankt sie
in der Eucharistie nicht nur für seine früheren, sondern
auch für seine gegenwärtigen Heilstaten; umgekehrt enthält jede Eucharistie die Aufforderung, heute im Alltag
nach Gottes Heilshandeln zu suchen und zu fragen.

4. Zeichen der Freundschaft

Die Gemeinschaft, die Israel in der Feier des Sabbats erfahren hat, ist zugleich Zeichen der Freundschaft und
des Sich-Verstehens geworden. Dies wird in einer kleinen Begebenheit aus der Geschichte Israels deutlich.

Das Land Israel, das Volk der Juden, war in seiner jahr-
tausendalten Geschichte immer wieder von übermächti-
gen Gegnern umgeben, aber nicht immer hat es ihnen so
trotzen können wie heute. Im März 597 vor Christus fiel
Jerusalem unter dem Ansturm der babylonischen Trup-
pen. Der erst 18jährige König Jojachin wird gefangengenommen und muß fast vierzig Jahre als Deportierter in

babylonischer Gefangenschaft verbringen. Erst als der babylonische König Nebukadnezzar stirbt, erläßt sein Nachfolger zum Regierungsantritt eine Amnestie. Darüber berichtet das 2. Buch der Könige:

„Im 37. Jahr nach der Deportation des Jojachin von Juda, am 27. Tag des 12. Monats, begnadigte der König von Babel den König Jojachin von Juda. Er befreite ihn aus dem Kerker, redete freundlich mit ihm ..., er durfte seine Gefängniskleider ablegen und ständig an der königlichen Tafel essen, sein ganzes Leben lang" (25, 27–30).

Der neue König zieht also einen Strich unter die Vergangenheit, söhnt sich mit dem früheren Gegner aus und befreit ihn. Und wie drückt sich das aus, wie wird das nach außen sichtbar? „Er durfte beständig an der königlichen Tafel essen, sein ganzes Leben lang."

Das gemeinsame Mahl ist das Zeichen der Versöhnung, der neuen Gemeinschaft. Hier wird sichtbar, was für den ganzen alten Orient gilt und sich vielfach belegen läßt: Miteinander essen heißt, miteinander vertraut sein. Jemanden an seinen Tisch einladen heißt, ihn als Freund in den Kreis derer holen, die vom gleichen Brot essen wie der Hausherr. Das äußere Zeichen des gemeinsamen Essens ist Ausdruck der inneren Gemeinschaft und Zuneigung. Komm an meinen Tisch heißt: Komm, ich bin dir gut, ich vertraue dir: – Das gilt im ganzen Orient!

Für den gläubigen Juden war die gemeinsame Mahlzeit also nicht nur eine Sache menschlicher Geselligkeit, sondern ein Zusammenschluß unter Gottes Augen und mit Gottes Gaben, äußeres Zeichen für die innere Wirklichkeit: Beschenktwerden von Gott mit Nahrung, mit Freundschaft, mit Leben. Dieser gleiche Gedanke soll und kann auch für die christliche Mahlfeier bestimmend bleiben: Hier ist Gott selber Geber und Gabe zugleich, und wer an seinem Mahl teilhat, ist nicht nur mit Gott vertraut (von daher erklärt sich das Tischgebet!), sondern auch mit dem Mitmenschen, der an dem Mahl partizipiert. Christliche Mahlfeier ist Einübung in die Freundschaft mit Gott und mit den Menschen.

5. Altar der Familie

Im Judentum ist der Unterschied zwischen dem Haus als Wohnort der Familie und der Synagoge als Versammlungsort der Familien vor Gott nie sehr groß gewesen. Die vielen Berakot im jüdisch-religiösen Familienalltag und das Geschehen in der Synagoge stehen in einem inneren Zusammenhang, denn in der jüdischen Glaubensgemeinschaft gilt jede Familie als eine religiöse Gemeinschaft. Die religiösen Bräuche und Vorschriften, die für die Gemeinde gelten, werden in das häusliche Leben übernommen und verleihen ihm ein besonderes Gepräge, so daß das Haus ein kleines Heiligtum ist, jeder Tisch in gleicher Weise ein Altar.

Nach dem Wort aus dem Buch Exodus: „Ihr aber sollt mir als ein Reich von Priestern und als ein heiliges Volk gehören" (Ex 19, 6), hat jeder Israelit im Volk teil an der Aufgabe des Priesters, in der Familie aber besonders der Vater. Er hat die Kinder in der Tora zu unterweisen und ihnen von Gott zu „erzählen" (Dtn 4, 9; Dtn 6, 6 ff; vgl. Sir 6, 8; 30, 3 f). Vor allem hat er durch sein Leben Zeugnis abzugeben von der Liebe und Einzigkeit Gottes. Seine besondere Aufgabe ist es, seine Kinder zu segnen und am Freitagabend für sie den Segenswunsch von Num 6, 4–26 zu sprechen. Dies ist priesterlicher Dienst, den er leistet, weil er in seiner Familie die Ordnung Gottes abbilden, seine Frau und Kinder von Gott her verstehen und lieben und alle Lebensbereiche seiner Familie in ihren konkreten Strukturen und Problemen dem Anruf und Willen Gottes öffnen will.

Das jüdische Haus und seine Familien sind der Entstehungsort der christlichen Ecclesia. Paulus und die junge Gemeinde mußten nicht erst Hausgemeinden gründen, sondern konnten die vorhandenen Hausgemeinden für die Botschaft Jesu öffnen (allerdings bedeutet dieses Öffnen, wie Mk 3, 31−35 zeigt, immer auch eine zusätzliche Intensivierung der häuslichen Situation, denn diese ist ja unmittelbar betroffen durch das Hereinbrechen der Gottesherrschaft). So haben Strukturen des jüdischen Familienverständnisses die christliche Gemeinde und Gemeinschaft geprägt.

Für die Frage nach der Beziehung von Leben und Sakrament heißt dies: Die Grundstruktur der Freundschaft und des Miteinander-Vertraut-Seins, das Eingebunden-Sein der Liturgie in häusliche und familiäre Prozesse, die Verantwortung einzelner für das Öffnen der Gemeinde und der Gemeinschaft für den Willen Gottes und die Aufgabe, Segen für andere zu sein − all diese Strukturelemente des Sakraments befruchten den Alltag und das Leben in der Welt, so daß das Sakrament im wörtlichen Sinn einen „Sitz im Leben" erhält. Die Feier der Eucharistie gibt dem alltäglichen Leben Sinn, Weihe und Vertiefung von Gott her.

6. Brüderliche Gemeinschaft

Christliche Gemeinschaft ist nicht um ihrer selbst willen da, sie kann sich auch nicht mit sich selbst begnügen, sondern steht unter Gottes Anruf zum Aufbruch, zum je neuen „Exodus" in die Zukunft, die Gott seinem Volk auf dem Weg eröffnet.

Dies zeigt sich zunächst in der jüdischen Feier. Sie ist

stets als Fest des Aufbruchs verstanden worden. Wer dieses Fest feierte, sollte sich identifizieren mit dem „Ur-Sprung", und die Grenzen zwischen damals und heute werden ständig aufgehoben. So heißt es im jüdischen Ritual der Passahfeier: „In jedem Geschlecht ist der Mensch verpflichtet, sich vorzustellen, er *selbst* sei aus Ägypten ausgezogen", und Ex 13,9 kommentiert: „Denn mit starker Hand hat Jahwe *dich* aus Ägypten herausgeführt."

Das Passahmahl setzt den befreienden Auszug überall gegenwärtig; wo das Mahl gehalten wird, da weiß man sich gegenwärtig von Gott aus der Knechtschaft herausgeführt. – Jesus führt durch seinen Tod und seine Auferstehung die Geschichte zwischen Gott und Israel einen entscheidenden Schritt weiter in die Erfüllung: auch die Knechtschaft des Todes ist besiegt, und zwar für alle Menschen, hier und jetzt.

Der Aufbruch geschieht in eine neue Zukunft hinein, aber auch in eine neue Existenzweise, die vom Wort und Lebensvollzug Jesu geprägt ist. Jesu Existenz ist *„Pro-Existenz"* und *„Ko-Existenz"*, Dasein für die anderen und in Gemeinschaft mit ihnen. Deshalb leben die Christen eucharistisch nicht allein in der Feier des Herrenmahles, sondern auch im Leben und Teilen mit den Schwestern und Brüdern, mag der „Nächste" auch der Fremdeste unter den Fremden sein. Von den ersten Christen heißt es in der Apostelgeschichte: „Keiner unter ihnen mußte Not leiden; denn alle, die Grundstücke oder Häuser besaßen, verkauften sie, brachten das Geld zu den Aposteln und legten es ihnen zu Füßen. Davon wurde jedem zugeteilt, soviel er brauchte" (Apg 4,34 f). Das brüderliche Teilen ist für die ersten Christen die logische und unmittelbare Konsequenz ihrer Teilnahme an der Eucharistia vor Gott. Deshalb verwirklicht der Christ, der an der Eucharistie teilnimmt, den Auftrag des Herrn, wenn er „arm mit dem armen Jesus" ist und „gemeinsame Sache" macht mit den Armen.

Aber nicht nur Exodus und Proexistenz sind die beiden Kennzeichen christlicher Gemeinschaft, die aus der Teilnahme an der Eucharistie erwachsen, vielmehr ist sie auch eine Besinnung auf die wahre Mitte christlicher *Brüderlichkeit.* Augustinus sagt: Frui Deo et se invicem in Deo: sich Gottes freuen und des Miteinanders in Gott. Gewiß, Eucharistie ist brüderliches Gemeinschaftsmahl, aber die erste Bezeichnung, die sie in apostolischer Zeit erhalten hat, ist nicht „Brudermahl", sondern „Herrenmahl" (1 Kor 11, 20) – und Paulus verweist, als es dabei gar sehr an Brüderlichkeit mangelte, nachdrücklich auf den Opfertod des Herrn.

Brüderlichkeit und Gemeinschaft sind unter Christen keine gruppendynamischen Größen, sondern Geschenk des Herrn: „Die Kirche bewirkt die Eucharistie, und die Eucharistie verwirklicht die Kirche" (H. de Lubac). Weil Gemeinschaft und Brüderlichkeit aus der Lebenshingabe des Herrn entspringen, kann das Da- und Mitsein von Jesu Schicksal und Los mitgeprägt werden, es kann oft glanzlos sein und ein hohes Maß an innerer Offenheit verlangen. Eucharistisches Leben war für Jesus die Entscheidung für den „letzten Platz", eine einzige „Karriere nach unten". Wer sein Schicksal teilt, ist ohne Bitterkeit bereit, hin und wieder „Schuhabstreifer" oder „Blitzableiter" zu sein, sich „hinauskomplimentieren" lassen zu können, wie es der Herr erfahren hat, als er allmählich nirgends mehr „ankam", am allerwenigsten in seiner Vaterstadt (Lk 4, 24).

Es gehört zur Reife eines Christen, der an der Eucharistie teil hat, daß er nicht „aus den Wolken gefallen ist", wenn er wie der „letzte Dreck" (1 Kor 4, 10) behandelt wird oder der mühseligste Dienst mit Undank vergolten wird. Solche Christen sind lebendiges Evangelium.

Ferner werden Menschen, die ihre Gemeinschaft eucharistisch verstehen, nicht als die Fordernden, sondern als die *Dankenden* und Empfangenden in das gemeinsame Leben mit anderen eintreten. Wie auch sonst im christlichen Leben, beginnt in der christlichen Gemeinde alles mit dem Danken. Nur wer für das Geringe dankt, empfängt das Große. Keiner kann wissen, wie es um die Gemeinschaft bestellt ist, sie ist ja ein Geschenk des Herrn, dessen Gedanken nicht unsere Gedanken und dessen Wege nicht unsere Wege sind. Deshalb braucht der Christ nicht ständig den Puls seines geistlichen Lebens zu fühlen oder im Leben der Gemeinschaft fortgesetzt ihre Temperatur zu messen. Je dankbarer wir täglich empfangen, was uns gegeben ist, desto gewisser und gleichmäßiger wird die Gemeinschaft von Tag zu Tag zunehmen.

Unzählige Male ist eine Gemeinschaft zerbrochen, weil sie aus einem Wunschbild oder Ideal heraus lebte. Solche Wunschbilder verhindern Gemeinschaft, denn sie stellen die einzelnen als Fordernde in den Kreis der Gemeinschaft: der einzelne gleichsam als lebendiger Vorwurf im Kreis der Mitmenschen.

Ganz anders das eucharistische Verständnis einer christlichen Gemeinschaft, die nach einem Wort von Papst Leo dem Großen aus der Dankbarkeit lebt und genährt wird: „Wir gehen in das über, was wir empfangen." Gleiches will Augustinus, der Bischof in dem drittklassigen Provinzstädtchen Hippo, seinen Fischern verkünden: „Euer Geheimnis ist auf den Altar gelegt: Seid, was ihr seht, und empfangt, was ihr seid: Empfangt den Leib Christi und seid der Leib Christi!"

Es bleibt nicht beim reinen Empfangen; die Gabe wird

zur Aufgabe, wie Augustinus im „Gottesstaat" betont: „Gott will nicht Opfer geschlachteter Tiere, er will das Opfer geöffneter Herzen. Das wahre Opfer ist darum alles, was wir tun, um in heiliger Gemeinschaft Gott anzuhangen." Damit erinnert Augustinus an das Pauluswort: „Ist das Brot, das wir brechen, nicht Gemeinschaft (Teilhabe) am Leib Christi? *Ein* Brot ist es. Darum sind wir viele *ein* Leib; denn wir alle haben teil an dem einen Brot" (1 Kor 10, 16). Leib meint im ersten Satz zunächst den eucharistischen Leib, im zweiten Satzteil hingegen uns selbst, die Gemeinschaft der Feiernden, die Kirche. Der eucharistische Leib nährt und baut den kirchlichen Leib auf. Durch das Essen des einen Brotes empfangen wir, was wir sind, und werden, was wir empfangen. Christus ist also nur zusammen mit der Kirche im Vollsinn Christus, und nur gemeinsam mit der Kirche findet der Glaubende zum „ganzen Christus" (totus Christus), wie Augustinus betont.

So schafft die Eucharistie, „bis Er kommt" (1 Kor 11, 26) und solange wir uns „gegenseitig Enge bereiten" (Augustinus), eine Gemeinschaft, die ganz Geschenk des Herrn ist, das wir in jeder Eucharistiefeier täglich neu erbitten und empfangen.

7. In Fülle

Freundschaft, Familie und Brüderlichkeit sind Grundbezüge christlichen Daseins, die im Leben wie in der Feier der Eucharistie je neu eingeübt und vom Glauben durchdrungen werden müssen. Doch nicht nur sie, sondern die ganze Wirklichkeit, wie sie im Alltag erfahren wird, kann neu gesehen und durch die Eucharistie vertieft werden.

Täglich und alltäglich

Bei der Priesterweihe fragt der Bischof: „Seid ihr bereit, euch mit Christus unserem Hohenpriester täglich enger zu verbinden und mit ihm Opfergabe zur Ehre Gottes und zum Heil der Menschen zu werden?" Mit dieser Bereitschaft wird jeder Tag zu einem neuen Anfang, jeder Tag ist erster Tag und jeder Tag ein Leben: „Heute, das ist der erste Tag vom Rest meines Lebens."

Freilich ist es gerade christlicher Umgang mit der Zeit, daß Zeit da ist und zur Verfügung steht: „Der Teufel weiß, daß er wenig Zeit hat" (Apk 12, 12), was in einer etwas freien Auslegung heißen kann, daß wir teuflisch leben, wenn wir feststellen, daß wir keine Zeit haben. Wenn die Hektik uns so übermannt, daß die Schöpfung zum Betrieb entartet, dann beherrscht die Diabolik unseren Tag und nicht die sakramentale Symbolik – jene Symbolik, die auf den Sabbat der Schöpfung rück- und vorverweist und die den ganzen Tag zu einer Opferhandlung macht.

Sauerteig

Die Feier der Eucharistie ist Einübung in den Ernst der „Stunde", in der sich die gläubige Existenz des Christen zu bewähren hat. Zeugnis einer solchen Bewährung ist das Lebensschicksal des gefangenen A. Delp, der schreibt:

„Wider das Zeugnis der Steine, an die unser Fuß gestoßen, wider das Zeugnis der Ketten, die uns binden, im Wort bleiben, unerschüttert und unermüdet stehenbleiben: das ist die große Antwort, die ein Mensch Gott geben kann. Und nach der Gott jeden Menschen fragen wird. Es wird keinem geschenkt, der wach und erwachsen vor Gott dem Herrn gelten soll. Hundertfältig stellt

Gott heute diese Frage. Daß wir fähig seien, die Antwort zu geben. Die Tugend der Unermüdlichkeit ist anstrengend. Aber sie erst macht den Menschen gottesfähig und öffnet ihm auch die Augen für die eigentliche Wirklichkeit Gottes.

Wenn der Glaube schwankt, die Hoffnung zerbricht, die Liebe erkaltet, die Anbetung erstarrt, der Zweifel nagt, der Kleinmut sich über alles Leben breitet, der Haß und die Anmaßung den inneren Atem würgen: dann ist das Leben auf den Tod verwundet. Dann ist es Zeit, umzukehren und den Geist von innen her neu bauen und schaffen zu lassen. Wehe dem Menschen, der dann allein bleibt und nichts weiß von der inneren Nähe des Geistes. Der Mensch allein verzagt und versagt."

Die „Tugend der Unermüdlichkeit" ist eine eucharistische Grundhaltung. Denn das christliche Zeugnis von Gott ist hineingenommen und gleichsam aufgehoben in eine gottlose und gottferne Zeit, es ist auf sie verwiesen und kann nicht von ihr abstrahieren. Diesen inneren Bezug von Glaube und Welt veranschaulicht Jesus am Bild des Sauerteigs. Ein Sauerteig für sich allein genommen, ist sinnlos, ist sauer, ein ungenießbares Konzentrat. Vom Sauerteig kann man nicht leben! Und umgekehrt ist das ungesäuerte Brot nur mit Widerwillen genießbar: es ist fad, geschmacklos, ohne Würze, es ist schwer, klumpt zusammen. Wirkliches Brot, von dem man leben kann und das Lebensfreude spendet, wird erst erhalten, wenn der ganze Teig vom Sauerteig durchwirkt wird.

Dieses Bild vom Sauerteig sagt über die Feier der Eucharistie und ihren „Sitz im Leben": Das Sakrament gehört zum Leben und das Leben zum Sakrament. Und für eine eucharistische Gemeinschaft und christliche Sendung in die Welt bedeutet es: Durch das Sakrament wird das Leben sakral, also wirkliches, lebenswertes Leben, und durch das Leben wird das Sakrament lebendiges Sakrament.

Senfkorn

Christliches Leben steht unter dem Gesetz des Senfkorns. So viel Mut bedarf der Stärkung, so viel Verzweiflung der Tröstung, so viel Härte der milden Hand und der aufhellenden Deutung, so viel Einsamkeit schreit nach dem befreienden Wort, so viel Verlust und Schmerz sucht einen inneren Sinn! Gläubig auf die Fruchtbarkeit der schweigenden Erde harren und die Fülle der kommenden Erde erwarten, das heißt die Welt verstehen. Gläubig ausharren – nicht, weil man der Erde traut oder dem eigenen Stern oder Temperament oder dem guten Mut, sondern „nur noch weil wir die Botschaften Gottes vernommen haben" (A. Delp). Die Eucharistie leitet in der Einfachheit der Zeichen von Brot und Wein gerade zu solchem Hören der Botschaften Gottes an, denn „das Weizenkorn muß sterben, sonst bleibt es allein ..."

Gewöhnlichkeit

Ist das Sakrament der Eucharistie vollends in den Alltag und in das gelebte Leben hineingenommen – täglich und alltäglich, dann entsteht schnell eine Gewöhnung, so daß das Sakrament seine unterscheidende Kraft verlieren kann.

Im Tagebuch Hebbels findet sich hierzu ein inhaltsreicher Satz: „Jede Geliebte wird einmal Hausfrau, jeder Purpur Rock, jede Krone Hut." Theologisch wäre anzufügen: Jedes Evangelium wird einmal Literatur, jedes Prophetenwort ein Kalenderspruch, Jesu Kreuz ein liturgisches Gerät (H. D. Bastian). Die Aufgabe des einzelnen besteht darin, den Prozeß der Gewohnheitsbildung reversibel zu machen, also von der Hausfrau zur Geliebten und von der Literatur zum Evangelium zurückzufinden. Von selbst geschieht hier gar nichts, die Ehe verschlampt im Alltagstrott und der Bibeltext in der Feiertagsrezitation und die Eucharistie in einem langweiligen und einschläfernden Ritus.

Wo Christen jeden Sonntag die Eucharistie feiern und in ihrer Arbeitswelt aus ihr leben und wirken wollen, müssen sie den Prozeß der Gewohnheitsbildung immer neu reversibel machen und zur Ursprünglichkeit der Verheißung zurückfinden.

Signum prognosticum

Die mit dem Sakrament der Eucharistie gegebene Verheißung ist verborgen in der Gewöhnlichkeit der allsonntäglichen Feier: jede Eucharistie ist und bleibt Fragment. Aber auch im Fragment kann das Ganze gesammelt und verborgen sein, wie in jeder Glasscheibe sich die ganze Sonne widerspiegelt.

Wegen ihres fragmentarischen Charakters bleibt Eucharistie-Feiern ein lebenslanger Prozeß, in dem sich alle drei Zeitdimensionen vereinen: Jede Eucharistie hält die feiernde Gemeinde in der Erinnerung an Gottes erstes Kommen in Israel (signum rememorativum), sie will wachrütteln für sein Kommen hier und jetzt (signum demonstrativum) und sie möchte schließlich den Blick der Gemeinde offen halten für die noch ausstehende Vollendung (signum prognosticum).

Erst in der eschatologischen Perspektive erhalten die Grundstrukturen einer eucharistischen Gemeinde ihren eigentlichen theologischen Ort. Als Mahl- und Exodus-

Gemeinschaft kann christliche Gemeinde sich nur dann als Jüngergemeinde „für die vielen" verstehen, wenn sie Ausschau hält, bis Er wiederkommt in Herrlichkeit. So öffnet gerade die Feier der Eucharistie die tägliche Arbeit immer wieder für Sein Kommen und zeigt, daß „unsere Heimat der Himmel ist" (Phil 3, 20). Die Eucharistie ist Schule und Weg zum neuen Sehen – der Welt und des Alltags!

8. Die Frage nach der Praxis

Wird die Eucharistie als „Höhepunkt und Quelle" christlichen Lebens bezeichnet und ihre Bedeutung für den Alltag betont, so ergibt sich die Frage, wie es verhindert werden kann, daß die Mitfeier der Eucharistie im Strom des Alltags und der täglichen Arbeiten untergeht. Wie können im Alltag Zeiten gesammelter Aufmerksamkeit vor Gott reserviert werden, damit unsere Energiequellen nicht versiegen und das neue Sehen und Leben nicht verlorengehen?

Madeleine Delbrêl, die mehr als drei Jahrzehnte als Christin in atheistischer Umgebung gelebt und mit Kommunisten gearbeitet hat, sagt einmal: „Gott schenkt uns jederzeit unsere Möglichkeit zu beten, aber diese entspricht nicht immer unseren Vorstellungen vom Gebet. Wir haben sicher die Zeit, so zu beten, wie Gott will, daß wir beten, vielleicht fehlt sie uns bloß, um nach unserer Vorstellung zu beten." Dann vergleicht M. Delbrêl die Möglichkeiten, wie man in einem beschäftigten, städtischen Leben beten kann, mit Ölbohrungen. Sie sagt: Um ausreichend Brennmaterial zu haben, hat man früher Tausende von Quadratkilometern Wald abgeholzt und in weitläufigen Systemen unterirdischer Stollen Kohle abgebaut. Aber um eine Ölschicht zu erreichen, braucht man wenig Grundfläche. Man bohrt schmale senkrechte Schächte in die Tiefe, bis die Energiequelle erschlossen ist.

So ist es heute in manchem städtischen Leben: das Gebet ist nur durch Bohrungen möglich, wobei Intensität die Dauer ersetzt. Solche Bohrungen können nicht improvisiert werden, sondern müssen ihren festen Ort im Alltag haben. Wer ihnen durch die Feier der Eucharistie und die Zeiten des Gebetes einen solchen festen Ort in seinem Leben gibt, lebt in und aus der Gemeinschaft und Freundschaft mit Gott.

Wie konkret die Feier der Eucharistie das alltägliche Leben des Christen prägt und bestimmt, zeigt Hermann Kardinal Volk. Der frühere Dogmatikprofessor in Münster umschrieb bei Vorlesungen das Geheimnis der eucharistischen Feier oft mit den Worten: „Uns kostet es eine Stunde Zeit, Jesus aber hat es das Leben gekostet!" Die Eucharistiefeier ist nicht ein „Verschnaufen" oder Sichzurückziehen in die stille Vertrautheit mit dem Herrn, sondern ruft hinaus in den Dienst der Welt, bei dem es „keine größere Liebe gibt als die, die das Leben hingibt für die Freunde" (Joh 15, 13). Wer am Lebensopfer Jesu teilhat, wird nicht großartig als Held gefeiert; und er selber wird wie Maximilian Kolbe, der im KZ für einen jungen Familienvater in den Todeshungerbunker ging, nicht viel sagen. Eintreten in das Opfer Jesu ist selten eine heroische Tat. In der Regel ist es zermürbend und mühsam, wenn die eigene Kraft des Lebens stückchenweise verbraucht wird, z. B. als Mutter für die Kinder, als Vater für die Familie. Diese Hingabe ist eine schweigende, um die wir im Dritten Hochgebet beten: „Stärke uns durch den Leib und das Blut deines Sohnes und erfülle uns mit seinem Heiligen Geist, damit wir ein Leib und ein Geist werden in Christus. Er mache uns auf immer zu einer Gabe, die dir wohlgefällt." Das ist kein erhebendes Wort, und nach einem aufreibenden Leben als Seelsorger im Pförtnerbüro zusammenzubrechen (Kardinal Döpfner), das hat mit Liturgie scheinbar gar nichts zu tun, und doch ist es in wahrhaftigem Sinn das, was als Kern des eucharistischen Geschehens gelten darf.

Schließlich ist die Feier der Eucharistie am *Sonntag* eine wichtige „Er-innerung", ähnlich wie bei den Juden das Festhalten am Sabbat ein wesentliches Distinktivum war und für das Leben mit Gott unersetzbar. Zur „Wiederentdeckung des Sonntags" nun einige praktische Hilfen, wie sie Heinrich Spaemann niedergeschrieben hat:

1) Den Sonntag am *Vorabend* beginnen. Denn da beginnt seine Heiligung durch Gott. Sehnsucht nach Gott und Liebe zu den Menschen in ihn hineintragen.

2) *Ruhe* am Sonntag so aus, als sei die ganze Arbeit getan. Laß auch jeden Gedanken an Arbeit ruhen.

3) Die Stunde im Gotteshaus ist die Einübung in den *ganzen Tag:* 24 Stunden Sonntag feiern!

4) Sich die Welt und den Nächsten *Geschenk* sein lassen, es wieder neu erfahren, daß in der Schöpfungsordnung Gabe vor Aufgabe kommt, und daß jede Aufgabe letztlich in Weitergabe besteht, nicht in Mehren und Festhalten von Eigenbesitz. – Daß einer für den anderen seine Zeit offenhält, um sie mit ihm zu teilen, einer dem anderen liebend Zeit schenkt, wie sie ihm geschenkt ist, ist sabbatliches und im Grunde einzig zeitgerechtes Verhalten.

5) Dem Lobpreis, dem Singen, der Freude und der Bejahung Raum geben und sich Zeit für die *Stille* nehmen. Nimm eine Zeit, in der Gott allein genügt. Das kann die Bedeutung der Stellvertretung für viele andere haben,

die keine Zeit für Gott haben, der ihnen die Zeit schenkt.

6) Sabbatgeist ist *Ja-Geist*. Dem Glanz dieses Tages, damit er erfahren wird, entsprechen gewisse Enthaltungen. Nächst dem Verzicht auf unnötige Arbeit ist die wichtigste sabbatliche Übung der radikale Verzicht auf Kritik. – Im Alltag geht jeder vor allem seinen Geschäften nach, Verbundenheiten sind weitgehend zweckorientiert. Einer braucht den anderen mit bestimmten Fähigkeiten und Funktionen als Hausfrau, Schreiner, Elektriker, Arzt. Am Sonntag sich deshalb dem anderen selbstlos und zweckungebunden zuwenden.

7) Häufung von Frömmigkeitsübungen als Regel oder unter Zwang ist sabbatwidrig. Die *Freiheit* der Kinder Gottes leben – auch in der Zuwendung zu Gott.

8) Was *löscht* den Sabbatgeist aus? Ein geistloses oder ein beliebiges Sich-füttern-Lassen mit den Angeboten der Unterhaltungsindustrie. Sabbat ist nicht dazu da, sich die Zeit zu vertreiben, sondern sie mit wahrem Leben zu erfüllen, sich darin einzuüben, sich immerfort als Beschenkter zu verschenken.

9) Die *Wiederkunft des Herrn* erwarten. Unsere Lebenszeit ist nicht da für ein Ding, eine Maschine oder ein anderes Objekt, sondern bringt zum Ausdruck, wie Gott Zeit gemeint hat und warum er uns Leben schenkt: „Deinen Tod, o Herr, verkünden wir, und deine Auferstehung preisen wir, bis du kommst in Herrlichkeit."

III. Sakrament des Augenblicks

Die Weisung der Heiligen Schrift: „Betet ohne Unterlaß!" deutet Martin Luther so: „Unser Haus, Hof, Acker und alles ist voller Bibel, daß Gott durch seine Wunderwerke nicht allein predigt, sondern auch an unsere Augen klopft, unsere Sinne anrührt und uns gleichsam ins Herz leuchtet, so wir es haben wollen, wir sollen aufmerken und wahrnehmen."

Um die Gegenwart Gottes in allen Dingen hat die geistliche Tradition der Kirche immer gewußt. So verlangt z. B. Benedikt vom Cellerar: „Alle Geräte des Klosters und den ganzen Besitz betrachte er wie heilige Altargefäße. Nichts glaube er vernachlässigen zu dürfen." Dieser Hinweis dürfte eine Anspielung auf einen Text des Propheten Sacharja sein: „An jenem Tag wird auf den Pferdeschellen stehen: Dem Herrn heilig. Die Kochtöpfe im Hause des Herrn werden gebraucht wie die Opferschalen vor dem Altar. Jeder Kochtopf in Jerusalem und Juda wird dem Herrn der Heere geweiht sein" (14, 20 f). In der eschatologischen messianischen Endzeit ist also alles heilig, alles steht im Dienst des Herrn. Für Benedikt jedoch ist Gott so intensiv überall gegenwärtig, daß diese Gegenwart schon jetzt alles ergreift.

Wie sehr diese Gegenwart Gottes den Alltag des Glaubenden bestimmt – bis in die ganz gewöhnlichen Vollzüge, will eine chassidische Erzählung verdeutlichen: „Daß ich zum Maggid fuhr, war nicht, um Lehre von ihm zu hören, nur um zu sehen, wie er die Filzschuhe aufschnürt und wie er sie schnürt." Schon im Schnüren der Schuhe war der Maggid mit Gott verbunden, und die Art seiner Bewegung spiegelte das Ruhen in Gottes Gegenwart wider. So soll im folgenden die Rede sein von der Gegenwart Gottes in allen Dingen und von den

„Wandlungen Gottes" (E. Barlach), durch die „der Augenblick nur jeweils ein gewandeltes Fragment der Ewigkeit ist" (R. Bultmann).

1. Der Freund vom lieben Gott

Wer in die Nachfolge Jesu eintritt und ein Leben in der Kraft des Heiligen Geistes führt, weiß um das Ziel und „das eine Notwendige": es ist die Freundschaft des Herrn. Von ihr spricht eine kleine Begebenheit, die vom Gebet eines Vierjährigen erzählt wird. Er betete:

„Lieber Gott, mach doch bitte, daß morgen der Schornsteinfeger kommt!"

Am nächsten Tag stand der Schornsteinfeger „zufällig" und außerplanmäßig in der Tür.

Der kleine Junge fand das aber ganz selbstverständlich:

„Ich bin eben der Freund vom lieben Gott!"

Und in die erstaunten Gesichter der Erwachsenen, die Zeugen seines Abendgebetes gewesen waren, ergänzte er:

„... und ihr seid bloß Leute!"

Paulus erzählt im vierten Kapitel des Philipperbriefes, wie er die Freundschaft mit Christus für sich erfährt und wie er „der Freund vom lieben Gott" ist: „Ich habe mich im Herrn besonders gefreut, daß ihr Eure Sorge für mich wieder einmal entfalten konntet. Ich sage das nicht, weil ich etwa Mangel leide, denn ich habe gelernt, mich in jeder Lage zurechtzufinden. Ich weiß Entbehrungen zu ertragen, ich kann im Überfluß leben. In jedes und alles bin ich eingeweiht – im Sattsein und Hungern, im Überfluß und in Entbehrung. Alles vermag ich durch den, der mir Kraft gibt" (Phil 4, 12–13).

„In allem komme ich zurecht", denn in allen Extremen des Lebens, in Hunger und Entbehrung, in Freiheit und Fesseln weiß er um das letzte Ziel seines Lebens, das ihm nicht mehr genommen werden kann, auch nicht durch Fesseln, denn sie ketten ihn nur noch tiefer an den, an den er schon gebunden ist. Er hat einen solchen Grad innerer Freiheit erreicht, daß er – um es mit einem aus dem Französischen stammenden Wort zu sagen – „in den Fesseln tanzen" kann. Jesus ist für Paulus der neue Bezugspunkt geworden, in dem alle Fäden seines Lebens zusammenlaufen. Jede Situation ist für Paulus ein Begegnungsort mit dem auferstandenen Jesus, der ihm in jedem Augenblick seiner Arbeit, seines Apostolates und seiner Verfolgungen entgegenkommt und dessen Antlitz sich in Armut und Reichtum enthüllt. Was Paulus erfährt, haben viele Menschen nach ihm in der Nachfolge des Herrn gefunden: die Freundschaft des Herrn, der „in allen Dingen" des Lebens gegenwärtig ist. Was sie alle in ihrem Leben erkannt haben, faßt der heilige Vinzenz Pallotti in die Worte: „Suche nach Gott, und du wirst ihn finden. Suche ihn immer, und du wirst ihn *überall* finden!"

Wer in allen Situationen des Lebens aus dem Wissen um die Gegenwart Gottes leben möchte, braucht nicht ständig an den Herrn zu denken und den Blick auf ihn zu lenken. Vielmehr muß er vieles tun, ohne daß er an Gott denkt; doch das heißt nicht, daß es ohne Gott getan wird. Das Leben in Gottes Gegenwart bleibt bestehen, auch wenn das Gebet und der ausdrückliche Kontakt mit ihm verlassen werden, wie der Spruch einer bayerischen Wallfahrtskirche sagt: „Sag nicht ‚Willkommen', wenn ich komme, noch ‚Lebe wohl', wenn ich gehe, denn ich komme nicht erst, wenn ich komme, und gehe nimmer, wenn ich gehe."

2. Das Ganze im Fragment

„Wenn ihr alles getan habt, dann sagt: Unnütze Knechte sind wir" (Lk 17,10). Dieses Wort Jesu wird im Alltag meist anders erfahren: den ganzen Tag über nur Hektik und am Abend nichts erreicht! Doch das Unnützlichsein, das Jesus meint, ist fern von jeglicher Art an Depressionen, Selbstvorwürfen, es ist auch nicht Anlaß zu immer größerer Leistung, sondern läßt das Eigentliche aufleuchten: Keiner ist gerettet und erlöst durch das, was er tut. Das Tun ist vor Gott keine Legitimation und keine Existenzberechtigung: „Nicht wer sich selbst empfiehlt, ist bewährt, sondern der, den Gott empfiehlt" (2 Kor 10,18). Die Empfehlung Gottes, von der Paulus spricht, führt den Glaubenden zum Anerkennen der eigenen Grenzen und Möglichkeiten und läßt im Leben mit Gott den „kleinen Weg der Vollkommenheit" gehen, von dem Franz von Sales schreibt:

„Wenn dein Herz erschrickt bei dem Gedanken, daß du auf die hohe See hinausfahren sollst, dann bleibe auf dem Lande, wo du festen Boden unter den Füßen hast. Laß deinen Platz mit Maria zu Füßen des Herrn sein, und wenn du dich klein fühlst, dann strebe nicht nach großen und leuchtenden Tugenden. Denn es gibt Tugenden, zu denen du hinaufsteigen, und solche, zu denen du hinabsteigen mußt. So steige denn hinab und lerne die Geduld der Demut, die Sanftheit, die Nächstenliebe und das heilige Verstehen unserer Schwachheit."

Es ist nicht immer leicht, sich mit dem kleinen Weg zur Vollkommenheit abzufinden; der eigene Stolz sucht den großen Weg der Visionen, Ekstasen und außerordentlichen Taten der Nachfolge. Doch bei Gott erhält das Fragment des Lebens einen unendlichen Wert, eine

Lebenserfahrung, die Dietrich Bonhoeffer im Gefängnis auf besonders deutliche Weise lernen mußte:

„Das Unvollendete, Fragmentarische unseres Lebens empfinden wir besonders stark. Aber gerade das Fragment kann ja wieder auf eine menschlich nicht mehr zu leistende höhere Vollendung hinweisen ... Wenn auch die Gewalt der äußeren Ereignisse unser Leben in Bruchstücke schlägt ..., so soll doch möglichst sichtbar bleiben, wie das Ganze geplant und gedacht war, und mindestens wird immer noch zu erkennen sein, aus welchem Material hier gebaut wurde oder werden sollte."

Nicht aus sich selbst heraus ist der Glaubende in der Lage, das Fragmentarische im eigenen Leben annehmen zu können, vielmehr empfängt er das Ganze im Fragment – als Geschenk und aus reiner Gnade. Denn der Erlöste hat sich seine Freiheit nicht erkämpft, sondern sie ist ihm geschenkt worden; unverdient und „umsonst" ist der Christ befreit *von* allen Zwängen seines Lebens und frei geworden *für* ein neues Handeln in dieser Welt.

3. Contemplativus in actione

Die angebotene Freundschaft des Herrn und die Annahme des Fragmentarischen im eigenen Leben sind für den Menschen kein Freibrief, die Dinge laufen zu lassen, sondern er muß wählen: „Ich habe euch heute vorgelegt das Leben und den Tod ..., damit du wählest und lebest" (Dtn 30, 19).

Zu „wählen" hat der einzelne in den großen Entscheidungen seines Lebens, aber auch in den kleinen alltäglichen Entschiedenheiten, die nötig werden in der Begegnung mit den Mitmenschen, in den Gesprächen, im lebendigen Zeugnis der Arbeit und im alltäglichen Tun des Werktags. Gegen den heiligen Bernhard von Clairvaux hat der heilige Norbert gezeigt, daß die Mühen des Alltags und des Apostolates genausogut der Vereinigung mit Gott dienen können wie die passiven Reinigungen und Prüfungen der Kontemplation, und für Thomas von Aquin sind die Gaben des Geistes sowohl auf das kontemplative wie auch auf das aktive Leben gerichtet. Der Weg des Gebetes und der Kontemplation ist nicht an sich schon der „vollkommenere" und „bessere" (vielleicht auch nicht der sicherere) Weg zu Gott. Dies weiß die geistliche Tradition der Kirche auf vielfältige Weise zu bezeugen, einige Beispiele seien kurz angeführt.

In einem *frühfranziskanischen* Mysterienspiel geschieht folgendes: „Nachdem sie (die Herrin Armut) sehr ruhig und doch mäßig geschlafen hatte, stand sie eilends auf und bat, man möge ihr das Kloster zeigen. Die Brüder führten sie auf einen Hügel, zeigten ihr die ganze Welt, soweit man sehen konnte, und sprachen: Herrin, das ist unser Kloster: die Welt!" Nach diesem Text besteht nicht nur kein Gegensatz zwischen universaler Sendung und klösterlichem Dasein, sondern eine Identität. Das Kloster ist die Welt, die Welt das Kloster. Nach der franziskanischen Lebensform ist „Kloster" die Form der Kontemplation, die überall möglich und auch gefordert ist. Die Welt ist das Kloster des Franziskaners, der Ort seines Betens, Meditierens, seines religiösen Lebens.

1225, also ein Jahr vor dem Tod des hl. Franz, fragt man Bruder Jordan von Giano, ob man den Brüdern in Erfurt ein Kloster bauen soll. Er kann darauf weder ja noch nein sagen, denn er weiß nicht, was ein Kloster ist. Für Franziskus selber ist die „Zelle" weniger ein Strukturprinzip als ein Lebensprinzip: „Wenn ihr auf Wanderschaft seid, so sei euer Wandel so ehrenswert, als ob ihr in einer Einsiedelei oder in einer Zelle geblieben wäret. Denn wo immer wir auch sind und wandeln, haben wir die Zelle bei uns. Denn Bruder Leib ist unsere Zelle und die Seele ist die Einsiedlerin, die zum Gebet und zur Meditation darin weilt. Wenn daher die Seele nicht in der Ruhe und in der Einsamkeit in ihrer Zelle bleibt, nützt eine religiöse, von Hand gemachte Zelle wenig." Was mit Zelle gemeint ist, ist also unbedingt überall und immer zu leben. Sie ist ein Lebensprinzip, das sich in verschiedenen Strukturen ausdrücken kann.

Ähnliche Gedanken finden sich auch in der *ignatianischen* Spiritualität. Am 20. September 1548 erhält Franz Borja, der schon 1546, nach dem frühen Tod seiner Gattin, im geheimen in die Gesellschaft Jesu aufgenommen worden ist, aber den offenen Eintritt bis zur Regelung aller familiären Angelegenheiten aufschieben muß, von Ignatius einen Brief, in dem es heißt: „Ich möchte es für besser halten, insoweit ich mir über Eure Durchlaucht in unserem Herrn ein Urteil bilden kann, wenn Sie die Hälfte der Gebetszeit für das Studium ... auf die Staatsgeschäfte oder für geistliche Gespräche verwenden. Denn ohne Zweifel ist mehr Tugend und Gnade darin, sich seines Herrn in verschiedenen Geschäften und an verschiedenen Orten freuen zu können, als eben nur an einem (nämlich im Gebet)".

Der Beter soll nach Ignatius die Gegenwart Gottes in allen Dingen suchen und finden. Diese Art zu „betrachten" ist leichter, „als wenn wir uns zu geistlichen Gegenständen mehr abstrakter Art erheben wollten, in die wir uns doch nur mit Mühe hineinversetzen können."

Ignatius geht noch weiter, wenn er sagt, man könne und solle die Arbeit zu dem eigentlichen Gebet machen, „weil auch das Arbeiten ein Gebet ist". Gebet und Arbeit sind gemeinsam das eine geistliche Tun, „das Gebetsleben wird gepflegt in der Arbeit", wie ein früher Gefährte des Ignatius sagt. Aber nicht nur das Gebet befruchtet die Arbeit, sondern die Arbeit läßt auch das Gebet zu immer größerer Tiefe und Fruchtbarkeit wachsen: „So muß also unser Gebetsleben sein: daß es all unser Wirken leite, mehre, ihm innere Gottesfreude und Kraft gebe im Herrn. Unser Arbeiten aber soll das Beten wachsen lassen, ihm Kraft und heilige Frömmigkeit verleihen."

Über das innere Verhältnis von Arbeit und Gebet schreibt Ignatius an anderer Stelle: „Es wäre gut, er machte sich einmal klar, daß Gott sich des Menschen nicht nur dann bedient, wenn er betet; sonst wären allerdings alle Gebete zu kurz, wenn sie weniger als 24 Stunden am Tag dauerten, ... der Mensch muß sich ja, soweit er nur kann, Gott hingeben. In Wirklichkeit aber bedient sich dieser bisweilen anderer Dinge mehr als des Gebetes; und manchmal läßt er zu, daß man ihretwegen auf das Gebet verzichtet, und öfter noch, daß man es abkürzt. Gewiß muß man also beten und nicht ablassen; aber in einem vernünftigen Sinn, so wie es die Heiligen und Gottesgelehrten verstanden haben."

Ignatius, obgleich selbst Mystiker und Mann des Gebetes, verpflichtete seine Gefährten nicht zu langen Gebetszeiten oder gar zu der damals selbstverständlichen Praxis des gemeinsamen Chorgebetes. Er wollte seine Gefährten frei wissen für die jeweils notwendige Arbeit; die zur Verfügung stehende Zeit sollte dafür verwendet werden, in vielfacher Weise tätig zu sein für die Ausbreitung des Reiches Gottes und das Heil der Menschen. Weil Gott in allem wirkt und „sich abmüht", ist das Handeln beseelt von dem Wissen um die Allgegenwart Gottes, die die einzige und auch ausreichende Triebfeder für alles apostolische Wirken ist. Das ignatianische Ideal ist nicht Kontemplation *und* Aktion, sondern die Einheit von beidem in einer auf Tätigkeit ausgerichteten Lebensweise.

Dabei ist Ignatius weit davon entfernt, das Gebet zu verdrängen oder gering zu achten. Es fiele ihm nie ein, Zeiten des ausdrücklichen Gebetes zu schmälern, denn er weiß um die Gefahr, unter der Last einer schweren Arbeit zu resignieren oder in bloße Betriebsamkeit und Hektik abzusinken. Das Gebet soll nicht verdrängt werden, sondern eine ganz besondere Gestalt annehmen, es soll dahin münden, daß alles, was getan wird, sowohl in die Gottesbeziehung hineingenommen wie auch von ihr inspiriert und geprägt wird.

Noch ein letztes Beispiel sei angeführt: *Vinzenz von Paul.* Er sagte einmal folgendes: „Die Kirche hat in ihrer Barmherzigkeit schon genügend Einsiedler, zu viel nutzlose Elemente und mehr noch von denen, die zu ihrer Spaltung beitragen: doch ihr fehlen dringlich Männer, die vom Evangelium erfüllt sind, die die Kirche reinigen ..."

Und ferner: „Das apostolische Leben ist wertvoller als die Einsamkeit der Kartause, sonst hätten es auch Johannes der Täufer und Jesus selbst nicht bevorzugt, wie sie es taten, als sie die Wüste verließen, um dem Volke zu predigen: ganz abgesehen davon, daß das apostolische Leben die Betrachtung nicht ausschließt, sondern sie vielmehr beinhaltet und sie benötigt, um besser die ewigen Wahrheiten zu kennen, die es verkündigen muß; und im übrigen ist es dem Nächsten mehr von Nutzen, den wir wie uns selbst lieben und ihm folglich in irgendeiner Weise helfen müssen, was die Einsiedler nicht machen."

Schließlich faßt er alles zusammen in die Worte: „Unser ganzes Werk besteht in der Tätigkeit. Wie bei Franz (von Sales) ist das Gebet kein Hindernis, sondern geradezu die innere Erfüllung des Tuns. Die Betrachtung ist ein inneres Moment des apostolischen Wirkens selbst, bzw. dieses Wirken drängt sich als Ort der Betrachtung auf, ohne besondere Betrachtungszeiten überflüssig zu machen."

4. Allein die Liebe genügt

In der Nachfolge und Freundschaft Jesu lernt der einzelne, das Richtige und einzig Not-wendige zu erspüren, indem er immer wieder auf Gott hört, d. h. betet, um sinnvoll und im Einklang mit dem Willen Gottes zu handeln. Für den Christen geht es nicht darum, irgend etwas für Gott zu tun, sondern er muß das Richtige tun, das, was Gott aufträgt. „Ich will einfach das tun, was Dein Finger in mein Herz geritzt hat!", betet der Gaukler Pamphalon in Leskows Novelle, und Marie Luise Kaschnitz drückt es im Tutzinger Gedichtskreis auf ähnliche Weise aus: „Verlangen wirst Du, daß wir, die Lieblosen dieser Erde, Deine Liebe sind, Die Häßlichen Deine Schönheit, Die Rastlosen Deine Ruhe, Die Wortlosen Deine Rede, Die Schweren Dein Flug."

In einer Welt, die viel stärker vom Materialismus als vom Christentum durchdrungen ist, ist der Beter ein Entdecker. Er zieht sich nicht aus der Welt zurück, er erklärt sich vollkommen solidarisch mit ihr. Er entdeckt, daß heute wie auch gestern Gott „vermißt gemeldet" wird von Mensch und Gesellschaft. Gleichzeitig sieht er, daß Gott insoweit dasein wird, als die Glaubenden ihn vergegenwärtigen. Wer betet, entdeckt, daß er verantwortlich ist für das Wachsen Christi in dieser Welt, denn Er hat keine anderen Füße, um zu den Menschen zu gehen, als die unsrigen, und Er hat keinen anderen Mund, um sein Wort zu verkünden, als unser Wort. Deshalb ist der Alltag ein Weg zu Gott, der „kurze Weg zur Vollkommenheit", über den Kardinal Newman am 27. September 1856 schrieb:

„Nach den Worten Heiliger brauchen wir, um vollkommen zu sein, nichts weiter zu tun, als die gewöhnlichen Pflichten des Tages gut zu erfüllen. Ein kurzer Weg zur Vollkommenheit – kurz, nicht weil er leicht zu gehen, sondern weil er zweckdienlich und klar ist. Es gibt keine kurzen, aber sichere Wege zur Vollkommenheit.

Ich glaube, diese Lehre ist von großem praktischen Nutzen für uns. Es ist leicht, von der Vollkommenheit verschwommene Vorstellungen zu haben, die oft genug dazu dienen, über sie zu reden, wenn wir ihr nicht nachstreben wollen. Sobald aber der Mensch ernstlich nach ihr verlangt und sie so zu suchen beginnt, wird ihn nur das befriedigen, was erreichbar und klar vor ihm liegt und ihm eine Richtung weist, sie zu üben.

Wir müssen im Auge behalten, was unter Vollkommenheit zu verstehen ist. Sie bedeutet nicht etwas Außerordentliches, etwas Ungewöhnliches oder besonders Heldenhaftes – nicht alle haben Gelegenheit, Helden oder Martyrer zu werden –, Vollkommenheit bedeutet, was das Wort im gewöhnlichen Sinne besagt. Vollkommen heißen wir etwas, das fehlerlos, vollständig, dauerhaft und gesund ist – wir meinen das Gegenteil von unvollkommen. Da wir sehr gut wissen, was Unvollkommenheit ist im religiösen Leben, zeigt uns der Gegensatz, was Vollkommenheit ist.

Der also ist vollkommen, der sein Tagewerk vollkommen vollbringt, mehr brauchen wir nicht zu tun, um nach Vollkommenheit zu streben. Wir brauchen über den Kreis der täglichen Pflichten nicht hinauszugehen."

Im Alltag werden die wesentlichen Grundhaltungen dieses „Weges zur Vollkommenheit" eingeübt, Tugenden, die nicht großartig und außergewöhnlich erscheinen und dennoch unendlich kostbar sind, weil sie auf den Weg mit Gott führen und den Alltag zu einem Zeichen des Heiles und einem „Sakrament der Gottesbegegnung" machen. Einige dieser Alltagstugenden seien im folgenden beispielhaft für viele andere kurz angeführt.

Die umfassendste Liebestat im eigenen Leben ist zunächst die der *Geduld,* der Geduld mit sich selber, mit dem Nächsten und mit Gott. Um diese Geduld rang Franz Kafka ein Leben lang, dieser sehnsüchtig Suchende und Ungeduldige vor den ihm tragisch verschlossenen Toren des Lebens. Er bezeugt den Wert der Geduld und mißt sich an ihrem Mangel, wenn er sagt:

„Es gibt zwei menschliche Hauptsünden, aus welchen sich alle anderen ableiten: Ungeduld und Lässigkeit. Wegen der Ungeduld sind die Menschen aus dem Paradies vertrieben worden, wegen der Lässigkeit kehren sie nicht zurück. Vielleicht gibt es aber nur eine Hauptsünde: die Ungeduld. Wegen der Ungeduld sind sie vertrieben worden, wegen der Ungeduld kehren sie nicht zurück."

Tatsächlich verdirbt Ungeduld alles: Der Mensch hat zwar den Schlüssel zum Paradies, aber findet in der Hast des Lebens nicht das Schlüsselloch.

Geduld bedeutet nicht Passivität, sondern Wachsein und Stillehalten. Geduldige waren die klugen Jungfrauen im Gleichnis Jesu, die mit gefüllten Öllampen still, aber aufmerksam dem Bräutigam entgegenwachten. Geduld haben heißt: wach sein, um im rechten entscheidenden Augenblick das kostbare Gut ergreifen zu können. Erst aus der Haltung der Geduld ergibt sich das rechte Tun.

Mit der Geduld eng verbunden ist die *Treue.* Sie bedeutet, die Gegenwart in das Morgen einbringen.

Schnelle Reaktionen (Zorn, Haß) opfern oft das Bleibende zugunsten des schnell Vorübergehenden. In der Geduld überbrückt der Mensch Brüche und Sprünge, die Affekte hervorrufen, und schafft in Treue Wege in das Morgen. Treue und Geduld gelten den anderen, doch nicht zuletzt uns selber, wie Franz von Sales hervorhebt:

„Zwar sollen wir für die Menschen in Geduld ein großes Verstehen haben. Vergiß aber nicht: auch du bist ein Mensch. Darum mußt du dieses Verstehen in heiliger Güte auch dir selbst entgegenbringen. Du sollst nicht in zornige Ungeduld gegen dich und deine Unvollkommenheiten verfallen. Wohl sollst du tiefes Leid über deine Fehler tragen im Herzen, aber nicht nagenden Kummer voll Unlust und seelischer Selbstzerfleischung. Die solches tun, nähren den Zorn in ihrem Herzen – und vielleicht stammt dieser Zorn in seinem tiefsten Grunde aus der Eigenliebe, die bitter empfindet, daß wir solche unvollkommene Menschen und so unvollkommen sind."

Geduld und Treue lassen sich durchhalten, wenn *Hoffnung* besteht. Das Wort „contra facta non valent argumenta" kann umgewendet werden in: „contra spem non valent facta", denn jede Gegenwart hat für den Christen eine Zukunft, auch wo andere schon alle Hoffnung aufgegeben haben. Der Christ lebt aus dem Erbarmen und aus der Geduld Gottes, der ihn beten läßt: „Gib uns heute unser tägliches ‚vielleicht'!" – Vielleicht kann ich mich doch ändern! Vielleicht kann der andere doch anders sein! Vielleicht gibt es doch noch einen Ausweg für mich!

Wer Menschen ausbilden oder geistlich begleiten muß, ist – mehr als andere – auf besondere Weise zum Dienst der Hoffnung berufen. Jedem dieses hoffnungsvolle „Vielleicht" nicht vorzuenthalten, kann der erste christliche Samariterdienst sein.

Hoffnung und Geduld zeigen sich in der Treue zum Kleinen, wie Johannes Paul I. in seinen „Briefen an Persönlichkeiten" zum Ausdruck bringt. In einem sehr persönlich gefaßten Brief des Papstes an Jesus von Nazareth ist diese *Konkretheit* angesprochen: „Du wolltest, daß man das Gute bis ins Detail ausführt ... übrigens hast Du immer darauf geachtet, die Dinge nicht halb zu tun."

Wir sagen: „Der Ton macht die Musik." So ist im Leben nicht nur das Was entscheidend, sondern auch das Wie. Hier zeigt Jesus eine aufmerksame Sorgfalt „bis ins Detail": Nach der Brotvermehrung sollen Überreste gesammelt werden, damit nichts verderbe (Joh 6, 12). Als er die Tochter des Jairus ins Leben zurückgerufen hat, kümmert er sich darum, daß das Mädchen gleich zu essen bekommt. Nicht nur Petrus ist ihm wichtig, sondern auch dessen Schwiegermutter ...

Bis ins Detail gibt, wer *alles* gibt, schreibt Dom Helder Camara in folgenden Zeilen:

> „Das äußerste geben.
> Immer mit dem Herzen arbeiten
> und mit ganzem Herzen,
> ob es sich darum handelt,
> ein Raumschiff
> zu den Sternen zu führen
> oder einen
> einfachen Punkt mit dem Bleistift
> zu zeichnen."

Treue und Geduld bis ins Detail, das gilt auch für den Akt der Selbstannahme. Wer sich und andere ohne Neid und Mißgunst bejahen möchte, dem sagt M. L. King: „Kannst du nicht Baum auf dem Berge sein, so sei ein Gebüsch im Tal, aber sei das beste Gebüsch weit und breit! Kannst du nicht Sonne sein, so sei ein Stern! Kannst du nicht Straße sein, so sei ein Pfad! Sei, was du bist, aber das sei ganz – mit vollem Ja!"

Wer in Geduld und Treue zu sich selber lebt, konzentriert sich auf den *nächsten Schritt*, er macht sich keine Sorgen um die Zukunft, sondern kann alle Angst fallen lassen. In dem modernen Märchen-Roman „Momo" wird erzählt von Beppo, dem Straßenkehrer, der eine sehr lange Straße zu kehren hat. Weil sie so unendlich lang ist, fängt er an sich zu eilen. Und jedesmal, wenn er aufblickt, sieht er, daß es gar nicht weniger wird. – Er strengt sich an, bekommt es sogar mit der Angst zu tun, gerät außer Puste und kann nicht mehr. Dann aber besinnt er sich und sagt zu sich selbst: „Man darf nie an die ganze Straße auf einmal denken, sondern immer nur an den nächsten Atemzug, an den nächsten Besenstrich." Langsam bekommt er sogar Freude am Kehren und macht eine bedeutsame Entdeckung, wenn er am Ende bekennt: „Auf einmal merkt man, daß man Schritt für Schritt die ganze Straße gemacht hat. Man hat gar nicht gemerkt wie, und man ist nicht außer Puste." Das Ja zum nächsten Schritt genügt, um seinem eigenen Leben Eindeutigkeit und Wahrhaftigkeit zu geben.

Die kleinen Schritte der Geduld und Treue zu sich und den anderen sind immer wieder *Schritte der Liebe,* sie allein genügt. Klaus Hemmerle zeigt in einer kleinen Lebensschule den Weg der Liebe; wer sie einübt, wird lieben, wie Er uns geliebt hat:

1) *Immer als erster lieben.* Liebe ist so sehr Gottes We-

sen, daß ich nur dann liebe, wenn ich wie er grundlos als erster liebe. Liebe findet nur statt, wenn ich anfange, wenn ich nicht (ab-)warte, bis die Voraussetzungen erfüllt sind. Liebe fängt nur mit Liebe an, denn die Liebe besteht nicht darin, daß wir Gott geliebt haben; er hat uns zuerst geliebt.

2) *Immer und alle lieben.* Liebe ist keine Sonderaktion, kein Gipfel sittlicher Anstrengung oder geistlicher Ergriffenheit. Liebe kennt keine Ferien; sie kennt so wenig Unterbrechungen wie das Leben Unterbrechungen duldet. Liebe ist unteilbar; solange ich einen von meiner Liebe ausschließe, liebe ich nicht.

3) *Lieben bis zum Ende,* bis zum letzten. Liebe kennt kein: bis hierhin und nicht weiter! Es gibt keine Erkenntnis und keine Erfahrung, welche die Liebe falsifizieren könnte, vielmehr „umhüllt die Liebe alles milde, sie glaubt alles, sie hofft alles, sie duldet alles" (1 Kor 13,7). Die Liebe erwartet nichts, sie benutzt den anderen nicht, sondern schenkt einfach, absichtslos. Was die Liebe im letzten erreicht, ist allein Gottes Sache (aber kein Brosamen Liebe kann verlorengehen, denn Gott selbst ist Liebe), und welche Frucht die Liebe bringt, darf getrost dem Urteil und der Freiheit Gottes überlassen sein, dem die Liebe gilt.

4) *Nicht Liebe haben, sondern Liebe sein.* Es geht nicht darum, zu leben und Eigenschaften zu haben und unter ihnen auch die Eigenschaft Liebe; geliebt wird, wo die Liebe alles in sich verwandelt, wo sie der Rhythmus, der Gang, die Mitte des Lebens und Wesens von allem wird: dann liebt der Mensch, wie Gott liebt, wie Jesus liebt.

Im Blick auf die Grundhaltungen, die den Alltag zu einem Gebet des Lebens werden lassen, erweisen sich die kleinen und alltäglichen Dinge und Wege des Lebens als ein „Weg der Vollkommenheit", denn alles bekommt hier vor Gott einen Ewigkeitswert. Keine Liebestat ist vergebens, keine Treue vergessen, kein Zeichen der Hoffnung übersehen und keine Tat in Geduld verloren. Jedem ist im Alltag das Wort Gottes zugesprochen: „Der Ort, wo du stehst, ist heiliger Boden" (Ex 3, 5), eine Wahrheit, die J.-P. de Caussade vom „Sakrament des Augenblicks" sprechen ließ, denn der Augenblick ist das Tor zur Begegnung mit Gott.

Was bleibt?

„Eines nur ist notwendig!" Diese Weisung läßt am Ende der Ausführungen nochmals innehalten und fragen, ob in den zahlreichen Überlegungen, Fragen, Problemen, Hilfen und Übungen zum geistlichen Leben alles bedacht und genügend erwogen ist. Doch größer noch wird die Frage nach dem Einen sein, das not tut. Was ist die innere Mitte geistlichen Lebens und in welcher Haltung vor Gott drückt sie sich aus?

In der chassidischen Erzählung „Das Rad und das Pünktlein" heißt es: Rabbi Jizchak Meir erging sich einmal an einem Spätsommerabend mit seinem Enkel im Hof des Lehrhauses. Es war Neumond, der erste Tag des Monats Elul.

Der Zaddik fragt, ob man heute den Schofar geblasen habe, wie es geboten ist, einen Monat, ehe das Jahr sich erneut.

Danach beginnt er zu reden:

„Wenn einer Vorsteher wird, müssen alle nötigen Dinge da sein, ein Lehrhaus und Zimmer und Tische und Stühle, und einer wird Verwalter, und einer wird Diener und so fort.

Und dann kommt der böse Widersacher und reißt das innerste Pünktlein heraus, aber alles andere bleibt wie zuvor, und das Rad dreht sich weiter, nur das innerste Pünktlein fehlt."

Da erhebt der Rabbi die Stimme:

„Aber Gott helfe uns: man darf's nicht geschehen lassen!"

Wenn das innerste Pünktlein fehlt – dann „läuft" zwar alles weiter, aber es wird Leerlauf sein, das Rad kann auseinanderfallen. Ob es das nicht auch im geistlichen Leben gibt? Es werden zahlreiche Predigten und Vorträge gehört, Exerzitien und Einkehrtage mitgemacht, unzählige geistliche Gespräche geführt und viele Bücher und Anleitungen zu einem Leben mit Gott konsultiert. Doch wenn die innere Mitte fehlt ... Deshalb muß zum Schluß nach dem *Eckstein* gefragt werden, der das ganze Gebäude des geistlichen Lebens zusammenhält und ihm seine innere Festigkeit gibt.

Als ein solcher Schlußstein darf die Haltung des Schweigens und der inneren Verschwiegenheit gelten. Sie meint nicht, daß einer den Mund hält, sich in die Stille zurückzieht und die Einsamkeit aufsucht; vielmehr handelt es sich um eine Lebenshaltung, die über das äußere Schweigen hinausführt in ein inneres Schweigen, das dem Glaubenden die letzte Freiheit und Verfügbarkeit für Gott gibt.

Die Tugend der inneren Verschwiegenheit kann nicht „erlernt" werden, doch ist es möglich, sich immer mehr in sie einzuüben: im Gebet, in der Anbetung und der Schweigemeditation. Deshalb sollen nun sechs Stationen auf dem Weg in das Schweigen bedacht werden; sie weisen auf die innere Mitte einer jeden Wegweisung in das geistliche Leben.

1. Innehalten

Der erste Schritt in das Schweigen vor Gott geschieht, wo ein Herrschaftswechsel und eine Umwertung aller Dinge vollzogen wird: nicht Ich, sondern DU! Hier sucht der einzelne in der Stille und Einsamkeit nach dem einen Notwendigen, um „mit mehr Freiheit" und Eifer das zu suchen, „was er so sehr ersehnt" (Ignatius von Loyola). Sich-Absondern, Distanz von den Geschäften des Alltags und ihrem Vielerlei sind für Ignatius die Ermöglichung von Freiheit und Diskretion. Hier in der Einsamkeit und Abgeschiedenheit lernt der Beter, „nicht gut geordnete Geschäfte", unklare oder halbe Entscheidungen, liegengelassene Fragen und halbherzige Verhaltensweisen neu zu bedenken und so sich dem zuzuwenden, was für das eigene Leben entscheidend not-wendig ist. In einem Brief an Pier Cotarini schreibt Ignatius von Loyola dazu:

„Für euch heißt es eigentlich, dafür zu sorgen, daß ihr nicht von dem, was ihr besitzt, besessen seid, daß euch kein irdisch Gut gefangenhalte. Lenkt alles auf Ihn zurück, von dem ihr alles empfangen habt. Wer sich nicht ganz und ungeteilt jenem ‚einen Notwendigen' hingeben kann, muß wenigstens dafür sorgen, daß all sein Tun und Trachten wohlgeordnet sei."

Dieser erste Anfang im Schweigen ist schwer, weil er einem vieles an Liebgewordenem nimmt und manche eigene Schwachpunkte bloßstellen kann: man sucht das nächste Radio, wird aus unerklärlichen Gründen sehr müde, weiß nicht, wie das Gebet geübt sein soll, oder aber Gott selber wird einem plötzlich fremd ... Das alles mußte Carlo Carretto erfahren, als er seinen angesehenen Posten in Kirche und Gesellschaft aufgab, um für viele Jahre in der Einsamkeit der Sahara zu leben. Er schreibt über diese Zeit der Wüste:

„Hör, wie es mir ergangen ist. Als ich aufbrach, um in die Wüste zu gehen, habe ich wirklich alles verlassen, um der Einladung Jesu zu folgen: meine berufliche Stellung, meine Angehörigen, mein Geld, mein Haus. Alles hatte ich hinter mir gelassen, ausgenommen ... meine Vorstellungen von Gott, säuberlich zusammengefaßt in einem dicken Theologiebuch, das ich mit dorthin schleppte. Und dort im Sand las ich weiter in dem Buch und las es wieder von vorne, ich muß wohl gedacht haben, Gott sei in einer Idee enthalten, und wenn ich schöne Ideen von ihm hätte, könnte ich mit ihm in Verbindung kommen. Mein Novizenmeister sagte oft zu mir: ‚Bruder Carlo, laß die Bücher. Stelle dich arm und nackt vor die Eucharistie. Mach dich leer, laß die Gedanken fallen, suche zu lieben ... zu schauen ...‘ "

So konnte Carlo Carretto durch den Schritt in die Stille und das Schweigen ausdrücken, daß er ungeteilt, ganz und frei für Gott da sein möchte, um ihn in Armut und Liebe zu umfangen.

2. Aushalten

Was am Anfang als Bereitschaft und Offenheit für Gott eingeübt wird, kann schon bald in einem zweiten Schritt etwas Beängstigendes annehmen. Verdeckte Wirklichkeiten und Ängste des eigenen Lebens werden im Beter hochkommen, die ihn vielleicht mit Schrecken erfüllen. Nicht selten geschieht es nun, daß der einzelne aufbricht, um der Stille zu entfliehen; er greift zu einem geistlichen Buch, liest über den mystischen Aufstieg zu Gott und freut sich an vielen guten geistlichen Gedanken und Aufzeichnungen, doch seiner Angst, die ihm in der Stunde des Schweigens begegnet, schaut er nicht mehr ins Angesicht.

Was hier beschrieben ist, kann eine ganze Gesellschaft bestimmen, wie der Psychologe C. G. Jung in einem seiner Briefe zeigt, in dem er fragt, warum die Menschen dem Schweigen entfliehen und nur schwer in der Stille mit sich und ihrem Leben zurechtkommen:

„Wer sich fürchtet, sucht laute Gesellschaft und tosenden Lärm, der die Dämonen verscheucht. (Die entsprechenden primitiven Mittel sind Geschrei, Musik, Trommeln, knallendes Feuerwerk, Glockenläuten und so weiter.) Der Lärm gibt ein Sicherheitsgefühl, wie die Volksmenge; er schützt uns vor peinlichem Nachdenken, er zerstreut ängstliche Träume, er versichert uns, daß wir ja alle zusammen seien und ein solches Getöse veranlassen, daß niemand es wagt, uns anzugreifen. Der Lärm ist so unmittelbar, so überwältigend wirklich, daß alles andere zum blassen Phantom wird. Er enthebt uns aller Anstrengung, etwas zu sagen oder zu tun, denn sogar die Luft zittert vor der Gewalt unserer unüberwindlichen Lebensäußerung.

In der Stille würde die Angst den Menschen zum Nachdenken veranlassen, und es ist gar nicht abzusehen, was einem dann alles zum Bewußtsein käme. Die meisten Menschen fürchten die Stille, darum muß immer, wenn das beständige Geräusch, z. B. einer Unterhaltung, aufhört, etwas getan, gesagt, gepfiffen, gesungen, gehustet oder gemurmelt werden. Das Bedürfnis nach Geräusch ist beinahe unersättlich, wenn schon bisweilen der Lärm unerträglich wird ... Das, was in Wirklichkeit gefürchtet wird, ist das, was vom eigenen Innern kommen könnte, nämlich all das, was man sich durch Lärm vom Halse gehalten hat."

Alles entscheidet sich daran, ob der Beter die Stille aushält und vor ihr nicht davonläuft in äußere Hektik und
Betriebsamkeit. Solches Aushalten geschieht nicht aus
einem aszetischen Selbstzweck heraus, sondern aus der
Sehnsucht nach dem Herrn: Beten dient nicht dazu,
„daß wir uns in unserer Haut wohler fühlen. Beten –
nicht um irgendeines Gewinnens willen, sondern damit
wir als freie Menschen in die lebendige Gemeinschaft
mit Christus hineinfinden" (Roger Schutz). Im schweigenden Schauen auf den Herrn wandelt sich das eigene
Beten, denn „in der weiten Tiefenschicht der menschlichen Person, im Unterbewußtsein betet Christus weit
mehr, als wir es uns vorstellen können. Verglichen mit
der Unermeßlichkeit dieses verborgenen Betens Christi
in uns, ist unser artikuliertes Gebet nur ein kleiner Teil.
Das Wesentliche des Gebetes vollzieht sich in einem großen Schweigen."

Das Hören auf das Beten Christi in uns, von dem
Roger Schutz spricht, ist kein passives, sondern kommt
aus der Bereitschaft, den Blick Gottes zu ertragen. Es
scheint zwar Passivität zu sein, ein Auge auszuhalten,
aber jeder weiß, wie viel Anstrengung es erfordert,
wenn dies in einer wesentlichen Begegnung geschieht.
Meist streifen sich Blicke nur indirekt, oder wenden
sich gleich wieder ab, oder sie geben sich nicht perso-
nal, sondern nur im Rahmen gesellschaftlicher Kon-
vention. – Eine ähnliche Oberflächlichkeit im Blick
kann es auch in der Begegnung mit Gott geben, wenn
man sich vor Gott in eine theoretische, rhetorische,
sentimentale, ästhetische und zumeist fromme Distanz
oder in äußere Werke flüchtigt. Es käme darauf an,
sein nacktes Herz – auch in all seiner Erbärmlichkeit
und Armut – dem Feuer des göttlichen Blicks auszuset-
zen. Augustinus beschreibt die Ewigkeit als ein „viden-

tem videre", ein Schauen dessen, der uns seit einer
Ewigkeit anblickt. Dieser Blick ist getragen von der
göttlichen Liebe, die der Mensch nur selten erträgt,
denn es gehört mehr Demut dazu, sich von Gott wahrhaft lieben zu lassen als sich selbst zu lieben.

Wer im Schweigen vor Gott ruhig und still geworden
ist, hält im Beten keine langen Monologe, die einen
selbst ermüden. Statt fromme Bücher zu verschlingen
und neue geistliche Erfahrungen und religiöse Gefühle
erleben zu wollen, geschieht im Schweigen vor Gott eine
Verzichtserklärung auf alles, was der einzelne selber her-
stellen und bewirken möchte. Dadurch kommt es zu einer Einfachheit vor Gott, die es ermöglicht, ganz in
seiner Gegenwart zu leben.

Vor Gott einfach werden, das kann für einen Menschen der entscheidende Schritt auf seinem Lebensweg
sein. Immer wieder geraten Menschen – gerade zur
Zeit der Lebensmitte – in eine religiöse Krise, weil sie
den Eroberungswillen, mit dem sie im Alltagsleben erfolgreich waren, auf das religiöse Leben übertragen und
hier gleicherweise Erfolge verbuchen wollen. Sie ha-
schen nach religiösen Erfahrungen und häufen sich
gleichsam einen geistlichen Reichtum an – auf Exerzitien, bei Vorträgen und im Lesen zahlreicher Schriften.
Hier käme es darauf an, sich Gott ganz einfach zu
überlassen, ohne von ihm Gaben zu fordern wie Ruhe,
Zufriedenheit, Sicherheit, religiösen Genuß, denn Gott
ist größer als seine Gaben.

3. Umkehren

Weil das Schweigen die Begegnung mit dem Herrn sucht,
führt es im Aushalten der eigenen Schwachheit und
Armseligkeit weiter zu einem erneuten Sich-Hinkehren

zu Gott. Diese Zuwendung wird für den Beter eine Umkehr bedeuten.

Im oft gehörten Lobpreis auf das Schweigen fehlt meist dieser Aspekt der Umkehr, der in der monastischen Tradition betont und von A. Grün dargestellt wurde. Schweigen ist keine Entspannungs- oder Versenkungstechnik, keine Kunst, abzuschalten, sondern Einübung in die wesentlichen Grundhaltungen vor Gott: Fehlhaltungen sollen abgebaut, egoistische Tendenzen abgelegt und Offenheit für den göttlichen Willen möglich werden.

Die Mönche schwärmen nicht vom Schweigen. Vielmehr wird in monastischen Schriften sehr nüchtern darüber gesprochen, ja es gilt sogar nie als Grundbedingung für ein Leben mit Gott, sondern steht im Zusammenhang mit all den anderen Methoden, die der Mönch und Beter in seinem geistlichen Leben erlernen und einüben muß: Beten, Meditieren, Aussprechen der innersten Gedanken einem geistlichen Vater gegenüber, Arbeiten, Fasten, Almosengeben, Gastfreundschaft und Liebe zum Bruder.

Umkehr und Zuwendung zum Herrn verlangen im Schweigen vor allem, daß das eigene Ich zum Schweigen gebracht wird. Beschäftigungen, Gedanken, Ideale und Pläne, die uns immer wieder auf uns selbst werfen, müssen abgelegt werden – im Frieden mit uns selbst und mit den anderen. Manche hingegen beginnen die Zeit des Schweigens damit auszufüllen, daß sie auf sich oder auf andere innerlich schimpfen oder gar Haß- und Neidgefühle gegen Mitmenschen hegen. Sie denken sich trotz des Schweigens vielleicht glänzende Reden aus, mit denen sie den anderen fertig machen wollen, um ihm zu zeigen, daß man doch im Recht ist, und verharren im inneren Argumentieren und Debattieren. Wieder andere bemitleiden sich selbst, sie sagen sich in Augenblicken der äußeren Stille vor, daß alles sinnlos sei, es lohne sich nicht. Andere bewundern sich selbst. Sie sagen sich vor, wie bedeutend sie doch seien und wie die Welt froh sein müßte, daß es sie gebe – mit ihren großen Fähigkeiten, Möglichkeiten und Erfolgen.

Äußeres Schweigen sagt also noch nichts darüber, ob einer „umgekehrt" ist und sich zum Herrn des Lebens bekehrt hat. Erst wer das innere Debattieren und Argumentieren überwunden hat und innerlich frei von sich geworden ist, da er über sich selbst schweigen kann, findet zur Tiefe und Wahrheit des Schweigens vor Gott.

Cassian sagt, daß dieser Zustand reinen Schweigens identisch ist mit der Reinheit des Herzens, die die Demut voraussetzt. Hier will der Beter nichts mehr erreichen, weder Versenkungszustände, noch absolute Stille, vielmehr verläßt er sich voll Vertrauen auf Gott.

4. Ausziehen

Eine bloße Hinwendung zu Gott ließe christliches Schweigen noch nicht dorthin kommen, wo Christus den Jünger auf den Weg der Nachfolge ruft. Deshalb wird die Haltung des Schweigenden gern mit dem Bild der Peregrinatio, der Pilgerschaft, beschrieben.

Wer nicht nur die äußere Stille sucht, sondern sich zu Gott bekehren möchte, wird im Schweigen des Herzens auf Gottes Geheiß hin „ausziehen" und „aufbrechen" müssen: Peregrinatio est tacere, sagt ein Apophthegma der Wüstenväter und identifiziert Pilgerschaft und Schweigen. In einem anderen Wort heißt es: „Wenn du nicht Herr über deine Zunge wirst, bist du kein Fremdling, wohin du auch gehst. Beherrsche also deine Zunge, und du bist ein Fremdling."

Im Schweigen als Aufbruch und Auszug verzichtet der

245

Mensch darauf, überall seinen Kommentar abzugeben oder gar gleich sich oder die Welt verändern und verbessern zu wollen. Im Wort wohnt der Mensch in dieser Welt. Das Wort zeigt, daß er dazugehört. Wer schweigt, verzichtet auf das Wort, auf die Geborgenheit in der Welt, und übt sich in das Loslassen ein, vor allem in den Bindungen, die an der „Welt" festhalten (A. Grün).

Johannes Cassian, der erste bedeutende Mönchsschriftsteller im Westen, erklärt das Wesen der Peregrinatio an Gen 12, 1, wo im Blick auf Abraham von einem dreifachen Auszug die Rede ist: vom Auszug aus der Heimat, aus der Verwandtschaft und aus dem Vaterhaus.

Auszug aus der *Heimat* bedeutet für Cassian Verzicht auf die Güter dieser Welt. Im Schweigen läßt der Mensch alles los, womit er glänzen und Eindruck machen kann, und er wird einfach in seinen Gedanken und Vorstellungen, er begnügt sich mit wenigen Gedanken, die in die Sammlung führen.

Auszug aus der *Verwandtschaft* ist für Cassian ein Ausziehen aus dem früheren Lebenswandel, aus den Gewohnheiten und Fehlern. Der Mensch trennt sich von allem, was sein Herz in Beschlag nimmt, auch von allen bösen Erinnerungen und Rachegefühlen. Statt sich immer wieder in die Vergangenheit zu verlieren, stellt sich der Mensch nun der Gegenwart, ihren Herausforderungen und Realitäten.

Schließlich der Auszug aus dem *Vaterhaus,* wo der Mensch sich von allem Sichtbaren und Vergänglichen abwendet und dem Ewigen zukehrt: „Unser Heimatrecht ist im Himmel" (Phil 3, 20). Wer schweigt, wandert durch die Welt, ohne sich in ihr niederzulassen. Wer schweigt, wird nicht vertraut mit den Menschen seiner Umgebung, mit der Welt. Als Heimatlosigkeit und Verzicht auf Vertraulichkeit ist das Schweigen ein bewußtes Gehen in die Einsamkeit.

Die drei Bilder vom Schweigen als Auszug sind nicht als Zeichen der Weltverachtung und -verneinung zu deuten, sondern als Haltung einer inneren Freiheit und Gelassenheit gegenüber allen Dingen dieser Welt. Ein Mensch, der zur engagierten Gelassenheit („Indifferenz") gefunden hat, wird inmitten alltäglicher Aufgaben in Gott verankert bleiben – in der Welt, aber nicht von der Welt.

5. Innere Verschwiegenheit

Weil es im geistlichen Leben nicht um ein Sich-Sorgen, sondern um ein Vertrauen, ein Sich-Loslassen geht, vor allem um ein Hören auf das, was in einem ist, wird der im Schweigen zu vollziehende Aufbruch und Auszug nicht schon als der letzte Schritt auf dem Weg zu Gott gelten. Wer im Schweigen den Weg der Nachfolge betreten hat, wird ein hörender Mensch sein wollen, denn Christus selbst ist es, der in uns betet, und auf ihn will der Schweigende hören lernen. Kallistos Ware schreibt von diesem horchenden Schweigen:

„Ganz im Schweigen sein: das ist das Schwerste von allem und das Entscheidende in der Kunst des Betens. Schweigen ist eine Haltung aufmerksamer Bereitschaft, Wachsamkeit und vor allem des Hinhörens. Der Hesychast, derjenige, dem es gelungen ist, die ‚hesychia‘, das inwendige Stillsein oder Schweigen zu erlangen, ist einfachhin jemand, der hört. Er lauscht der Stimme des Gebetes in seinem eigenen Herzen und erkennt, daß diese Stimme nicht seine eigene ist, sondern die eines anderen, der in ihm spricht. Beten ist ‚Stehen vor Gott‘, Eintreten in eine unmittelbare und persönliche Verbundenheit mit ihm. Beten ist Gott – es ist nicht etwas, das von mir ausgeht, sondern etwas, an dem ich teilhabe. Wahres inneres Beten bedeutet: einzutreten in das Handeln Gottes."

Wer Gott an sich handeln läßt, der lenkt die Aufmerksamkeit nicht auf sich, sondern lernt es, vor Gott auch über sich selbst zu schweigen. Es ist ein Schweigen über mein Gebet, über die Entwicklung meines inneren Lebens und über all das, was vor Gott gesagt, betont und eingefordert sein „müßte". Voller Hingabe möchte der Beter nicht mehr „etwas" von Gott, sondern ihn selber. Hier hört alles Leisten und Hochrechnen vor Gott auf, der Beter gibt sich einfach hin. Oft wird das Gebet dann erfahren als Zeitverschwendung, doch die Verschwendung der Zeit ist jetzt Ausdruck eines viel tieferen Geschehens, nämlich der Verschwendung unser selbst.

Eine solche Stille vor Gott ist nicht äußeres Schweigen, sondern ein *inneres* Schweigen. Der Beter hat alle Fäden aus der Hand gegeben und sie Gott anvertraut. Nicht nur die Geräusche seines Lebens und auch nicht bloß seine Lippen schweigen, sondern er selbst möchte zum Schweigen gebracht werden, auf daß „nicht mehr ich lebe, sondern Christus in mir" (Gal 2, 20).

Zur Vorbereitung auf das innere Schweigen gehört, daß der Mensch bereit ist, auf alle Verbitterungen und Wunden zu verzichten, die ihm das Leben in vielfältiger Weise zugefügt hat. Manche tragen die Wunden ihrer Vergangenheit ständig mit sich herum und lassen sie nicht heilen; sie fühlen sich gekränkt, weil sie in irgendeinem Punkt ihres Lebens nicht zu ihrem Recht gekommen sind. Solche Menschen finden nie das innere Schweigen, denn sie „brauchen" die Erinnerung an die Wunden, um an ihrer Verbitterung festhalten zu können. Sie wollen den Menschen nicht verzeihen, die sie verletzt haben, und sie können Gott nicht verzeihen, der ihnen diese Vergangenheit zugemutet hat. Solche Verbitterungen verschließen das Herz und lassen nicht zur Ruhe kommen vor Gott.

Ob einer im Gebet Jesus schaut, liegt nicht an seiner Fähigkeit, Reden und Denken aufzugeben, sondern an seiner Bereitschaft loszulassen. Manchmal verweigert einer, der äußerlich schweigt, solches Loslassen. Dann wird Schweigen zu einem hartnäckigen Festhalten an sich selbst, denn es ist ein Schweigen aus innerem Stolz. Erst wer in Demut über sich und das eigene Leben schweigt, findet zur inneren Verschwiegenheit, die eine Grundbedingung für die Begegnung mit Gott und das Hören auf ihn ist.

Die Brüder von Taizé haben in ihrer Einführung zur Retraite einzelne Lebensbereiche angeführt, die zum Schweigen kommen, wenn der Beter in die Haltung der inneren Verschwiegenheit findet:

Schweigen der Phantasie
Die Gefühlsregungen, die Traurigkeiten kommen zum Schweigen; die eitle Geschäftigkeit der Gedanken kommt zum Schweigen.

Schweigen des Gedächtnisses
Das Vergangene, die vergeblichen Klagen, die Bitterkeiten kommen zum Schweigen. Sich nur an die Erweise von Gottes Barmherzigkeit erinnern.

Schweigen des Herzens
Die Wünsche kommen zum Schweigen, die Antipathien kommen zum Schweigen, die Liebe kommt zum Schweigen in allem, was an ihr übertrieben ist.

Schweigen der Eigenliebe
Der Blick auf die eigene Sünde, auf die eigene Unfähigkeit kommt zum Schweigen. Das Selbstlob kommt zum Schweigen. Das ganze menschliche Ich kommt zum Schweigen.

Schweigen des Geistes
Die unnützen Gedanken zum Schweigen bringen. Die spitzfindigen Überlegungen, die den Willen schwächen und die Liebe eintrocknen lassen, zum Schweigen bringen. Alles eigene Suchen und Streben zum Schweigen bringen.

Schweigen des Richtgeistes
Schweigen im Blick auf andere Menschen: nicht richten.

Schweigen des Willens
Die Ängste des Herzens, die Schmerzen der Seele zum Schweigen bringen. Die Verlassenheitsgefühle zum Schweigen bringen.

Schweigen mit sich selbst
Nicht auf sich selbst hören, sich nicht beklagen und nicht trösten, mit sich selbst schweigen, sich vergessen, sich von sich selbst lösen.

6. Innere Einsamkeit

Die Erfahrung der Mystiker ist, daß es über die innere Verschwiegenheit hinaus noch eine letzte Wegstrecke zum Schweigen gibt, die sie oft als „dunkle Nacht" umschrieben haben. Es ist nicht das äußere Schweigen der Einsamkeit, der verlassenen Heimat, der geopferten Beziehungen und Bindungen, sondern das innere Schweigen der sternlosen Zeit, der Frage, des Zweifels, der Sorge und Angst, vielleicht sogar der Gottverlassenheit. In dieser Zeit, in der der Beter auf sich selbst zurückgeworfen wird, begegnet ihm eine Einsamkeit, die den letzten Einsatz von Glauben und Hingabe an Gott einfordert.

Was der Beter als Not des Glaubens erfährt, läßt ihn allein sein – auch innerhalb der Kirche, sogar in der Feier der Heiligen Liturgie. Das liturgische Beten bereitet zwar auf die Gnade der inneren Gemeinschaft mit Gott vor, doch es gibt „eine Bekehrung des tiefen Willens zu Gott, die sich nicht in Worten vollziehen läßt, kaum in einer Geste oder Zeremonie. Es ist eine Bekehrung des tiefen Willens und eine Übergabe meiner Wesenheit, die zu geheimnisvoll für die Liturgie ist und zu privat. Es ist etwas, das nur in einer klaren Verschwiegenheit vor sich gehen kann, die vor allen Dingen jede Mitteilung an andere ausschließt, es sei denn als etwas ganz Neutrales."

Für Thomas Merton führt diese seine Erfahrung in eine Gegenwart und Einsamkeit, die ganz losgelöst ist von Vergangenheit und Zukunft. Das Gesammeltsein in Klarheit und Schweigen gehört Gott und wird „keinen anderen etwas angehen": „Um Gott zu gehören, muß ich mir selber gehören. Ich muß allein sein, wenigstens innerlich allein. Das bedeutet die ständige Erneuerung einer Entscheidung. Ich kann nicht Menschen gehören. Nichts von mir gehört irgend jemand als Gott."

Was Mystiker in der „dunklen Nacht" als bittere Erfahrung durchleben mußten, gibt der Stunde innerer Einsamkeit kein romantisches und verklärtes Gesicht, vielmehr ist es eine Zeit der Wüste, die für Jesus selbst zu einem Ort der Versuchung wurde. Hier in der Wüste entscheidet sich das Leben eines Menschen, und Gott, der den Menschen liebt, bindet ihn in die Einsamkeit „vielleicht bis zum Übermaß und bis zur Gefährdung", wie Alfred Delp sagt: „Ich will keine Ode an die Wüste schreiben. Wer sie bestehen mußte und muß, wird mit

Ehrfurcht von ihr sprechen und mit der leisen Verhaltenheit, mit der der Mensch sich seiner Wunden und seiner Schwäche schämt. Sie ist der große Raum der Besinnung, der Erkenntnis, der neuen Einsichten und Entscheidungen. Sie ist die schwere Last, die dem Schiff den Tiefgang und die Festigkeit sichert. Sie ist das Gesetz der Härte und Bewährung, unter das wir gerufen sind. Und sie ist der stille Winkel unserer Tränen und Notrufe und Erbärmlichkeiten und Ängste. Aber sie gehört dazu."

Indem die Wüste alles nimmt, gibt sie das Kostbarste, was einer im Leben gewinnen kann: das Vertrauen. Wie schon in der geographischen Wüste dieser Erde nur das Vertrauen zählt, so in einem viel tieferen Sinn auch in der Wüste, die der Ort der Gottesbegegnung ist. Sie kann für manchen länger als 40 Tage oder 40 Jahre dauern, aber voll Vertrauen vermag er im Schweigen auf den schweigenden Gott zu harren und zu warten. Eine große Beterin unserer Tage fordert zu diesem Weg des Schweigens auf, der für sie zur inneren Mitte und zur Grundhaltung ihres geistlichen Lebens geworden ist; kurz vor dem Ende ihres Lebens bringt sie das Vermächtnis ihres Lebens in die Wegweisung: „Sprich mir schweigend von Gott."

Itinerarium

Als kleine Gedächtnishilfe sind auf den folgenden Seiten Grundgedanken der Wegweisung festgehalten und Bücher angegeben, die benutzt wurden bzw. zum Weiterstudium anregen.

Zum ersten Kapitel: Das neue Leben

I. Leben in Fülle

In folgenden Merksätzen versucht *Heinrich Spaemann,* Grundworte erlösten Lebens zusammenzufassen; sie lassen sich in ihrem wesentlichen Inhalt wie folgt wiedergeben:

1. *Erstwichtiges nicht an die zweite Stelle setzen!*
Erstwichtig ist Gott, meine Verbundenheit mit ihm. Darum dem Gebet und dem Gottes-Dienst nichts vorziehen.

2. *Verzichte nicht verweigern, sofern sie von der Liebe zu Gott und zum Nächsten nahgelegt sind.*
Sorge tragen, daß das vordergründige Vielerlei in unserem Leben nicht überhandnimmt. Auswählen! Nur Menschen ohne viel Gepäck, nur Kinder und Arme kommen durch die „enge Tür, die ins Leben führt".

3. *Der Neigung zu unnötiger und liebeleerer Kritik nicht nachgeben!*

Jesus ist Gottes Ja zu uns, deshalb soll und kann ich im Bunde sein mit Gottes Güte und Barmherzigkeit.

4. *Nicht das Auge der Menschen suchen!*
Die Linke nicht wissen lassen, was die Rechte tut. „Der Mensch ist so viel wert, als er vor Gott wert ist – nicht mehr und nicht weniger."

5. *Sich nicht ängstlich sorgen, sich nicht selbstisch sichern!*
Wenn es gilt, der größeren Liebe zu gehorchen: Gott die Zukunft und Angst überlassen. Der je nächste Schritt genügt. Nichts aufschieben oder gar im Blick auf ein mögliches Morgen das Heute versäumen. Drei Kennzeichen wahren Gehorsam gegenüber Gott: sogleich, freudig, ganz.

6. *Keine Zeit vertun!*
Die Stunde auskaufen (Eph 5,15–20). Sie ist das „Talent", über das Rechenschaft abzulegen ist.

7. *Sich dem Kreuz als dem Geheimnis des letzten Platzes verpflichtet wissen!*
Das innere Verhältnis zum letzten Platz in jeder Eucharistiefeier neu zu gewinnen und zu vertiefen suchen. Sich nicht ärgern und empören, sondern sein Jüngersein bejahen, wenn man im eigenen Leben gelegentlich verkannt, hintangesetzt, nicht beachtet, übergangen wird. Darauf gefaßt sein, daß auch berechtigte Wünsche und Vorstellungen durchkreuzt werden und daß das Gebet oft anders erhört wird, als wir es hier und jetzt erwarten oder erkennen.

8. *Neu anfangen, immer wieder!*
Sich davor hüten, die Anfangsbereitschaft aufzugeben. Es ist traurig, daß wir immer neu anfangen müssen, aber es ist tröstlich, daß wir immer wieder anfangen dürfen.

„Die große Schuld des Menschen ist nicht, daß er in Sünde fällt – denn der Mensch auf Erden ist schwach und die Gefahr ist groß –, sondern daß er jeden Tag umkehren kann und dies nicht tut" (Chassidim).

9. *Aus den Gaben des Geistes leben!*
Die Stille suchen, lieben, verwirklichen und in den Spiegel der Heiligen Schrift schauen. Auf ein zartes Gewissen, das die „erste Liebe" nicht verliert, und auf eine von Gott geprägte Lebens- und Tagesordnung bedacht sein.

Literatur:

Fraling, B., Wie kann ich das Evangelium leben? (Hildesheim 1985).
Greshake, G., Geschenkte Freiheit. Einführung in die Gnadenlehre (Freiburg i. Br. ²1981).
Moltmann, J., Kirche in der Kraft des Geistes (München 1975).
Spaemann, H., Und Gott schied das Licht von der Finsternis. Christliche Konsequenzen (Freiburg i. Br. 1982) 69–79.161–170.
Weismayer, J., Leben in Fülle. Zur Geschichte und Theologie christlicher Spiritualität (Innsbruck – Wien 1983).

II. Umkehr in das Sakrament

1. *„Kehrt um, und glaubt an das Evangelium!"* (Mk 1,15)
Im Ruf der Buße ergreift Gott zuerst die Initiative; er muß nicht erst versöhnt werden, sondern ist schon versöhnt. Es ist bequemer, etwas zu ändern, als sich selbst zu ändern; es ist einfacher, einzelne Gebote und Pflichten zu erfüllen, als sich ganz auf Gott und seine Liebe zu verlassen. Wichtig an der Beichte ist nicht, daß ich nachher keine Schulden habe; wichtig ist auch nicht das vollständige Bekenntnis, sondern daß ich mich fallen lasse und dem Erbarmen Gottes ausliefere.
Pfarrer von Ars: „Leichter ist es, in den Himmel zu kommen als in die Hölle, so groß ist die Barmherzigkeit Got-

tes ... Unsere Fehler sind Sandkörner im Vergleich zu
dem mächtigen Berg der göttlichen Barmherzigkeit."

2. *Begib dich möglichst schnell auf den Weg der Umkehr!*
Die Erkenntnis, daß wir in der Meisterung und Verwal-
tung unseres Lebens unglückliche Hände haben, bleibt
keinem erspart. Die geschehenen Taten sind unter-
schriebene Wechsel, die eingelöst werden müssen. Nicht
daß wir in Schuld geraten (das wird immer so sein, wie
wir sind), aber was wir mit ihr anfangen und ob wir an
ihr wachsen, das ist die Frage.
Pfarrer von Ars: „Nach einem Fall *gleich* wieder aufstehen! Die Sünde nicht einen Augenblick im Herzen lassen."

3. *Sei aufrichtig dir selbst und Gott gegenüber!*
Der Aufrichtigkeit stehen Versuchungen zur Verdunk-
lung gegenüber:
- Verharmlosung: „Das ist ja gar nicht so schlimm!";
- Ablenkungsmanöver: Projektion der Fehler auf die an-
  deren, Stehenbleiben an der Oberfläche und bei vor-
  dergründigen Dingen;
- Mutlosigkeit: „Ich werde es nie schaffen!" (Selbstbe-
  schuldigung, Depression);
- Vorleistungen: Erfüllung eines Gebotes, perfekte
  Beichte, vollkommenes Ablegen eines Fehlers usw. –
  „dann erst wird Gott mir gnädig sein";
- Verzweiflung und falsche Skrupulosität;
- Angst vor dem Dunkel im eigenen Leben („Schatten-
  seite") oder vor der Beschämung.
Pfarrer von Ars: „Drei Dinge sind absolut notwendig gegen die Versuchungen: das Gebet, um uns zu erleuchten,
die Sakramente, um uns zu stärken, und die Wachsamkeit, um uns zu behüten."

4. *Suche die Haltung der Reue und Beschämung!*
Oft wird bei der Beichte die meiste Zeit für die Gewissenserforschung verwendet, aber nur wenig für die
Reue.
Pfarrer von Ars: „Viele beichten, aber wenige bekehren
sich. Das ist leicht begreiflich. Es beichten eben nur wenige mit einem aufrichtigen Reueschmerz."

5. *Beim Bekenntnis sei offen und vertraue dich dem
Beichtvater an!*
Die leichteste Form der Beichte muß nicht die hilfreichste für mich sein; die Anonymität des Beichtstuhls ist
ein Angebot, aber nicht der einzige Weg (z. B. Beichtgespräch).
Der *Pfarrer von Ars* wußte um die eigene Schwachheit:
„Ich bin viel strafbarer als ihr: Scheut euch nicht, euch
anzuklagen."

6. *Beichte konkrete Sünden – ohne Verschleierung oder
Entschuldigungen!*
Mit allgemeinen Sündenbekenntnissen pflegt man sich
selbst zu rechtfertigen oder bringt die eigentliche Sache
nicht zur Sprache.
Pfarrer von Ars: „Manche entweihen das Sakrament, weil
es ihnen an Aufrichtigkeit fehlt. Zehn, zwanzig Jahre
verheimlichen sie schon manche Todsünde. Ständig werden sie gequält, immer steht ihre Sünde vor ihrem Geist,
immer denken sie daran, sie zu beichten, und immer
schieben sie es heraus ... Beichtest du auch nicht in den
Wind?"

7. *Alles ist Gnade!*
Die Umkehr ist nicht Leistung des Menschen, sondern
Gottes Tat am Menschen. Die Freude des barmherzigen
Vaters über die Rückkehr läßt den verlorenen Sohn um-
kehren. „Wem viel vergeben ist, der liebt auch viel" (vgl.

Lk 7). Du darfst ein Sünder sein. Danke Gott dafür, daß du ein Sünder sein darfst. Denn Gott liebt die Sünder, aber er haßt die Sünde.

Pfarrer von Ars: „Die verziehenen Sünden existieren nicht mehr, damit das Gute in dir neu wieder aufleben kann."

Literatur:

Demmer, Kl., Entscheidung und Verhängnis. Die moraltheologische Lehre von der Sünde im Licht christologischer Anthropologie (Konfessionskundliche und kontroverstheologische Studien 38) (Paderborn 1976).
Lambert, W., Warum – was – wie – beichten? (Leutesdorf 1984).
Werbick, J., Schulderfahrung und Bußsakrament (Mainz 1985).

III. Einübung in Gnade

„Setzten wir alles daran, wie Helden im Kampfe *auszuharren,* wir würden wirklich ,die *Hilfe des Herrn* von oben gewahr werden'. Denn Er ist bereit, denen zu helfen, die da ringen und auf Seine Gnade bauen, Er, der uns auch den Anlaß zum Kampfe gibt, damit wir uns bewähren.

Sehen wir den Fortschritt in unserem geistlichen Leben nur in äußerlichen Formen, dann wird unsere *innere Gottverbundenheit* bald am Ende sein. Wir müssen vielmehr die *Axt an die Wurzel des Übels legen,* auf daß wir befreit von unseren Leidenschaften, zum Frieden des Herzens gelangen.

Wollten wir jedes Jahr nur *einen einzigen Fehler* mit der Wurzel ausrotten, so würden wir bald vollkommene Menschen werden. So aber will es uns oft im Gegenteil bedünken, daß wir uns am Anfang unserer inneren Umkehr reiner und besser vorkamen als nach vielen Jahren geistlichen Lebens. Täglich sollten unsere innere Glut und unser Fortschritt wachsen; so aber gilt es schon als eine Großtat, wenn man auf der ersten Stufe des Eifers zu verharren vermag. Gebrauchten wir *nur mäßig Gewalt am Anfang* unseres Weges, mit *Leichtigkeit* und in *Freude* könnten wir dann später jede Schwierigkeit bewältigen.

Schwer ist es, von der Gewohnheit zu lassen; aber noch schwerer ist's, gegen seinen eigenen Willen anzukämpfen. Aber wirst du nicht Herr über Kleines und Leichtes, wie solltest du den schwereren Kampf meistern? *Widerstehe im Anfang* deiner Neigung und leg die üble Gewohnheit ab, auf daß sie dich nicht etwa unvermerkt einem größeren Übel zutreibe! Wolltest du doch bedenken, welchen Frieden du deinen *Mitmenschen* bereiten könntest, sofern es gut um dich stünde; ich glaube, noch eifriger würdest du dann alles tun für dein geistiges Wachstum."

Dieser Text aus der „Nachfolge Christi" (I, 11) enthält folgende Grundregeln für das Fassen von Vorsätzen:

1. *Die Motivation beim Fassen von Vorsätzen kommt nicht aus äußerlichen Formen,* Wünschen und Motiven, sondern aus der „inneren Gottverbundenheit", d. h. aus der *Liebe zu Jesus.*

2. Im Umgang mit den eigenen Fehlern und beim Fassen von Vorsätzen gilt zu Beginn: *Fange an, wo du willst.* Entscheidend ist nicht, wo du ansetzt, sondern der ehrliche und entschlossene Wille, hier oder dort Ordnung zu schaffen. Wer das tut, dem wird sich das ganze Leben von diesem Punkt her ändern.

3. *Faß in aller Stille vor Gott einen bestimmten Fehler genau und ohne jede Beschönigung ins Auge.* „Ein klar erkanntes Problem ist immer schon ein halb gelöstes Problem!"

4. Die Axt an die Wurzel des Übels legen, nicht an die Symptome!
Es geht darum, bis auf den Wurzelgrund der eigenen Fehler und Sünden vorzustoßen und ihn aufzudecken. Wir Menschen handeln ja immer „aus" etwas: wir haben ein Motiv.

5. Beim Fassen der Vorsätze nie zu hoch ansetzen, sondern eher zu niedrig: keine „großen" Vorsätze.
Wer zu hoch ansetzt und „mehr" tun will, tut meist weniger und erreicht vielleicht überhaupt nichts. – Ist der Vorsatz einmal gefaßt, dann soll er ohne Abstriche schnell und entschlossen ausgeführt werden: „Wer die Hand an den Pflug legt und zurückschaut …".

6. Nicht morgen, sondern heute anfangen – ohne Zögern und Aufschieben!

7. Auf den Verlauf der Handlungen achten, „damit sie dich nicht etwa unvermerkt einem größeren Übel zutreiben": indem man nämlich zu sehr auf die eigenen Kräfte vertraut und nicht auf Gottes Gnadenhilfe.
Nicht vorzeitig resignieren, sondern „jeden Tag einen Fehler bekämpfen" – mit Geduld und Güte auch sich selbst gegenüber. – Die Fehler von Anfang an bekämpfen, nicht erst, wenn sie schon zur Gewohnheit geworden sind.

8. Den Vorsatz positiv formulieren: im Blick auf die Freude und den Frieden und im Blick auf die Mitmenschen.
Beim Fassen des Vorsatzes sich fragen: Will ich das Vorgenommene wirklich? Sonst eher noch abwarten und sich die Sache nicht vornehmen.

Literatur:

Grün, A., Lebensmitte als geistliche Aufgabe (Münsterschwarzacher Kleinschriften 13) (Münsterschwarzach 1980).

Lambert, W., Zeichen von Umkehr und Lob, in: Korrespondenz zur Spiritualität der Exerzitien 28 (1978) 46–54;

ders., Zur geistlichen Atmosphäre der Krisenphase, in: Korrespondenz zur Spiritualität der Exerzitien 29 (1979) 98–106.

Louf, A., Demut und Gehorsam (Münsterschwarzacher Kleinschriften 5) (Münsterschwarzach 1979).

Zum zweiten Kapitel: Das neue Gehen

I. Geistlicher Fortschritt

Im Leben gibt es nicht nur Zeiten der Hochstimmung, sondern auch die Erfahrungen der Traurigkeit, Niedergeschlagenheit und Lustlosigkeit. Wie sie im geistlichen Leben zum Ausdruck kommen, hat *Walter Trobisch* dargelegt; sein Versuch sei im folgenden aufgegriffen und weitergeführt:

a) *Ursachen geistlicher Durststrecken:*

1. *Sünde:*
Traurigkeit, Leere und Lustlosigkeit sind zuweilen darauf zurückzuführen, daß das eigene Leben nicht in Übereinstimmung mit Gottes Willen geführt wird und die Beziehung zu Gott nicht von Aufrichtigkeit und Transparenz bestimmt ist. Vielleicht ist einer auch „auf der Flucht" vor Gott und seinem Anspruch.

2. *Unterernährung und Untätigkeit:*
„Wer viel ausgibt, muß zugleich viel einnehmen. Wer viel einnimmt, muß aber auch viel ausgeben." Denn „es gibt Reichtümer, an denen geht man zugrunde, wenn man sie nicht austeilt" (M. Ende, Momo). Mangelnde

Selbstannahme und das Verharren in Minderwertigkeits-
gefühlen können gleichfalls verarmen lassen; Unterernährung ist hier nicht Folge der eigenen Leere, sondern
deren Ursache.

3. *Überfütterung und Überanstrengung:*
Oft schließen sich geistliche Durststrecken unmittelbar
gerade an Zeiten reicher Glaubenserfahrung an. Ferner
kann geistliche Überfütterung ein geistliches Tief verur-
sachen, wenn man sich zu viel zugemutet und sich überfordert hat.

4. *Mißachtung des Körpers:*
Wer mit seinen Kräften Raubbau treibt, muß damit rechnen, auch auf geistlichem Gebiet einen Preis dafür zahlen zu müssen. „Gehen Sie spazieren: Die Zeit, die Sie
dafür aufwenden, geht dem Gebet nicht verloren!",
schreibt Teresa von Avila an Erzbischof Don Teutonio
de Braganza, der während einer langen Reisezeit seine innere Lauheit beklagt.

b) *Hilfen in geistlichen Durststrecken:*

1. *Vergebung:*
Wenn eine begangene Sünde die Ursache für die Erfahrung von Niedergeschlagenheit und Traurigkeit ist, bleiben als Heilmittel das Bekenntnis und der erneute
Zuspruch der Vergebung. Offenheit und Sich-Anvertrauen geben neue Gemeinschaft und Hoffnung.

2. *Disziplin und Verantwortung:*
Ist „Unterernährung" die Ursache, kann eine Neuord-
nung des geistlichen Lebens weiterhelfen. Je praktischer
und konkreter, um so hilfreicher! Planung und Struktu-
rierung des Tages und einzelner Zeiten können von Untätigkeit und Lustlosigkeit befreien und neue Initiativen
wachrufen. – Oft wird Unterernährung dadurch verur-

sacht, daß zu sehr „aus zweiter Hand" gelebt wird: vorgekaute Nahrung ist aber ohne Würze, sie ist höchstens
Schonkost. Erst ein Leben aus dem eigenen Erfahrungsschatz und mit selbständiger Entschiedenheit belebt und
führt zu den Primärquellen des eigenen Lebens; deshalb
sollte sich hier keiner an fälligen Entscheidungen vorbei-
drücken.

3. *Ausgewogenheit:*
Bei Überfütterung und Überanstrenung hilft nur das
Sich-Bescheiden auf das rechte Maß. Arbeit und Gebet,
Alltag und Fest, Einsamkeit und Gemeinschaft müssen
in einem ausgewogenen Verhältnis zueinander stehen.
Meist hilft schon das Ernstnehmen biologischer Tatbe-
stände (ausreichend Schlaf, Sport, keine einseitige Ernäh-
rung ...).

c) *Hoffnung in geistlichen Durststrecken:*
Der Weg in das „Gelobte Land" kennt auch die Zeit der
„Wüste", in die Gott führt, um „dir zu Herzen reden" zu
können (Hos 2, 16) ...

Literatur:
Nouwen, H. J., Der dreifache Weg (Freiburg i. Br. ²1985).
Trobisch, W., Kleine Therapie für geistliche Durststrecken (Linien-
  buch 18) (Wuppertal 1975).

II. Unterscheidung der Geister

1. *„Nur die Stimme, die sich auf ein Schriftwort, auf ein
Verhalten Jesu zurückführen läßt, ist unter den vielen
Stimmen die Stimme Gottes.*
Nur die Stimme also, die ein bestimmtes Verhalten oder
Wort Jesu auf das eigene Leben hin übersetzt und kon-
kretisiert, kommt von Gott" (G. Greshake).

2. *„Gott ruft immer dahin, wo der Mensch letztlich Trost, Freude, Zuversicht und Hoffnung findet.*
Gottes Stimme ist immer so, daß der Mensch im letzten und tiefsten weiß: so ist es gut, so ist es recht, so soll es sein. Dabei kann es durchaus dazu kommen, daß ein Anruf den Menschen zunächst beunruhigt, in Angst und Schrecken versetzt. Aber über längere Zeit müssen sich Trost und Zuversicht einstellen, ansonsten ist der Ruf Gottes nicht recht verstanden" (G. Greshake).

3. *Jeder Ruf Gottes bringt einen Zuwachs an Leben in Fülle.*
Gott ist nicht der Rivale des Menschen, sondern sein Vater, d. h. der, dem alles daran gelegen ist, daß das Leben sich entfaltet und zu voller Blüte gelangt. Daher bewirkt jeder Ruf Gottes, daß der Mensch mehr er selbst wird und zu Identität und Authentizität findet.

4. *Jeder Ruf Gottes bringt einen Zuwachs an Liebe.*
Der falsche Eifer ist gepaart mit Ungeduld, Stolz, Unwillen und Übermut. Der gute Geist und Eifer für Gottes Weg ist voll Demut, Sanftmut und Frieden: „Eure Liebe möge mehr und mehr wachsen an Einsicht und jeglichem Feingefühl, daß ihr unterscheiden könnt, was das jeweils Bessere ist" (Phil 1, 9 f.). Der göttliche Ruf führt den Menschen zu mehr Liebe, denn „wer Sein Wort bewahrt, in dem ist die Liebe vollkommen" (1 Joh 5, 3). Die Liebe weist sich aus im Handeln und Wirken für Gott und den Nächsten: „Erweis der Liebe ist das Tun" (Augustinus).

5. Wo der Mensch angesichts der Forderung des Herrn und seiner Nachfolge beunruhigt ist und den Eindruck hat: „Eigentlich müßte ich, aber ich kann nicht", dann gilt die Regel:
Tu nicht gleich das Ganze, was du zu hören glaubst, son-

dern tu einen Schritt in diese Richtung. „Verwirkliche das vom Evangelium, was du von ihm begriffen hast – und sei es auch noch so wenig" (R. Schutz).

6. *Die Stimme Gottes ist immer konkret.*
Gott sagt nie etwas für eine irreale Situation und eine ferne Zukunft. Gottes Ruf fordert immer dazu auf, sogleich, ganz und freudig etwas zu tun.

7. *Jeder Ruf Gottes zeigt sich in der Treue zum „Kleinen".*
Wer nicht im Kleinen getreu ist, ist es auch nicht im Großen. Die Achtsamkeit und Aufmerksamkeit für Gott beginnt im Kleinen, z.B. in den Gedanken; – keiner weiß, was schließlich aus einem schlechten Gedanken alles erwachsen kann.

8. *Ist die Sehnsucht nach Gott echt, so wächst sie durch den Aufschub.* Nimmt sie durch den Aufschub ab, so war es keine Sehnsucht.
Wenn sich ein bestimmter Wunsch nur kurze Zeit durchhält und dann bei Nichterfüllung verfliegt, war es vermutlich kein von Gott eingegebenes Vorhaben.

9. *Jeder Ruf Gottes ist „radikal".*
Die Radikalität zeigt sich darin, daß der Mensch von der „Wurzel" her leben möchte und Gott über alles lieben will. „Wer die Hand an den Pflug legt und zurückschaut, der ist Meiner nicht wert". Die Radikalität göttlicher Berufung beendet alles innere Debattieren und Abwägen des Menschen.

10. *Die Stimme Gottes, die der Mensch zu hören glaubt unter den vielen Stimmen seines Lebens, muß sich wenigstens in wichtigen Fällen dem Urteil anderer aussetzen:* „Christus im Bruder erkennt oft mehr als Christus im eigenen Herzen" (D. Bonhoeffer).

Literatur:

Greshake, G., Gottes Willen tun. Gehorsam und geistliche Unterscheidung (Freiburg i. Br. 1984).

Schneider, M., „Unterscheidung der Geister". Die ignatianischen Exerzitien in der Deutung von E. Przywara, K. Rahner und G. Fessard (Innsbrucker theologische Studien 11) (Innsbruck – Wien ²1987).

Switek, G., Kirchlichkeit oder Berufung auf den Geist?, in: Geist und Leben 49 (1976) 92–105.

III. Die Tat aller Taten

1. *Die Liebe zum Herrn will wachsen!*

Der Christ wird auf dem Weg des Glaubens frei „von den Göttern, die in Wirklichkeit keine sind" (Gal 4, 8), von den „Elementarmächten dieser Welt" (Gal 4, 3). Diese Freiheit findet, wer alle Fesseln ablegt, die versklaven. Dazu bedarf es der geistlichen Unterscheidung, die aus der Lebensgemeinschaft mit Christus gewonnen wird. In ihr lernt der einzelne, zu prüfen und zu erkennen, „was der Wille Gottes ist" (Röm 12, 2). Die Erkenntnis des Willens Gottes ist kein Zustand, in dem der einzelne zeit seines Lebens beharren kann, sondern sie führt in eine immer größere Liebe, Offenheit und Verfügbarkeit für Gott.

2. *In der Liebe zum Herrn wächst nur, wer die Reste der Eigenliebe ablegt.*

Ignatius von Loyola schreibt in seinem Exerzitienbüchlein: „Denn das soll jeder bedenken, daß er in allen geistlichen Dingen nur insoweit Fortschritte machen wird, als er sich von seiner Eigenliebe, seinem Eigenwillen und seinem Eigennutz frei macht." Die Verliebtheit in das eigene Ich tritt selten in aller Deutlichkeit auf, eher in Verkleidung, eingehüllt in (z. B. apostolische) Bemäntelungen, Begründungen und Entschuldigungen, die alles als

„halb so schlimm" ausgeben und die in sich sehr feine, subtile Ansprüche verbergen.

3. *In der zweiten Bekehrung geht es um einen radikalen Bruch.* Auch wenn es sich in der zweiten Bekehrung meist nicht um große Taten und Aktionen handelt, sondern eher um kleine, unscheinbare Dinge, wird sie nicht ohne Entschiedenheit und Klarheit vollzogen. Im geistlichen Wachstum gibt es den Augenblick, bei dem die stete Kontinuierlichkeit des Fortschritts gebrochen ist, wo das geistliche Leben entweder einen gewaltigen Sprung vorwärts tut oder hoffnungslos zurücksinkt, wie Lallemant schreibt:

„Auf dem Weg zu Gott geht der zurück, der nicht voranschreitet. Wie das Kind, das nicht wächst, kein Kind bleibt, sondern ein Zwerg wird, so bleibt der Anfänger, der nicht rechtzeitig auf den Weg der Fortschreitenden gelangt, kein Anfänger, sondern wird eine zurückgebliebene Seele. Ach, es scheint fast so, daß die große Mehrzahl der Seelen sich ... in der Gruppe der zurückgebliebenen Seelen befindet."

4. *Die zweite Bekehrung ist mehr ein Bekehrtwerden als eine aktive Bekehrung,* sie ist ein Geschenk und ein Geschehen von Gott her, der niemandem seine Gnade aufdrängt.

Da Gott nicht in Zukunft, sondern hier und jetzt wirkt, ist auch die zweite Bekehrung nicht etwas, das in ferner Zukunft zu leisten ist („In 10 Jahren werde ich konsequenter in diesem Punkt meines Lebens sein!"), sondern Gott ist heute „zu lieben aus ganzem Herzen und mit aller Kraft". Neben dem Verzicht auf die selbstgeplante Zukunft kann von Gott auch der Verzicht auf die festgehaltene Vergangenheit verlangt werden: „Ich vergesse, was hinter mir liegt und strecke mich aus nach dem, was vor mir liegt" (Phil 3, 3).

267

5. *Aktiv gesehen ist die zweite Bekehrung eine Tat des Herzens.*

Sie ist nicht ein Verzicht auf dieses oder jenes, sondern der Verzicht auf das eigene Ich und die restlose Hingabe. Als Hingabe des Herzens und der Liebe ist der Schritt der zweiten Bekehrung somit das „letzte Opfer", der letzte Schritt, die „Tat aller Taten" (H. Schürmann).

Literatur:

Schürmann, H., Geistliches Tun (Freiburg i. Br. 1965) 11–28; neu erschienen als: Worte an Mitbrüder. Über geistliches Tun (Einsiedeln ²1985).

IV. Geistliche Begleitung

Die beiden niederländischen Jesuiten *Jan Bots* und *Piet Penning de Vries* haben folgende Hilfen für den geistlichen Begleiter niedergeschrieben, die zum Gelingen eines geistlichen Gesprächs beitragen können:

– Halte das Verhältnis zueinander dem Verhältnis zu *Christus* untergeordnet.
– Dein Verhalten zum anderen sei so, daß er sich in jeder Hinsicht bei dir *frei* fühlt.
– Bleibe gleichmütig gegenüber der dir entgegengebrachten Zuneigung. Nicht die Sympathie oder Antipathie, sondern die Ausrichtung des anderen *auf Gott hin* ist ausschlaggebend.
– Achte zumindest ebenso auf die Art und Weise, wie der andere seine Problematik vorbringt, wie auf den Inhalt dessen, was er vorbringt; d. h. auf *Trost* und Trostlosigkeit.
– Achte nicht auf Gefühle und Erfahrungen im Allgemeinen, sondern auf die *Gefühle für Ihn,* den Herrn.
– Halte jedes Gespräch so *kurz* wie möglich.
– Stelle zu Beginn keine „teilnahmsvollen" Fragen, sondern lasse die *Initiative* ganz vom andern ausgehen, daß dieser zeige, woran er dich teilnehmen lassen möchte.

– Bewahre eine möglichst große *Distanz,* damit der andere so frei wie möglich bleiben kann.

– Gehe nicht schneller voran, als die *Erfahrung des anderen* mitgeht.

– *Verweise* den anderen ständig an das, was dieser selbst in seiner eigenen Erfahrung einmal entdeckt hat.

– Gib keine Ratschläge aus dem eigenen Erfahrungsschatz für die Lebensfragen, bei denen es um die *freie Entscheidung* des anderen geht.

– Gib nur Ratschläge über die Art und Weise, wie der andere selbst den *Willen Gottes* finden, nicht aber darüber, was eventuell der Wille Gottes für ihn sein könnte.

– Achte darauf, in welche *Rolle* der andere dich – bewußt oder unbewußt – hineinmanövriert; und achte darauf, welche Gesten, Worte oder Haltungen eine schädliche *Gegenübertragung* bedeuten können.

– Achte auf das, was der andere nicht denken will, was er *verdrängt.*

– *Schweige* gewöhnlich und sprich ausnahmsweise und nach reiflicher Überlegung.

– Benutze zur *Wiedergabe* der Erfahrungen und Gefühle des anderen möglichst dessen Worte, mögen sie auch ungelenk sein.

– *Diskutiere nicht,* aber gehe auf die Gefühle ein, die hinter den geäußerten Gedanken stehen.

Literatur:

Bots, J. – Penning de Vries, P., Über die geistliche Führung, in: Geist und Leben 53 (1980) 41–48.

Louf, A. – Dufner, M., Geistliche Vaterschaft (Münsterschwarzacher Kleinschriften 26) (Münsterschwarzach 1984).

Nouwen, H. J., Von der geistlichen Kraft der Erinnerung (Freiburg i. Br. ²1986).

Schneider, M., Aus den Quellen der Wüste. Die Bedeutung der frühen Mönchsväter für eine Spiritualität heute (Koinonia Oriens 24) (Köln 1987), bes. 22–68.

Sudbrack, J., Geistliche Führung. Zur Frage nach dem Meister, dem geistlichen Begleiter und Gottes Geist (Freiburg i. Br. 1981).

V. Geistliche Freundschaft

Worte der Freundschaft sind Zeichen am Weg für die persönliche Gestaltung freundschaftlicher Beziehungen und zugleich Hinweis auf Jesus Christus:

1. Und es geschah, als er die Unterredung mit Saul beendet hatte, verband sich die Seele Jonathans innig mit der Seele Davids, und Jonathan gewann ihn *lieb wie sein Leben* (1 Sam 18, 1).

2. Zutreffend hat jemand von seinem Freunde gesagt: die Hälfte meiner Seele ... Man liebt wahrhaftig seinen Freund, wenn man *Gott in ihm liebt,* entweder weil Gott schon in ihm ist oder daß Gott schon in ihm sein möge (Augustinus).

3. Wir beide lernten uns, auch im (Heiligen) Geist zu lieben. Stets waren wir uns so innig zugetan, daß unsere gegenseitige Neigung keine andere Steigerung erfahren konnte als in der Liebe Christi ... So bist du mir wahrhaft zum Vater, Bruder und Freund geworden. *Du verwirklichst an mir den Willen Gottes* und die Fülle des Gesetzes, liebst mich wie dich selbst und bist mein Freund in der Liebe Christi (Paulinus von Nola).

4. Hier sind wir beide, ich und du, und ich hoffe, als *dritter* ist Christus bei uns (Aelred von Rievaulx).

5. Wer für seinen Freund so *zu Christus betet* und nur seines Freundes wegen von Christus erhört werden möchte, wendet sich eigentlich in innigem Verlangen zu Christus selbst ... So steigen wir denn von der bereits an und für sich heiligen Liebe, mit der wir einen Freund umarmen, zu der Liebe, mit der wir Christus umarmen (Aelred von Rievaulx).

6. „Allezeit hegt Liebe der Freund." Wenn ihn der Freund tadelt, kränkt, den Flammen überliefert, ans Kreuz

schlägt, „allezeit hegt Liebe der Freund", und wie Hieronymus hinzufügt: „Freundschaft, die es fertigbringt, aufzuhören, war niemals echt" (Aelred von Rievaulx).

7. Dem du ohne Furcht bekennst, was du gefehlt hast – dem du ohne Erröten *dein Inneres offenlegst,* wenn du meinst, daß dir Fortschritte gelungen seien – dem du alle Herzensgeheimnisse anvertrauen, alle Pläne sorglos aufdecken kannst. Was gibt es Herrlicheres als Herz mit Herz zu verbinden ... (Aelred von Rievaulx).

8. Wer Freundschaft als Ware einschätzt, den werde ich nie bezeichnen als einen, der *wirklich liebt* (Aelred von Rievaulx).

9. Hat der, den du liebst, *dich verletzt,* liebe ihn dennoch. Mußt du ihm deine Freundschaft entziehen, entziehe ihm niemals deine Liebe! Überlege, wie ihm zu helfen ist. Sei auf seinen guten Ruf bedacht; nie verrate seine Geheimnisse, selbst wenn er deine preisgegeben hätte (Aelred von Rievaulx).

10. Hier herrsche das Gesetz der wahren Freundschaft: Freunde müssen sich und was sie *besitzen,* einander rückhaltlos zu eigen geben. Wer gibt, gebe freudig, wer nimmt, nehme es wie selbstverständlich hin (Aelred von Rievaulx).

11. *Ehrfurcht* ist der Schutzengel der Freundschaft; wer ihr die Ehrfurcht nimmt, raubt ihr die Schönheit und Kraft (Aelred von Rievaulx).

12. *Im Himmel* wird die Freundschaft, die wir hier auf Erden nur wenigen schenken können, auf alle übertragen und von allen wiederum Gott zurückgeschenkt, denn Gott ist dann alles in allem (Aelred von Rievaulx).

Literatur:

Aelred von Rievaulx, „De spirituali amicitia – Über die geistliche Freundschaft". Lateinisch-Deutsch. Ins Deutsche übertragen von Rhaban Haacke und eingeleitet von Wilhelm Nyssen (Trier 1978).

Van Broeckhoven, Ä., Freundschaft in Gott. Ein Tagebuch. Ausgewählt und eingeleitet von Georges Neefs SJ. Aus dem Flämischen übertragen von B. Bultmann und C. Capol (Einsiedeln ²1974).

Geerlings, W., Das Freundschaftsideal Augustins, in: Theologische Quartalschrift 161 (1981) 265–274.

Nyssen, W., Irdisch hab' ich dich gewollt (Occidens 6) (Trier 1982) 217–233.287–290.

Zum dritten Kapitel: Das neue Bleiben

I. Gebet des Lebens

In Form einer „kleinen Gebetsschule" lassen sich die Überlegungen zum Gebet in folgenden Leitsätzen zusammenfassen:

1. *Willst du beten, so ordne dein Leben!*
Die alten Ordensregeln sind in ihrem tiefsten Wesen die Gebetsmethoden dieser Gemeinschaften. Sie sind nicht eine Verkehrsregelung des äußeren Lebens einer Gemeinschaft, sondern eine innere Gebetserfahrung. Weil Leben und Gebet eine Einheit bilden, lernt nicht der beten, der sich Gebetsmethoden und fromme Bücher aneignet, sondern wer bereit ist, sein ganzes Leben auf Gott hin umzustellen, „umzukehren".

2. *Stelle dich im Gebet in die Gegenwart Gottes!*
Bevor du betest, betet Christus schon in dir. Ignatius von Loyola schreibt: „Vor dem Eintreten in das Gebet komme der Geist ein wenig zur Ruhe; man setze sich oder gehe umher, wie es jeweils besser erscheint, wobei man erwägt, wohin ich gehe und mit welchem Ziel."

3. *Sei im Gebet aufrichtig und lebenswahrhaftig!*
Es nützt nichts, im Gebet sich und Gott etwas vorzuma-

chen oder gar den Frommen zu spielen. Rabbi Menachem Mendel von Kozk sprach: „Wenn ein Mensch ein
Gesicht macht vor einem Gesicht, das kein Gesicht ist,
das ist Götzendienst!" – Vor Gott gibt es keinen Hochleistungssport, sondern nur das aufrichtige und ehrliche
Stehen und Dienen.

4. *Jedes Gebet hat seinen Ort und seine Zeit!*
Der *Ort* des Gebetes soll nach Möglichkeit nicht häufig
gewechselt werden. Er hat seine Auswirkung auf das Gebet selber, denn es ist etwas anderes, ob ich im Verborgenen des eigenen Zimmers bete oder in der Kirche, und
wieder etwas anderes, ob ich in der ersten Bank bete oder
in der letzten. Mancher findet in die Regelmäßigkeit des
Betens, wenn er den rechten Ort zum Gebet gefunden
hat.

Für die *Zeit* des Gebetes gibt es drei Kriterien, die hilfreich sein können: suche möglichst eine feste Zeit (Gewohnheit hilft), eine ruhige Zeit und eine wertvolle
Zeit, die du gerne hast, aber die du auch gerne weggeben
möchtest (also keine „Abfallzeit").

5. *Strukturiere dein Gebet,* bereite es gut vor und nach!
Es kann eine große Hilfe sein, wenn die Übungen der Beliebigkeit des Übenden entzogen und unabhängig von
seiner augenblicklichen Gestimmtheit sind. *Vor* dem Gebet ist es nützlich, einige Augenblicke zu verweilen und
sich bewußt in die Gegenwart Gottes zu stellen; *nach*
dem Gebet, so rät Ignatius, ist ein „Zwiegespräch" zu halten mit „den drei göttlichen Personen oder dem menschgewordenen Ewigen Wort oder Unserer Mutter und
Herrin ..., dann ein Vaterunser beten". Schließlich soll
der Beter noch überlegen, wie das Gebet gewesen ist, beurteilen, was gut und was schlecht an ihm verlaufen ist.

6. *Laß den ganzen Menschen beten!*

Beten setzt den ganzen Menschen in Bewegung, läßt alles sich ergießen: Wahrnehmung, Erinnern, Wollen, Denken, Fühlen, Träumen ...

7. *Zerstreuungen müssen nicht zerstreuen!*

Wer einen unruhigen und ungeordneten Alltag hat, braucht sich nicht zu wundern, wenn die Unruhe des Tages sich auch im Gebet niederschlägt. Wer im Gebet zerstreut und unkonzentriert ist, dem hilft es meist zu mehr Sammlung, wenn er zunächst in seinem täglichen Tun gesammelter lebt. – Ferner geben gerade die Zerstreuungen wichtige Auskunft darüber, was uns wirklich beschäftigt und bewegt, so daß wir uns ihnen zuweilen ganz bewußt und ausdrücklich zuwenden sollen.

8. *Kein Gebet ohne Umkehr!*

Beten vor dem lebendigen Gott gleicht einer kopernikanischen Wende: „Nicht mehr ich, sondern Christus lebt in mir."

Literatur:

Bours, J., Der Mensch wird des Weges geführt, den er wählt. Geistliches Lesebuch (Freiburg i. Br. 1986).   [1979].

Caffarel, H., Saal der tausend Türen. Briefe über das Gebet (Einsiedeln

Delbrêl, M., Gebet in einem weltlichen Leben (Einsiedeln 1974).

Hemmerle, Kl., Dein Herz an Gottes Ohr. Einübung ins Gebet (Freiburg i. Br. 1986).

de Mello, A., Meditieren mit Leib und Seele. Neue Wege der Gotteserfahrung (Kevelaer 1984).

Rahner, K., Gebete des Lebens (Freiburg i. Br. [5]1985).

Ulrich, F., Gebet als geschöpflicher Grundakt (Einsiedeln 1973).

II. Sakrament des Alltags

Wer täglich die Eucharistie mitfeiert, kann sich für jede Woche einen Leitgedanken wählen, um ihn in jeder Eucharistie als „Motto" zu vertiefen:

1. Eucharistie kann nur feiern, wer sein Leben als „Danksagung" versteht. Wofür habe ich heute in der Eucharistie zu „danken"? Was ist mein eigenes „eucharistisches Hochgebet"?

2. Eucharistie ist „Heilsgeschehen". Der Christ dankt seinem Gott für die Heilsgeschichte Gottes mit den Menschen. Was ist (war) heute meine „Heilsgeschichte"? Wo haben meine Augen „das Heil geschaut"?

3. Eucharistie vollzieht sich in der Gemeinschaft. Für wen habe ich heute besonders zu beten und zu bitten?

4. Eucharistie dankt für die Stellvertretungstat Christi („pro nobis"). Für wen habe ich heute stellvertretend zu danken oder zu beten?

5. Eucharistie dankt für die „Hingabe" Jesu an den Vater. Welches Wort oder welche Handlung dieser Feier fordert mich auf, mein Leben mehr für Gott und die Menschen einzusetzen und hinzugeben?

6. Eucharistie dankt Gott für seine bedingungslose und unbedingte Liebe, mit der er uns „zuerst" liebt. Wo darf ich Gottes Liebe heute mehr in mein Leben hineinlassen? Wo zeigt er mir, daß ich mich bejahen darf als (von Gott) bejaht? Wie habe ich dieses Ja Gottes an meinen Mitmenschen weiterzugeben?

7. Eucharistie zeigt mir, daß es nicht zuerst darauf ankommt, daß ich Gott liebe, sondern daß ich mich von Gott lieben lasse. Zuerst die Gabe, dann die Auf-Gabe. Wo will mich Gott heute wieder beschenken? „Was hast du, das du nicht empfangen hättest?"

8. In der Eucharistie sucht Christus die Gemeinschaft mit mir. Wo suche ich nur mich selber? Welches Wort der Eucharistie ist heute Sein Wort für mich?

9. Eucharistie hilft mir, in allem „Vergänglichen" das

„Unvergängliche" nicht aus den Augen zu verlieren. Wo habe ich mein „Herz zu erheben" und das zu „suchen, was droben ist"?

10. In welcher Handlung und in welchem Wort der Eucharistiefeier kann ich mich heute am besten selber zum Ausdruck bringen?

11. Was würde sich an diesem Tag ändern, wenn ich heute nicht diese Eucharistie gefeiert hätte?

12. Was würde sich in meinem Leben ändern, wenn ich nie an der Feier der Eucharistie teilgenommen hätte?

13. In der Eucharistiefeier will Christus meine Sehnsucht nach ihm und seinem Kommen wach halten. Sehne ich mich nach ihm? Bin ich im Gebet ein auf den Herrn wartender Mensch?

14. Christus verlangt mit großer Sehnsucht danach, mit mir diese Feier zu begehen (Lk 22, 15). Was bedeutet das für mich heute?

Literatur:

Lohfink, N., Wie gehen wir mit unserem Sonntag um? (Vortrag auf dem Provinzsymposion der Norddeutschen Provinz SJ in Frankfurt/M., St. Georgen, am 24.–27. September 1985) (Privatdruck; wird veröffentlicht).

Schneider, Th., Wir sind sein Leib. Meditationen zur Eucharistie (Topos-Taschenbuch 65) (Mainz 1977).

Walter, E., Eucharistie – aktuell bedacht II: Die Eucharistiefeier als die hohe Schule des Gebets (Meitinger Kleinschriften 35) (Freising 1974).

Wiederkehr, D., Das Sakrament der Eucharistie (Freiburg i. Ue. 1976).

III. Sakrament des Augenblicks

Gott „in allen Dingen" zu suchen und zu finden, ist Sinn der täglichen Gewissenserforschung (Examen conscientiae). Im Rückblick auf den Tag sucht das „Gebet der liebenden Aufmerksamkeit" nach den Wegen und Spuren Gottes im Alltag. Bei der Tages-Auswertung können folgende Methoden eingeübt werden, mit je verschiedenem Schwerpunkt:

1. *Tages-Examen*

– *Dank* für die Gaben der Schöpfung und Erlösung, für mein Leben.

– *Bitte* um Sein mildes und klares Licht, damit ich „meine Wahrheit" erkennen und zulassen kann.

– *Liebende Aufmerksamkeit* auf das, was in mir, um mich und durch mich geschieht: Wie ist es mir heute ergangen – in den einzelnen Stunden des Tages? Was hat sich ereignet? Was habe ich vielleicht übersehen, überhört?

– *Dialog* der Reue und/oder des Dankes: „Wie ein Freund mit seinem Freund spricht ..., bald um eine Gnade bittend, bald sich wegen eines begangenen Fehlers anklagend, bald seine Anliegen mitteilend und dafür Rat erbittend" (Ignatius von Loyola).

– *Bereitschaft* zu Hoffnung und Entschlossenheit

2. *Ereignis-Examen*

– Welches Ereignis hebt sich für mich aus dem heutigen Tag besonders heraus und betrifft mich?

– Was kommt darin auf mich zu? Und wie stehe ich dazu?

– Wie beleuchte ich die gemachte Erfahrung im Licht der Offenbarung Jesu und der Heiligen Schrift?

3. *Nachfolge-Examen*

– Was hebt sich aus dem heutigen Tag besonders hervor und ist für *meine Beziehung zu Jesus* von Bedeutung gewesen?

– Welches Wort der *Heiligen Schrift* beleuchtet die gemachte Erfahrung und kommentiert sie im Licht des Evangeliums?

4. *Hoffnungs-Examen*
– Wofür habe ich heute besonders zu *danken?*
– Was habe ich heute *lernen* dürfen – in den guten wie auch in den schlechten Erfahrungen dieses Tages?

5. *Partikular-Examen*
– Wie ist es mir heute mit meinem Vorsatz *ergangen?*
– Was hat das *Einhalten* des Vorsatzes heute erschwert, gefördert?
– Wie will ich *morgen* meinem Vorsatz treu bleiben?

Literatur:

Greshake, G., Gott in allen Dingen finden. Schöpfung und Gotteserfahrung (Freiburg i. Br. 1986).
Rotzetter, A., Universale Sendung und Claustrum. Eine weltzugewandte Spiritualität im Kloster, in: *ders.* (Hg.), Seminar Spiritualität III. Geist und Welt (Zürich – Einsiedeln – Köln 1981) 211–231.
Stierli, J., Das ignatianische Gebet: „Gott suchen in allen Dingen", in: Fr. Wulf (Hg.), Ignatius von Loyola. Seine geistliche Gestalt und sein Vermächtnis (Würzburg 1956) 151–182;

Zum Schlußkapitel: Was bleibt?

Was auf dem dargestellten Weg zum inneren Schweigen eingeübt wird, bedarf der Vertiefung durch das Hören auf das Wort Gottes. „Wer die Heilige Schrift nicht kennt, kennt Christus nicht", sagt Hieronymus. Die tägliche Schriftbetrachtung, die zur „inneren Kenntnis" des Herrn führt, läßt sich z. B. wie folgt vollziehen:

Vorbereitung:
Text: Nach Wahl der Schriftstelle kläre die Verständnisfragen zur Stelle.

Zeit: Wann und wie lange willst du meditieren? Nimm möglichst eine feste, eine ruhige und eine wertvolle Zeit.

Ort: Wo willst du meditieren? Muß der Ort hergerichtet, aufgeräumt werden?

Einstimmung:

1. *Verweilen:* Stelle dich in die Gegenwart Gottes und halte so einen Augenblick inne an dem Ort, wo du beten möchtest.

2. *Haltung:* Nimm die rechte Körperhaltung ein: Sitzen, Knien, Liegen, Gehen (wähle die Haltung, die hilft, wach und aufmerksam bei Gott zu sein).

3. *Sammlung:* In der Geste der Verneigung bitte Gott um die Gaben des Geistes.

4. *Vorbereitungsgebet:* Id quod volo: „Ich erbitte von unserem Herrn, was ich begehre und ersehne": das, was du von ihm in dieser Gebetszeit erhoffst.

Betrachtung:

1. Lies den *ganzen Schrifttext* laut vor und höre ihm gut zu; danach lege ihn beiseite und laß ihn auf dich „einwirken".

2. Lies den Text *Wort für Wort,* versichere dich, daß du ihn ganz verstanden hast, und bemerke deine Fragen, Zustimmungen, Ängste, Zweifel, Wünsche ...

3. Einübung der „*Seelenkräfte*":
   a) *Gedächtnis:* „compositio loci": Stelle dich mit dem, was du betrachtest, in ein und denselben „Raum" (= „Tagträumen") und vergegenwärtige es dir im Glauben („Einbildung").
   b) *Verstand:* „ruminatio" als Erwägen, Durchforschen, Nachdenken (Fragen: Quis, quid, ubi, quibus auxiliis, cur, quomodo, quando).
   c) *Wille:* Verbindliche Aneignung des Geschauten

und Erkannten – in Verantwortung und Liebe ("An-
mutung" und "Zumutung" des Textes).

4. Suche den *Kernsatz*, der dich am meisten bewegt und
anspricht. Lerne ihn auswendig und frage dich, was er
für dich und dein Leben bedeutet ...

5. Präge den Kernsatz in ein inneres *Herzenswort* und
verweile mit ihm beim Herrn, indem du es mit der
Sehnsucht und Hingabe deines Herzens immer neu
vor Gott wiederholst (nach Art des Jesusgebetes oder
Schweigegebetes).

Abschluß:

1. Nimm wieder auf, was du *ersehnst* und von Gott be-
gehrst.

2. *Kolloquium:* Zwiesprache mit Gott ("oder mit Unserem Herrn oder mit Unserer Lieben Frau"), darin du
dir Gnaden erbittest und von deinen Anliegen
sprichst. – Dies kann auch während der Betrachtung
gehalten werden, soll aber am Schluß der Betrachtung
nie fehlen.

3. Kurzes, mündliches *Gebet* (Vaterunser, Ave-Maria,
Anima Christi etc.).

4. Geste der Verneigung.

Nachbereitung:

1. Rückblick auf den Verlauf der Schriftbetrachtung.

2. Auswertung (Aufzeichnungen; Handlungsimpulse)
und Vorsatz.

Literatur:
Grün, A., Der Anspruch des Schweigens (Münsterschwarzacher Klein-
schriften 11) (Münsterschwarzach 1980).
Nouwen, H. J. M., Ich hörte auf die Stille. Sieben Monate im Trappi-
stenkloster (Freiburg i. Br. 1978).
Schneider, M., Aus den Quellen der Wüste. Die Bedeutung der frühen
Mönchsväter für eine Spiritualität heute (Koinonia Oriens 24)
(Köln 1987).